Zwischenevaluierung des Glücksspielstaatsvertrags

Schriftenreihe zur Glücksspielforschung

Herausgegeben von Tilman Becker

Band 16

PL ACADEMIC RESEARCH

Tilman Becker (Hrsg.)

Zwischenevaluierung des Glücksspielstaatsvertrags

Beiträge zu den Symposien 2014 und 2015 der Forschungsstelle Glücksspiel

PL ACADEMIC RESEARCH

Bibliografische Information der Deutschen Nationalbibliothek
Die Deutsche Nationalbibliothek verzeichnet diese Publikation in der Deutschen Nationalbibliografie; detaillierte bibliografische Daten sind im Internet über http://dnb.d-nb.de abrufbar.

Gedruckt auf alterungsbeständigem,
säurefreiem Papier.

ISSN 1861-759X
ISBN 978-3-631-67336-2 (Print)
E-ISBN 978-3-653-06583-1 (E-Book)
DOI 10.3726/978-3-653-06583-1

PL Academic Research ist ein Imprint der Peter Lang GmbH.

Peter Lang – Frankfurt am Main · Bern · Bruxelles · New York ·
Oxford · Warszawa · Wien

Diese Publikation wurde begutachtet.

www.peterlang.com

Dr. Wolfgang G. Crusen

Vorwort des Vorsitzenden des Beirats und des Kuratoriums

Der vorliegende Konferenzband vereint Beiträge zum Symposium Glücksspiel der Jahre 2014 und 2015, die beide denselben thematischen Schwerpunkt hatten: den im Juli 2012 in Kraft getretenen Glücksspieländerungsstaatsvertrag.

Leider war in beiden Jahren wenig von der beabsichtigten – und dringend notwendigen – Konsolidierung festzustellen. Es drängt sich vielmehr der Eindruck auf, dass die staatlichen Stellen nicht unerhebliche Schwierigkeiten haben, mit den aktuellen Entwicklungen Schritt zu halten. Besonders auffällig wird die Vollzugsohnmacht beim Glücksspielkollegium, zumal dieses auch so gut wie nie nach außen in Erscheinung tritt.

Das breite Themenspektrum, mit dem sich die Mitarbeiter der Forschungsstelle Glücksspiel auseinandersetzten, ist also keinesfalls kleiner oder weniger komplex geworden. Konsequenterweise kamen bei den Symposien u. a. unionsrechtliche Kohärenzanforderungen, Anforderungen an Lotterie- und Sportwettanbieter, die Regulierung von Automaten, Aspekte problematischen Spielverhaltens sowie der Spielerschutz zur Sprache.

Professor Tilman Becker kritisierte während der Veranstaltung von 2014 insbesondere die Überregulierung eines Teiles der – vorwiegend staatlichen – Spieleanbieter durch die Vorgaben des Glücksspielstaatsvertrags, während illegale Anbieter weitgehend straffrei blieben. Auf Grund der zunehmenden Unübersichtlichkeit des Glücksspielmarktes wurde zwischenzeitlich zurecht mehrfach die Forderung erhoben, dass es sinnvoll und nützlich wäre, eine zentrale Glücksspielkommission – ähnlich einer BaFin – mit entsprechenden länderübergreifenden Kompetenzen einzurichten. Eine solche Institution hat sich in verschiedenen anderen europäischen Ländern bereits bewährt.

Auch stellt sich zunehmend die Frage, ob die heutige Struktur des Glücksspielmarktes mit ihrer primär länderbezogenen Verantwortungsstruktur noch zukunftsweisend ist, da sich deutlich zeigt, dass die föderative Struktur an ihre Grenzen stößt.

So ist es beispielsweise bis heute nicht gelungen, vor dem Hintergrund der Spielsuchtthematik den Aufbau einer bundesweiten anbieter- und spielformenübergreifenden Sperrdatei für Spieler auf den Weg zu bringen.

Längst überfällig – auch schon aus Sicht des im März 2014 durchgeführten Symposiums – ist auch die Lizenzvergabe von Sportwetten durch das federführende Innenministerium von Hessen. Ebenso wäre es – entsprechend auch den Zielsetzungen des Glückspieländerungsstaatsvertrages – notwendig, den illegalen Anbietern von Glücksspiel stärker entgegenzutreten. Auch hier zeigt sich die Ohnmacht unserer föderalen Struktur, da bis heute noch keine Lizenzen vergeben werden konnten.

In einem solchen auch politischen Umfeld wird daher der Forschungsstelle Glücksspiel auch in Zukunft die Arbeit nicht ausgehen. Umso mehr möchte ich daher auch an dieser Stelle Herrn Professor Becker meinen besonderen Dank aussprechen, da er nicht müde wird, immer wieder auf Schwachstellen hinzuweisen und Verbesserungspotentiale aufzuzeigen.

Ihm und dem gesamten Forschungsteam wäre daher zu wünschen, dass solches Engagement künftig auch von staatlicher Seite stärker honoriert wird.

Prof. Dr. Tilman Becker

Vorwort des Geschäftsführenden Leiters der Forschungsstelle Glücksspiel

Der vorliegende Konferenzband vereint die Beiträge zum Symposium Glücksspiel der Jahre 2014 und 2015, die beide denselben thematischen Schwerpunkt hatten: die Bewertung des Glücksspieländerungsstaatsvertrags, der zum 1. Juli 2012 in Kraft getreten war. Zentrale Anliegen des Vertrages, etwa der Spielerschutz, sowie aktuelle Entwicklungen zum Online-Glücksspiel oder zum *Responsible Gambling*, wurden bei beiden Veranstaltungen erörtert.

Der Konferenzband beginnt mit den Beiträgen aus dem Jahr 2014. Jörg Ennuschat, damals noch am Lehrstuhl Verwaltungsrecht der FernUniversität in Hagen tätig, fasst in seinem Beitrag „Zur Vergabe von Spielbankkonzessionen“ den Ablauf einer solchen Vergabe sowie die entsprechende Rechtsprechung zusammen. Im darauffolgenden Beitrag „Zur Spielhalle der Zukunft“ stellt Robert Hess von der Schmidt Gruppe die Anforderungen des Glücksspielstaatsvertrages an Spielhallenbetreiber vor und zeigt die Grenzen dieser Vorgaben auf.

Suchtpolitische Fragen stehen im Zentrum der Vorträge von Jens Kalke (Zentrum für interdisziplinäre Suchtforschung der Universität Hamburg) und Wolfgang Kursawe (Drogenhilfe Köln). Dass zahlreiche pathologische Glücksspieler ohne Therapie auskommen, konstatiert Jens Kalke in „Selbstheilung bei pathologischen Glücksspielern“. Wolfgang Kursawe berichtet in „Responsible Gambling – die Entwicklung einer Motivationsgruppe für Glücksspieler in Köln“ aus der Innenperspektive einer Therapieeinrichtung.

Urs Scherrer, der bis kurz vor dem Symposium als CEO für die Early Warning Systems GmbH tätig war, beschreibt „Sportmanipulationen und deren Bekämpfung“. Für die Glaubwürdigkeit jeglichen sportlichen Wettkampfes, so sein Plädoyer, sei der Schutz der Integrität des Sports zentral. Die Zusammenarbeit der Akteure auf diesem Gebiet könnte dabei noch verbessert werden.

Mein eigener Beitrag aus dem Jahr 2015, „Standards für den Online-Spielerschutz“, liegt als Foliensatz vor. Darin geht es u. a. darum, dass differenzierte Maßnahmen für die einzelnen Glücksspielformen getroffen werden sollten, um deren spezifischem Sucht-, Betrugs-, Manipulations- und Kriminalitätsgefährdungspotential gerecht zu werden. Anschließend berichtet Jörg Ukrow von der Landesmedienanstalt Saarland über „Aktuelle Entwicklungen an der Schnittstelle Medien- und Glücksspielrecht." Mit Blick auf die sich abzeichnenden medientechnischen Herausforderungen empfiehlt er eine regulatorische Verstetigung der Zusammenarbeit zwischen Glücksspiel- und Medienaufsicht.

Mit baurechtlichen Fragestellungen beschäftigt sich Hans-Ulrich Stühler in seinem Beitrag „Trading-Down durch Spielhallen". Der Begriff suggeriert, dass es bei einer Konzentration von Vergnügungsstätten in einem Gebiet zu einer Absenkung des Niveaus bzw. der Attraktivität kommen kann. Die entsprechende Rechtsprechung wird ausführlich dargelegt. „Haftungsfragen der Gewerbeuntersagung im Glücksspielrecht" stehen im Mittelpunkt des darauffolgenden Beitrags von Bernd J. Hartmann (Öffentliches Recht, Wirtschaftsrecht und Verwaltungswissenschaften, Universität Osnabrück). Darin stellt er zum einen die Frage nach der Haftung des Staats für Unrecht des Gesetzgebers, zum anderen nach der Haftung der Gemeinde für die Gesetzesanwendung in sogenannten Beruhensfällen.

Die Arbeit einer Glücksspielkommission stellt Claire Pinson von der Autorité de Regulation des Jeux en ligne in „ARJEL: A model for a German Gambling Commission?" vor. Mehrere europäische Länder haben bereits eine gut ausgestattete Glücksspielkommission, was den Regulierungsprozess sowie den Dialog zwischen allen Beteiligten wesentlich erleichtert.

Dirk Uwer (Hengeler Mueller Partnerschaft von Rechtsanwälten mbB) plädiert schließlich für eine „Bundesrechtliche Regulierung aller öffentlichen Glücksspiele – Alternativmodel Bundes-Glücksspielgesetz".

Im letzten Beitrag stellt Jens Kalke die „Internetsozialkonzepte der Lotteriegesellschaften: Ergebnisse von Evaluationen" vor. Fast alle Internetspieler der Lotteriegesellschaften, so sein Fazit, weisen ein unproblematisches Spielverhalten auf. Auch die Elemente der entsprechenden Sozialkonzepte werden wahrgenommen und genutzt.

Damit ist nun der 16. Band in der „Schriftenreihe zur Glücksspielforschung" erschienen. Allen Referenten, Teilnehmern und Mitwirkenden, die zu den Symposien 2014 und 2015 und dem vorliegenden Konferenzband beigetragen haben, gilt mein herzlicher Dank. Besonders hervorheben möchte ich die Zusammenarbeit mit dem Vorsitzenden des Beirats und des Kuratoriums, Wolfgang G. Crusen, und meiner Mitarbeiterin Andrea Wöhr, die das Symposium Glücksspiel organisiert und die Beiträge des vorliegenden Bandes zusammengetragen hat.

Inhaltsverzeichnis

Jörg Ennuschat*

Zur Vergabe von Spielbankenkonzessionen

1. Einleitung

Nicht nur im Bereich der Sportwetten, auch im Spielbankensektor gibt es ein Konzessionsmodell.

2. Vier Grundmodelle der Spielbankenregulierung in Deutschland: Totalverbot, Staatsmonopol, Konzessionsmodell, Betreibermodell

Viele Bundesländer kennen für (terrestrische) Spielbanken ein Konzessionsmodell, ebenso z. B. Österreich, die Schweiz und Liechtenstein.

3. Unions- und verfassungsrechtlicher Rahmen für die Vergabe von Spielbankenkonzessionen in Deutschland

Der EuGH hat glücksspielrechtliche Konzessionsmodelle wiederholt im Ansatz als unionsrechtskonform eingestuft.[1] Das Bundesverfassungsgericht hat ein Staatsmonopol im Spielbankenbereich bereits für verfassungskonform erachtet[2] und würde daher wohl auch das Konzessionsmodell zumindest im Grundsatz billigen.

---

* Prof. Dr. Jörg Ennuschat ist seit April 2014 Inhaber des Lehrstuhls für Verwaltungsrecht an der Ruhr-Universität Bochum.

1 Zuletzt EuGH, Urteil vom 12.09.2013, C-660/11 – Biasci (= NVwZ-RR 2013, 959 Tz. 24).

2 BVerfG, ZfWG 2007, 219 – zum bayerischen Spielbankengesetz.

3.1 Grundrechte und Grundfreiheiten: „Vergaberecht light" (Chancengleichheit, Transparenz, Objektivität, Rechtsschutz)

Der EuGH hat aus den Grundfreiheiten eine Art „Vergaberecht light" abgeleitet und dabei vier zentrale Komponenten herausgearbeitet:[3]

(1) Chancengleichheit (Diskriminierungsfreiheit) aller potentiellen Spielbankenbetreiber,
(2) Transparenz,
(3) Objektivität der Auswahl und vorherige Festlegung der Auswahlkriterien,
(4) effektiver Rechtsschutz.

Aus verfassungsrechtlicher Perspektive (Art. 3 Abs. 1 GG: Gleichheit, Art. 12 Abs. 1 GG: Berufsfreiheit) gilt im Ergebnis dasselbe.[4]

3.2 Künftig evtl. Einbeziehung glücksspielrechtlicher Konzessionen in das allgemeine EU-Vergaberecht

Nach der vom EU-Parlament (am 15.01.2014) und vom Ministerrat (am 11.02.2014) gebilligten Richtlinie zur Konzessionsvergabe sollen künftig Dienstleistungskonzessionen in das EU-Vergaberecht einbezogen werden. Nach Art. 10 Abs. 9 sollen (nur) *Monopol*konzessionen für *Lotterien* aus dem Anwendungsbereich ausgeklammert werden.

4. Einfachrechtliche Vorgaben für die Vergabe von Spielbankenkonzessionen in Deutschland

4.1 Konzessionsvoraussetzungen

Eine Durchsicht der verschiedenen Landesgesetze lässt einige typische Konzessionsvoraussetzungen erkennen. Selbst bei deren Vorliegen gibt es jedoch keinen Rechtsanspruch auf Erteilung einer Spielbankenkonzession.

---

3 EuGH, ZfWG 2010, 415 ff. – Engelmann, Tz. 49; ähnlich zuvor EuGH, ZfWG 2010, 250 ff. – Sporting Exchange, Tz. 39, sowie unlängst Urteil vom 12.09.2013, C-660/11 – Biasci.

4 BVerfG, NVwZ 2001, 790 (796) – Spielbanken; BVerfG, NJW 2002, 3090 (3091) und Beschluss vom 18.12.2007 – 1 BvR 2177/07, juris Rn. 37 – Notare; BVerfG, NVwZ 2010, 1212 (1219) – Rettungsdienst.

- *Persönliche Voraussetzungen*
  a) Zuverlässigkeit, insbesondere wirtschaftliche Leistungsfähigkeit

  Die *Zuverlässigkeit* ist die zentrale Anforderung an Gewerbetreibende im deutschen Wirtschaftsverwaltungsrecht. Das Spielbankenrecht greift dieses Erfordernis auf. Zur Zuverlässigkeit gehört insbesondere die *wirtschaftliche Leistungsfähigkeit.* Einige Gesetze verlangen in diesem Zusammenhang zusätzlich, dass die rechtmäßige Herkunft der vorhandenen Eigenmittel nachgewiesen wird.

Das österreichische Recht spricht ebenfalls von Zuverlässigkeit. Die Schweiz verlangt einen guten Ruf, Liechtenstein einen guten Leumund.

  b) Fachliche Eignung

  Eine weitere häufig normierte persönliche Konzessionsvoraussetzung ist die fachliche Eignung (fachliche Kompetenz, Sachkunde).

  c) Inländischer Geschäftssitz?

  Die Spielbankengesetze in Hamburg, Mecklenburg-Vorpommern, in der Schweiz, in Liechtenstein und (grundsätzlich auch) in Österreich verlangen einen *inländischen Geschäftssitz* des Spielbankenbetreibers. Großzügiger ist das Spielbankengesetz von Sachsen-Anhalt (§ 2 Abs. 4 Nrn. 9 und 10 SpielbG LSA). Dort genügt ein *Sitz innerhalb der Europäischen Union* oder des Europäischen Wirtschaftsraums. Wenn kein inländischer Sitz besteht, muss aber ein zuverlässiger Empfangs- und Vertretungsberechtigter im Inland benannt werden.

Das kategorische und ausnahmslose Verlangen nach einem inländischen Geschäftssitz ist vom EuGH als unionsrechtswidrig eingestuft worden.[5]

  d) Keine Beteiligung an Unternehmen, die Spielgeräte herstellen oder vertreiben (so § 2 Abs. 2 Nr. 3 ThürSpbG).

- *Sachliche Voraussetzungen*
  a) Übereinstimmung mit den zentralen Zwecken des Spielbankenrechts (vgl. § 1 GlüStV)

---

5 EuGH, GewArch 2011, 29 – Engelmann, Tz. 37.

In der Schweiz und in Liechtenstein werden – anders als in Deutschland – nicht nur die Risiken, sondern auch die *Chancen von Spielbanken* in den Blick genommen. Die Antragsteller müssen dort darlegen, inwieweit die Spielbank dem volkswirtschaftlichen Nutzen dient.[6] Dabei geht es insbesondere um die Auswirkungen auf den Arbeitsmarkt, den Tourismus und das Steueraufkommen.

b) Keine Gefährdung der öffentlichen Sicherheit und Ordnung; Sicherheitskonzept

Im Zusammenhang mit dem Schutz der öffentlichen Sicherheit und Ordnung geht es auch um die Bekämpfung der Geldwäsche, der Terrorismusfinanzierung und weiterer Kriminalität.

c) Weitere sachliche Voraussetzungen

Die Gesetze nennen häufig noch einige weitere Voraussetzungen, z. B. Vermeidung und Bekämpfung der Spielsucht (insb. Spielersperren) sowie Jugendschutz (Sozialkonzept), Wirtschaftlichkeit und ordnungsgemäße Abführung der Abgaben, Werbekonzept, Anforderungen an Standort und Gebäude.

- *Formelle Antragsvoraussetzungen (Form, einzureichende Unterlagen, Frist).*

4.2 Auswahlkriterien

- *Unterschiedlich intensive inhaltliche Vorprägung der Auswahlentscheidung durch die Gesetzgeber*
  Manche Spielbankengesetze sehen für diese Auswahlentscheidung *keine spezifischen Auswahlkriterien* vor (z. B. Berlin). Andere Gesetze geben *nur sehr grobe Kriterien* vor; siehe etwa § 2 Abs. 5 S. 6 SpielbG Hamburg: „Bei der Auswahlentscheidung sind neben den ordnungsrechtlichen insbesondere wirtschaftliche und fiskalische Aspekte zu berücksichtigen.“

6 Art. 9 lit. i GSG Liechtenstein, Art 13 S. 1 SBG Schweiz (jeweils für die Standortkonzession).

Viele neuere Spielbankengesetze enthalten hingegen längere Kataloge mit Auswahlkriterien (z. B. Liechtenstein: 11 Kriterien).

Die unions- und verfassungsrechtlichen Gebote der Transparenz und Chancengleichheit verlangen eine gewisse gesetzgeberische Vorkonturierung der Auswahlentscheidungen und verlangen ferner, dass alle Antragsteller rechtzeitig und gleichzeitig über die Auswahlkriterien und ihre Gewichtung informiert werden, z. B. in den jeweiligen Ausschreibungsunterlagen.

- Verbreitete Auswahlkriterien

a) Ordnungsrechtliche Kriterien: u. a. Effektivität der Spielbankenaufsicht

Zu beachten ist: Die *Erleichterung* der Aufsicht ist ein problematischer Gesetzeszweck. Weniger bedenklich wäre der Gesetzeszweck, die Aufsicht zu *verbessern*.

b) Wirtschaftliche Kriterien, insb. finanzielle Leistungsfähigkeit des Spielbankenbetreibers

c) Fiskalische Kriterien

Das fiskalische Interesse an einer ertragreichen Spielbankabgabe wird häufig explizit als Auswahlkriterium genannt. Die Begrenzung der Zahl der Konzessionen als solche kann zwar nicht mit fiskalischen Erwägungen begründet werden. Wenn aber eine Begrenzung der Anzahl der Konzessionen durch andere Zwecke (insb. Bekämpfung der Spielsucht und der Kriminalität) gerechtfertigt ist, dann können fiskalische Zwecke in die Auswahlentscheidung einbezogen werden. Das wäre dann eine „angenehme Nebenfolge“ im Sinne der Rechtsprechung des EuGH.

d) Reihenfolge = Rangfolge der Kriterien?

- *Zweistufige Relevanz der persönlichen und sachlichen Konzessionsvoraussetzungen*

Im allgemeinen Vergaberecht ist anerkannt, dass die Prüfung der Fachkunde, Leistungsfähigkeit und Zuverlässigkeit strikt von der eigentlichen Auswahlentscheidung zu trennen ist.

Meines Erachtens kann das Trennungsprinzip des Vergaberechts nicht auf das Spielbankenrecht übertragen werden: Diese klare Trennung ist in den vergaberechtlichen Normen eindeutig angelegt (vgl. Art. 44 Abs. 1 RL 2004/18/EG sowie § 97 Abs. 4 und 5 GWB). Diese klare Trennung fehlt aber im Spielbankenrecht. Dort wird stattdessen vielfach die Formulierung verwendet, dass derjenige ausgewählt werden soll, der „am besten geeignet ist" oder die Anforderungen an einen Spielbankunternehmer „am besten erfüllt".

- *Beurteilungsspielraum der Auswahlbehörde.*

4.3 Vorgaben für das Vergabeverfahren

Die Spielbankengesetze enthalten durchgängig nur unvollständige Vorgaben für das Vergabeverfahren, teils überhaupt keine.

- *Ausschreibung*
  Viele Gesetze geben immerhin vor, dass es eine Ausschreibung geben muss und eine freihändige Vergabe ausscheidet. Manche verlangen lediglich, dass die Ausschreibung öffentlich ist. Andere schreiben eine Veröffentlichung im Amtsblatt des Landes vor, nur wenige eine europaweite Veröffentlichung im Amtsblatt der Europäischen Union.

  Mit Blick auf die Transparenz hat der EuGH ausgeführt, dass eine Ausschreibung „nicht unbedingt erforderlich" sei, aber ein „angemessener Grad an Öffentlichkeit" sichergestellt werden müsse.[7] Wenn der EuGH von „Öffentlichkeit" spricht, dürfte sich dies auf den Binnenmarkt beziehen. Vor diesem Hintergrund empfiehlt sich eine europaweite Bekanntmachung.

- *Einreichung der Anträge und Unterlagen*

- *Evtl. Aufforderung zur Antragsergänzung; Anhörung, Verhandlungen*
  Viele Gesetze sehen vor, dass die Behörde die Antragsteller auffordern kann, die Angaben und Unterlagen zu ergänzen. Nach § 5 Abs. 1 S. 2 SpbG MV werden alle Antragsteller angehört. § 2 Abs. 5 SpielbG Hamburg ermöglicht darüber hinaus Verhandlungen der Behörde mit den bestgeeigneten Bewerbern; Gegenstand der Verhandlungen sollen Änderungen der Anträge sein. Auch ohne ausdrückliche Rechtsgrundlage

7 EuGH, ZfWG 2010, 415 ff. – Engelmann, Tz. 50.

hat sich Sachsen-Anhalt in seiner Ausschreibung vorbehalten, Verhandlungen mit den Bewerbern zu führen.

- *Prüfung der Konzessionsvoraussetzungen, Auswahlentscheidung und Vergabe der Konzession.*

4.4 Laufzeiten der Konzessionen: reichen von 10 bis zu 20 Jahren

Der EuGH hat eine Geltungsdauer von 15 Jahren gebilligt,[8] aber keine starre Obergrenze fixiert.

4.5 Verlängerung der Konzession ohne neue Ausschreibung?

Die Anforderungen von Chancengleichheit, Transparenz, Objektivität und Rechtsschutz gelten, so hat der EuGH ausdrücklich festgestellt, nicht nur für die erstmalige Vergabe einer Spielbankenkonzession, sondern gleichermaßen für deren Verlängerung.[9] Eine Verlängerung ohne erneute Ausschreibung und Auswahl, wie sie manche deutsche Gesetze vorsehen, führt daher schnell zur Unionsrechtswidrigkeit.

4.6 Bündelung von Spielbankenkonzessionen

In Baden-Württemberg sollen gem. § 27 Abs. 2 GlüG BW künftig alle Spielbanken (zurzeit drei) in *einer* Konzession zusammengefasst werden.

4.7 Rechtsschutzfragen

Nach Art. 16 Abs. 1 SBG Schweiz ist die Entscheidung über die Spielbankenkonzession nicht anfechtbar. In Deutschland gibt es einen gerichtlich überprüfbaren Anspruch auf fehlerfreie Ausübung des Auswahlermessens.

5. Fazit und Ausblick

Das deutsche Spielbankenrecht ist unübersichtlich, teils nur unvollständig geregelt und löst in einigen Punkten verfassungs- und europarechtliche Bedenken aus; das gilt insbesondere für

8 EuGH, ZfWG 2010, 415 ff. – Engelmann, Tz. 46 ff.
9 EuGH, ZfWG 2010, 250 ff. – Sporting Exchange, Tz. 53 f., 60.

- Spielbankengesetze, die keine Ausschreibung und keine hinreichend präzisen Auswahlkriterien vorsehen (z. B. SpbG Berlin),
- Konzessionsvoraussetzungen und Auswahlkriterien, die auf die *Erleichterung* (nicht: die Verbesserung) der behördlichen Aufsicht abstellen (z. B. § 3 Abs. 6 NSpielBG, § 4 Abs. 6 SpielbG LSA),
- Spielbankengesetze, die eine Verlängerung der Laufzeit einer Konzession ohne erneute Ausschreibung vorsehen, wenn dies nicht schon in der Ausschreibung angelegt ist oder wenn die Gesamtdauer der Laufzeit zu lang wird (problematisch ist insbesondere § 3 Abs. 3 SpielbG RP, wo eine mehrfache Verlängerung der 10-jährigen Laufzeit um weitere 10 Jahre ermöglicht wird).

Bei der Anwendung der Spielbankengesetze sind zur Wahrung von Verfassungs- und Unionsrechtskonformität ferner geboten oder zumindest zu empfehlen:

- eine europaweite Ausschreibung,
- die behördliche Konturierung und Gewichtung der gesetzlichen Auswahlkriterien bspw. im Wege einer Bewertungsmatrix sowie eine diesbezügliche früh- und gleichzeitige Information der Bewerber.

Robert Hess, Christina Rokoss*

Spielstätte der Zukunft

1. Einleitung: Die Ziele des Glücksspieländerungsstaatsvertrags

Der Staatsvertrag zum Glücksspielwesen in Deutschland (kurz Glücksspielstaatsvertrag oder GlüStV) trat in seiner ursprünglichen Fassung am 1. Januar 2008 in Kraft, damals noch ohne eine Regulierung der Spielhallen. Am 01.07.2012 trat die aktuelle Fassung des neuen Glücksspieländerungsstaatsvertrags in Kraft, in der erstmals alle Anbieter – inklusive der Spielhallen – erfasst sind.

Die Ziele des Glücksspieländerungsstaatsvertrags werden in § 1 GlüÄndStV folgendermaßen benannt:

1. das Entstehen von Glücksspielsucht und Wettsucht zu verhindern und die Voraussetzungen für eine wirksame Suchtbekämpfung zu schaffen,
2. durch ein begrenztes, eine geeignete Alternative zum nicht erlaubten Glücksspiel darstellendes Glücksspielangebot den natürlichen Spieltrieb der Bevölkerung in geordnete und überwachte Bahnen zu lenken sowie der Entwicklung und Ausbreitung von unerlaubten Glücksspielen in Schwarzmärkten entgegenzuwirken,
3. den Jugend- und den Spielerschutz zu gewährleisten,
4. sicherzustellen, dass Glücksspiele ordnungsgemäß durchgeführt, die Spieler vor betrügerischen Machenschaften geschützt, die mit Glücksspielen verbundene Folge- und Begleitkriminalität abgewehrt werden und
5. Gefahren für die Integrität des sportlichen Wettbewerbs beim Veranstalten und Vermitteln von Sportwetten vorzubeugen.

Um die Ziele des Glücksspieländerungsstaatsvertrags von 2012 zu erreichen, sind differenzierte Maßnahmen für die einzelnen Glücksspielformen vorgesehen, um deren spezifischen Sucht-, Betrugs-, Manipulations- und Kriminalitätsgefährdungspotentialen Rechnung zu tragen.

---

* Diese Ausarbeitung ist in Zusammenarbeit von Robert Hess M.A., Geschäftsführer SCHMIDT Gruppe Service GmbH, und Christina Rokoss, Kommunikationsreferentin, entstanden. Der Beitrag gibt den Stand zur Zeit des Vortrages wieder (März 2014).

Im Folgenden sollen einige der für Spielhallen vorgesehenen Maßnahmen näher dargestellt werden, bevor abschließend darauf eingegangen werden soll, inwieweit diese Maßnahmen tatsächlich dazu beitragen können, die im Glücksspieländerungsstaatsvertrag festgelegten Ziele zu erreichen. In einem abschließenden Fazit wird dann darauf eingegangen, ob es möglicherweise andere Maßnahmen gibt, durch die die Ziele des Glücksspieländerungsstaatsvertrags besser erreicht werden könnten.

2. Darstellung beispielhafter Maßnahmen

Im Folgenden soll anhand dreier für Spielhallen geltenden Maßnahmen beispielhaft dargestellt werden, wie die Ziele des neuen Glücksspieländerungsstaatsvertrags durch die unterschiedlichen Ausführungsbestimmungen der Länder konterkariert werden.

2.1 Mindestabstände

§ 25 Abs. 1 GlüÄndStV regelt folgendes: „Zwischen Spielhallen ist ein Mindestabstand einzuhalten (Verbot von Mehrfachkonzessionen). Das Nähere regeln die Ausführungsbestimmungen der Länder."

Die den Mindestabstand betreffenden Regelungen in den Ausführungsgesetzen bzw. Spielhallengesetzen der Länder sind dabei höchst unterschiedlich. Sie reichen von einem Mindestabstand von 100 Metern zwischen zwei Spielhallen in Niedersachsen bis zu einem Mindestabstand von 500 Metern zwischen zwei Spielhallen in Baden-Württemberg, Berlin, Brandenburg, Hamburg[1], Mecklenburg-Vorpommern, Rheinland-Pfalz, Saarland und Thüringen. Des Weiteren ist in einigen Bundesländern ein Mindestabstand zu Kinder- und Jugendeinrichtungen vorgesehen, während dies in anderen Bundesländern nicht gesetzlich vorgeschrieben ist. Es stellt sich die Frage, warum Kinder und Jugendliche in Hessen (wo ein solcher Mindestabstand nicht vorgesehen ist) weniger vor Spielhallen geschützt werden müssen als beispielsweise in Rheinland-Pfalz, oder warum Spielgäste im Saarland

---

1 Ausnahme sind in Hamburg die so genannten Wechsellichtbezirke. In diesen muss der Mindestabstand zwischen zwei Spielhallen nur 100 Meter betragen (Gesetz zur Regelung des Rechts der Spielhallen im Land Hamburg (Hamburgisches Spielhallengesetz – HmbSpielhG, § 2 Abs. 2).

seltener (alle 500 Meter) die Möglichkeit erhalten sollen, eine Spielhalle aufzusuchen, als in Niedersachsen (alle 100 Meter). Oder anders formuliert: Warum "kühlt" der Niedersachse schneller ab als der Saarländer?

Aber nicht nur in Bezug auf die Mindestabstände sind die Regelungen weder einheitlich noch nachvollziehbar, sondern auch in Bezug auf die Sperrzeiten.

2.2 Sperrzeiten

In § 26 Abs. 2 GlüÄndStV heißt es: „Die Länder setzen für Spielhallen zur Sicherstellung der Ziele des § 1 Sperrzeiten fest, die drei Stunden nicht unterschreiten dürfen."

Die entsprechenden Regelungen in den Ausführungsgesetzen bzw. Spielhallengesetzen der Länder reichen dabei von den im neuen Glücksspieländerungsstaatsvertrag vorgesehenen Sperrzeiten von drei Stunden (beispielsweise in Bayern) bis hin zu acht Stunden in Berlin. Jedoch ist dabei nicht nur die Zeitspanne, in der die Spielhallen schließen, recht unterschiedlich, auch der Zeitraum reicht von beispielsweise 0 bis 6 Uhr in Baden-Württemberg bis zu 4 bis 10 Uhr in Hessen. Insbesondere die Tatsache, dass die beiden Bundesländer Baden-Württemberg und Hessen aneinander grenzen, verdeutlicht, dass die Länder durch ihre Ausführungsbestimmungen die Ziele des Glücksspieländerungsstaatsvertrags konterkarieren. Denn im Grenzgebiet der beiden vorgenannten Bundesländer können Spielgäste durch einen Wechsel des Bundeslandes theoretisch länger als in den vorgesehenen 21 Stunden eine Spielhalle aufsuchen. Die gleiche Problematik ergibt sich im Übrigen in den Grenzgebieten einiger anderer Bundesländer und ist somit kein Einzelfall. Glücksspiel kann aber auch durch das Internet rund um die Uhr betrieben werden, dort jedoch bei einem Großteil der Anbieter illegal und sozial unkontrolliert, während das legale Angebot in den Spielhallen, das durch § 1 Abs. 2 GlüÄndStV zudem einen Auftrag zur Kanalisierung des Glücksspiels hat, zu unterschiedlichen Zeiten schließen muss.

Auch das Thema „Spielersperre" ist insbesondere in Grenzgebieten von Bundesländern problematisch – jedoch ebenso in Bezug auf weitere Aspekte.

2.3 Spielersperre Auch das Thema „Spielersperre“

„Zum Schutz der Spieler und zur Bekämpfung der Glücksspielsucht wird ein übergreifendes Sperrsystem (§ 23) unterhalten.“ So steht es in § 8 Abs. 1 GlüÄndStV.

Spielhallen sind jedoch von dieser Vorschrift ausgenommen. Dennoch haben einige Bundesländer in ihren Ausführungsgesetzen bzw. Spielhallengesetzen das Thema Spielersperre mit aufgenommen, allen voran Hessen. Hier soll es ein zentrales Sperrsystem geben, dessen Einführung ursprünglich für Juli 2013 vorgesehen war, dann von Oktober 2013 auf Dezember 2013 und schließlich auf April 2014 verschoben wurde.

Sobald das Sperrsystem in Kraft tritt, werden alle Spielhallenbetreiber in Hessen verpflichtet, daran mitzuwirken. Sie müssen dann sämtliche Spielgäste kontrollieren, ob sie in dem Sperrsystem erfasst sind und ihnen gegebenenfalls den Zutritt zur Spielhalle verwehren. Das Sperrsystem gilt dann im gesamten Bundesland Hessen, wobei das baden-württembergische Landesglücksspielgesetz ebenfalls einen Anschluss an die hessische Sperrdatei für Spielhallen vorsieht. Spielhallenbetreiber werden verpflichtet, Spielgäste, die dies wünschen zu sperren (Selbstsperre) sowie Gäste mit einem auffälligen Spielverhalten vom Spiel auszuschließen (Fremdsperre).

Auch andere Bundesländer sehen Regelungen zur Spielersperre vor. In Berlin, Bremen, Hamburg, Rheinland-Pfalz und Sachsen-Anhalt gilt eine Spielersperre jedoch nicht bundeslandweit, sondern nur standortbezogen. Dies bedeutet im Extremfall, dass ein Spielgast sich in der einen Spielhalle sperren lässt und in der anderen Spielhalle weiterspielen kann.

Auch in Hessen kann ein gesperrter Spielgast natürlich, vor allem wenn er im Grenzgebiet wohnt, auf ein anderes Bundesland ausweichen, sodass auch beim Thema Spielersperre den Zielen des Glücksspieländerungsstaatsvertrags keine Rechnung getragen wird.

3. Wirksamkeit der dargestellten Maßnahmen

Der Glücksspieländerungsstaatsvertrag 2012 legt den Rahmen für das Spiel in Spielhallen fest, das Nähere regeln dann die Ausführungsbestimmungen der Länder. Diese sind jedoch höchst unterschiedlich gestaltet und keinesfalls einheitlich. Diese unterschiedlichen Regelungen können in keiner Weise dazu dienen, in Deutschland gemeinsam den Verbraucherschutz für den Spielgast zu erhöhen.

Dies zeigt sich insbesondere in der dargestellten Maßnahme „Spielersperre“. Es erschließt sich nicht, warum Spielhallen nicht in das übergreifende Sperrsystem, das im Glücksspieländerungsstaatsvertrag vorgesehen ist, integriert wurden. Es erschließt sich auch nicht, warum die Spielersperre für Spielhallen in den Bundesländern jeweils unterschiedlich geregelt ist und einige Bundesländer eine solche in ihren Gesetzen gar nicht vorsehen. Aber auch eine standortbezogene Spielersperre, wie sie für Spielhallen in Berlin, Bremen, Hamburg, Rheinland-Pfalz und Sachsen-Anhalt gilt, kann kaum dazu beitragen, den Spielerschutz in diesen Bundesländern zu erhöhen. Ein Spielgast müsste sich, um wirksam vor dem Automatenspiel in Spielhallen geschützt zu werden, für jeden Standort einzeln sperren lassen. Dies wird sich in der Praxis weder als zielführend noch als ausführbar herausstellen.

Insgesamt betrachtet hat der Spielerschutz augenscheinlich in der Politik einen hohen Stellenwert, ist er doch als vorrangiges Ziel des neuen Glücksspieländerungsstaatsvertrags definiert. In der Realität hat Deutschland momentan jedoch noch kein funktionierendes Spielerschutz- oder Verbraucherschutzkonzept. Denn der derzeit gültigen Glücksspielgesetzgebung gelingt es nicht, einen sinnvollen Spagat zwischen einem interessanten und sozial kontrollierbaren Glücksspielangebot für unproblematisch spielende Gäste bei gleichzeitigem Schutz der gefährdeten Personengruppen zu machen. Die gesetzlichen Regelungen fokussieren sich nahezu ausschließlich auf diejenigen, die ein gefährliches Spielverhalten entwickeln und drohen, in ein problematisches Spielverhalten abzugleiten.

Die Gleichung ist einfach, wird jedoch so nicht funktionieren: Statt auf einen qualitativen Ansatz setzt die Politik auf einen quantitativen Ansatz. Sie geht davon aus, dass eine Reduzierung des Angebots die Gefahr eines problematischen Angebots reduziert und somit auch die Anzahl an pathologischen Spielern abnimmt. Dieser Gestaltungsansatz forciert die Abwanderung in andere Spielangebote, die jedoch nicht unbedingt legal und kontrolliert sein müssen. Doch auch die Spielhallen haben durch den Glücksspieländerungsstaatsvertrag einen klaren Auftrag, der in § 1 Abs. 2 festgelegt ist: den natürlichen Spieltrieb in geordnete und überwachte Bahnen zu lenken und der Entwicklung und Ausbreitung von unerlaubten

Glücksspielen in Schwarzmärkten entgegen zu wirken. Insbesondere durch die vorgesehenen Mindestabstände sowie das Verbot von Mehrfachkonzessionen wird jedoch ein Teil des sozial kontrollierten, legalen und interessanten Spielangebots vom Markt entfernt, wodurch eine wirkungsvolle Kanalisierung des Spieltriebs durch die Spielhallen nicht mehr möglich sein wird.

4. Fazit und Ausblick: Spielstätte der Zukunft

Die im Glücksspieländerungsstaatsvertrag 2012 und in den Ausführungsgesetzen der Länder getroffenen Maßnahmen zu einer Verbesserung des Spielerschutzes in Spielhallen verfehlen ihre intendierte Wirkung und sind nicht im Sinne eines funktionierenden Verbraucherschutzes. Unterschiedliche Maßnahmen in den unterschiedlichen Bundesländern können nicht zu einem verbesserten Spielerschutz beitragen und gerade die getroffenen Regelungen zur Spielersperre sind nicht zielorientiert. Um einen sinnvollen Spielerschutz aufzubauen, muss die Politik anfangen, ihr Augenmerk nicht allein auf die gefährdeten Spielgäste zu richten, sondern auf den Konsumenten an sich. Sie muss versuchen, das Entstehen eines problematischen Spielverhaltens weitestgehend zu verhindern. Dazu wäre es jedoch nötig, in eine andere Richtung zu denken. Man muss sich von dem Gedanken an einen unidirektionalen Zusammenhang zwischen dem Umfang des Angebots und den Gefahren des Glücksspiels verabschieden und stattdessen neue Gedanken an qualitative Kriterien zulassen. Statt quantitativen Kriterien wie der Verknappung und unattraktiven Gestaltung des Angebots müssen qualitative Kriterien in den Fokus treten, die einerseits ein spannendes Angebot ermöglichen, ohne auf der anderen Seite zu verleugnen, dass es auch Gefahren gibt. Durch qualitative Kriterien könnten gleichzeitig auch die quantitativen Ziele der Politik erreicht werden – eine Reduzierung der Anzahl der Standorte und eine Reduzierung der Anzahl der Geräte. Jedoch würden bei qualitativen Kriterien diejenigen Standorte verschwinden, die nicht die entsprechende Qualität aufweisen und nicht diejenigen Standorte, die vielleicht qualitativ hochwertig sind und den Spielerschutz gut umsetzen, jedoch das Problem haben, dass sie in einem Mindestabstand zu einer anderen Spielhalle stehen.

Eine Möglichkeit, dies zu erreichen wäre die **Einführung einer unabhängigen Zertifizierung** als Voraussetzung für das Erlangen einer glücksspielrechtlichen Erlaubnis. Diese Zertifizierung müsste derart gestaltet sein, dass neben den gesetzlichen Rahmenbedingungen, die ohnehin einzuhalten sind, auch die neusten wissenschaftlichen Erkenntnisse im Bereich des Spielerschutzes in den Spielhallen umgesetzt werden müssen. So schreibt der Gesetzgeber derzeit zwar vor, dass jede Spielhalle bei der zuständigen Behörde ein Sozialkonzept, sowie in regelmäßigen Abständen (die wieder in den unterschiedlichen Bundesländern unterschiedlich geregelt sind) einen Bericht über die Umsetzung der im Sozialkonzept genannten Maßnahmen, vorlegt. Ob die im Sozialkonzept dargelegten Maßnahmen jedoch wirklich in der Spielhalle gelebt werden, überprüft niemand. Durch eine Zertifizierung und eine damit verbundene regelmäßige Überprüfung der Spielhallen könnte jedoch ein qualitativ hoher Standard sichergestellt werden. Nicht nur der Markteintritt, sondern auch der Marktverbleib wären positiv geregelt. Hinzu käme als weiterer positiver Effekt, dass die zuständigen Vollzugsbehörden von ihren nachgelagerten Überwachungsaufgaben erheblich entlastet werden würden.[2]

Ein weiterer Ansatz wäre es, eine funktionierende Spielersperre einzuführen, die sowohl in Spielsperrdauer und -art sowie spielformübergreifend differenziert ist. Es sollte möglich sein, dass ein Spielgast, der das Recht der informationellen Selbstbestimmung hat, selbst entscheidet, wie lange er sich sperren lässt und für welche Spielformen. Vielen Menschen ist bewusst, dass sie möglicherweise ein problematisches Spielverhalten entwickeln könnten, jedoch ist die Hemmschwelle, sich sperren zu lassen, zu groß. Zum einen ist das Sperrverfahren insbesondere in Bundesländern, in denen es nur eine standortbezogene Sperre für Spielhallen gibt, zu kompliziert, zum anderen ist besonders der Prozess der Entsperrung gesetzlich nicht klar definiert und ebenfalls mit hohen Hürden versehen. Faktisch ist die Sperre heutzutage

2 Nach einer Feldstudie von Trümper geben 37 % der befragten Ordnungsämter an, ihr Personalstand sei ausreichend. Nur 16 % halten den Informationsstand des eigenen Ordnungsamtes für ausreichend. Hier könnte eine Zertifizierung, die in regelmäßigen Abständen wiederholt werden muss, maßgeblich dazu beitragen, die Ordnungsbehörden zu entlasten (vgl. Trümper, J. (2013), *Feldstudie 2012/13*, Unna, S. 85).

eine lebenslange Sperre, da der Spielgast erst ein medizinisches Gutachten, Übersichten über seine finanziellen Mittel oder andere Unterlagen beibringen müsste, um sich entsperren zu lassen. Dabei wäre es viel hilfreicher, wenn der Spielgast selbst entscheiden könnte, ob er sich z. B. nur für drei Monate sperren lassen möchte, um zur Ruhe zu kommen.

Zukunftsfähige Konzepte sind gefragt.

Im Entschließungsantrag der Fraktion der SPD und der Fraktion BÜNDNIS 90/DIE GRÜNEN im Landtag NRW mit der Drucksache Nr. 16 / 1287 vom 31.10.2012 heißt es unter Punkt IV. 8b:

> Die Landesregierung wird gebeten, sich im Zusammenwirken mit den anderen Ländern gegenüber dem Bund dafür einzusetzen, dass wissenschaftlich, insbesondere suchtfachlich aber auch betriebswirtschaftlich begleitet und unter Einbeziehung der Länder sowie der Branche geprüft wird, wie zukunftsfähige Modelle für den verantwortungsvollen, ökonomisch tragfähigen Betrieb seriöser Spielstätten aussehen.

Das ist eine Aufforderung, ein Auftrag, der konkret ausformuliert, jedoch bis heute nicht umgesetzt worden ist. Eine Herausforderung für die Zukunft wird es sein, diesen Auftrag endlich gemeinsam umzusetzen und mit Leben zu füllen. Eine Spielstätte der Zukunft braucht ein funktionierendes Verbraucherschutzkonzept.

Jens Kalke, Sven Buth*

Studie zur Selbstheilung bei pathologischen Glücksspielern: mögliche Ansätze für Hilfe und Prävention – eine Zusammenfassung

1. Zielsetzung

Vor dem Hintergrund des national und international defizitären Forschungsstandes zur Selbstheilung bei pathologischen Glücksspielern waren mit der Durchführung der Studie zwei primäre Ziele verbunden: Zum einen sollte es ermöglicht werden, die Gruppe der Selbstheiler/innen auf Basis einer gesicherten empirischen Grundlage detailliert zu beschreiben (Analyseteil I). Darauf aufsetzend bestand das zweite Hauptziel in der Identifizierung von Indikatoren, die erklären, warum es einer großen Zahl von pathologischen Glücksspielern/innen (PGS) gelingt, aus der Spielsucht herauszuwachsen, andere jedoch auf professionelle Hilfe angewiesen sind bzw. in ihrer Sucht verharren. Es sollte dabei insbesondere untersucht werden, wie sich diese Erkenntnisse für eine Verbesserung der Maßnahmen zum Spielerschutz nutzen lassen (Analyseteil II). Ausgehend von diesen beiden primären Zielsetzungen lassen sich vier wesentliche Fragestellungen für die Studie formulieren:

- Was sind die Charakteristika der Selbstheiler/innen?
- In welchen Punkten unterscheiden sich die Selbstheiler/innen von der Gruppe der Remittierten mit formeller Hilfe bzw. aktuellen PGS?
- Welche Faktoren sind für die Initiierung und erfolgreiche Durchführung von Selbstheilungsprozessen evident?

* Dr. Jens Kalke ist stellvertretender Vorsitzender des Instituts für Interdisziplinäre Sucht- und Drogenforschung (ISD, Hamburg). Seit über 20 Jahren ist er in verschiedenen Feldern der Suchtforschung tätig. Sven Buth arbeitet seit 2004 als wissenschaftlicher Mitarbeiter am ISD. Seine Forschungsschwerpunkte sind das pathologische Glücksspiel, Epidemiologie und die Entwicklung und Evaluation von Präventivmaßnahmen.

- Welche der evidenten Faktoren lassen sich für den Spielerschutz in besonderer Weise nutzen, um Selbstheilungsprozesse von außen gezielt anzustoßen und zu unterstützen bzw. bereits bestehende Spielerschutzprogramme zukünftig effektiver zu gestalten?

2. Methodik

Insgesamt 347 Personen sind im Rahmen von telefonischen, schriftlichen und internetgestützten Interviews zu ihrem aktuellen und früheren Spielverhalten, zu glücksspielbezogenen Problemen, zur Inanspruchnahme von Hilfen, zu den Barrieren einer solchen Inanspruchnahme, zu Spielmotiven, zu kognitiven Verzerrungen, zum aktuellen Gesundheitsstatus u.v.m. befragt worden. Sofern verfügbar, kamen jeweils international anerkannte Instrumente zum Einsatz. Die Rekrutierung der Stichprobe erfolgte vorrangig über Anzeigen bzw. Hinweise zur Studie, welche in Wochenblättern, einer Tageszeitung, in öffentlichen Verkehrsmitteln und in Internetportalen platziert wurden. Zudem sind gesperrte Kunden/innen einer Spielbank und ehemalige Teilnehmer/innen der PAGE-Studie um Teilnahme gebeten worden.

Zwecks besserer Abgrenzung der Untersuchungsgruppen sind letztendlich 260 ehemalige bzw. aktuelle PGS in die nachfolgenden Analysen eingeschlossen worden: Selbstheiler/innen (N=62); Remittierte mit formeller Hilfe (N=54); PGS ohne formelle Hilfe (N=84) und PGS mit formeller Hilfe (N=60). Die Auswertungen erfolgen in Form von Gruppenvergleichen.

Die Studie begann im September 2012 und endete 13 Monate später; sie wurde vom Bundesministerium für Gesundheit gefördert.

3. Analyseteil I: Vergleich der ehemaligen und aktuellen pathologischen Glücksspieler/innen mit und ohne formeller Hilfe

Selbstheiler/innen unterscheiden sich hinsichtlich demografischer und sozialstruktureller Merkmale kaum von den anderen drei Untersuchungsgruppen (siehe Tabelle 1). Auch in Bezug auf die Anzahl der erfüllten DSM-IV-Kriterien und die Dauer der Spielprobleme zeigen sich nur kleinere Unterschiede (siehe Tabelle 2). Hingegen empfinden im Vergleich zu den Selbstheilern/innen deutlich mehr Remittierte mit formeller Hilfe im Rückblick die eigene Spielsucht als schwerwiegend. Sie sind es auch, die häufiger von anderen negativen Folgen einer Spielsucht – wie z. B. Verlusten von mehr als 10.000 Euro binnen eins Jahres, Vollzug illegaler Handlungen oder Verlust des Arbeitsplatzes wegen des Glücksspielens – berichten.

In allen vier Gruppen werden mehrheitlich die Automaten in den Spielhallen und – schon zu deutlich geringeren Anteilen – in den Spielbanken als problemverursachende Glücksspielart genannt.

Tabelle 1: Soziodemografische Merkmale der Untersuchungsgruppen

	Selbstheiler/innen (N=62)	Geheilt mit formeller Hilfe (N=54)	PGS ohne Hilfe (N=84)	PGS mit formeller Hilfe (N=60)	Sig.
Anteil Männer	87,1 %	77,8 %	70,2 %	78,3 %	n. s.
Alter (Spanne: 18–78 Jahre)	43,5	47,1	38,6	39,7	**
Realschule oder höher	64,5 %	75,9 %	78,3 %	61,7 %	n. s.
Migrationshintergrund	22,6 %	16,7 %	32,1 %	27,1 %	n. s.
Erwerbslos	11,1 %	10,0 %	17,7 %	36,4 %	n. s.
Monate mit Arbeitslosigkeit im Leben (Median)	18	18	12	26	n. s.
HH-Einkommen <1000 €	33,9 %	25,9 %	36,6 %	40,7 %	n. s.
Kinder im Haushalt	26,6 %	24,0 %	13,9 %	18,2 %	n. s.

Signifikanz: * p<0,05; ** p<0,01; *** p<0,001.

Tabelle 2: Glücksspielbezogene Probleme

	Selbstheiler/ innen (N=62)	Geheilt mit formeller Hilfe (N=54)	PGS ohne Hilfe (N=84)	PGS mit formeller Hilfe (N=60)	Sig.
DSM-IV (Lifetime)	7,4	8,3	7,8	9,1	n. s.
Dauer der Spielprobleme in Jahren (Median)	9,0	10,0	6,0	9,0	n. s.
Selbsteinschätzung der Problemschwere (Anteil „schwer" oder „sehr schwer")	52,5 %	84,6 %	59,7 %	95,3 %	***
>10tsd Euro Verlust in einem Jahr	23,0 %	60,0 %	22,5 %	44,8 %	***
Illegale Handlungen wegen Glücksspiel	16,4 %	27,8 %	16,7 %	38,3 %	**
Arbeitsplatz wegen des Spielens (fast) verloren	8,2 %	27,8 %	8,4 %	41,7 %	***

Signifikanz: * $p<0,05$; ** $p<0,01$; *** $p<0,001$.

Sehr viele Studienteilnehmer/innen haben akute psychische Probleme (siehe Tabelle 3). Je nach Untersuchungsgruppe sind zwischen ein Drittel und drei Viertel von ihnen aktuell von depressiven Symptomen betroffen. Noch etwas höher liegen die entsprechenden Anteile in Bezug auf Angstsymptome. Hinsichtlich der Frage nach früheren ambulanten wie stationären Behandlungen aufgrund einer Depression finden sich die höchsten Anteile jeweils bei den Betroffenen, die auch von einer Inanspruchnahme glücksspielbezogener formeller Hilfe berichten. Insgesamt zeigen sich die Selbstheiler/innen am geringsten von psychischen Problemen belastet.

Tabelle 3: Psychische Belastungen

	Selbstheiler/ innen (N=62)	Geheilt mit formeller Hilfe (N=54)	PGS ohne Hilfe (N=84)	PGS mit formeller Hilfe (N=60)	Sig.
depressive Symptome (SCL-27: aktuell)	30,6 %	42,6 %	60,7 %	76,7 %	***
jemals amb. Behandlung wegen Depression	9,7 %	29,6 %	20,2 %	38,3 %	**
jemals stat. Behandlung wegen Depression	4,8 %	24,1 %	10,7 %	31,7 %	***
Angstsymptome (STAI-Trait)	40,3 %	44,4 %	67,9 %	83,3 %	***
4 oder mehr Traumata in der Kindheit	25,8 %	37,0 %	33,3 %	51,7 %	*

Signifikanz: * $p<0{,}05$; ** $p<0{,}01$; *** $p<0{,}001$.

Gefragt nach den Motiven der Teilnahme am Glücksspiel spielt neben dem möglichen Geldgewinn und der Schaffung bzw. Steigerung von subjektiv als angenehm empfundenen Gefühlszuständen insbesondere das Coping eine wichtige Rolle. So ist mit der Teilnahme am Glücksspiel oftmals die Hoffnung verbunden, von bestehenden Sorgen oder Problemen abzulenken oder negativen Stimmungen zu entfliehen. Insbesondere die Befragten, die schon einmal formelle glücksspielbezogene Hilfe in Anspruch genommen haben, weisen hinsichtlich dieser maladaptiven Bewältigungsstrategien deutlich erhöhte Werte auf.

Die Ergebnisse dieses Analyseteils liefern nur wenige Anhaltspunkte dafür, dass Selbstheilungsprozesse mit vertretbarem Aufwand gezielt befördert werden können. Hierfür wären Maßnahmen notwendig, mit denen es gelingt, psychisch belasteten Menschen frühzeitig, effizient und dauerhaft zu helfen, so dass ein Entfliehen vor den Problemen mit Hilfe des Glücksspiels nicht mehr notwendig ist.

4. Analyseteil II: Ansätze für Prävention und Hilfe

Die folgende Auswertung – die ausschließlich bei den beiden remittierten Gruppen vorgenommen worden ist – bezieht sich auf Institutionen, Personen und Maßnahmen außerhalb des Suchthilfesystems, die nach Ansicht der Befragten eine (sehr) große Bedeutung bei der Überwindung der eigenen Glücksspielprobleme hatten. Dabei zeigt sich, dass die geheilten Personen mit formeller Hilfe bei (fast) allen vorgegebenen Kategorien höhere Anteile zustimmender Antwortkategorien aufweisen als die Selbstheiler/innen (siehe Tabelle 4). Das betrifft vor allem die Schuldnerberatung (39,6 % zu 8,3 %) und die Lebensberatung[1] (34,0 % zu 5,0 %). Hier liegen deutlich signifikante Unterschiede vor. Die Spielersperre wird immerhin noch von fast jeder siebten Person als bedeutsames Instrument angegeben – sowohl in der Gruppe der Selbstheiler/innen als auch bei den Remittierten mit formeller Hilfe (jeweils 15 %).

Insgesamt betrachtet war also der Nutzen von Hilfen außerhalb des eigentlichen Suchthilfeangebotes für die Remittierten mit formeller Hilfe größer als für die Selbstheiler/innen.

1 Lebensberatung bezeichnet Maßnahmen zur psychosozialen Unterstützung in Lebenskrisen, Familienfragen und Problemen in der Arbeitswelt. Ein verbreitetes Angebot in Deutschland ist dabei die Familienberatung der (christlichen) Wohlfahrtsverbände.

Tabelle 4: Persönliche Bedeutung von Institutionen/Personen/Maßnahmen für die Überwindung der Glücksspielprobleme – Anteil „(sehr) große Bedeutung"

	Selbstheiler/innen (N=62)	Geheilt mit formeller Hilfe (N=54)	Sig.
Selbsthilfe-Bücher	15,3 %	28,0 %	n. s.
Spielersperre	15,0 %	15,1 %	n. s.
Informationen aus dem Internet	8,5 %	23,1 %	*
Schuldnerberatung	8,3 %	39,6 %	***
Beratungsangebote im Internet	5,1 %	13,5 %	n. s.
Lebensberatung	5,0 %	34,0 %	***
Kirchengemeinde/ Pfarrer	3,4 %	5,9 %	n. s.
Bankberater	1,7 %	7,7 %	n. s.

Signifikanz: * p<0,05; ** p<0,01; *** p<0,001.

Bei den abgefragten persönlichen Strategien zur Vermeidung des Glücksspielens ergibt sich – im Vergleich zu den vorgenannten externen Hilfen – insgesamt ein intensiveres Anwendungsverhalten. So haben 77,8 % der Remittierten mit formeller Hilfe angegeben, oft oder meistens Orte gemieden zu haben, in deren Nähe sich Spielstätten befanden (siehe Tabelle 5). Fast ebenso viele hielten sich von Menschen fern, die Glücksspielen nachgingen (70,4 %). Den eingeschränkten Zugang zu Geld oder die Strategie, Geld zuhause zu lassen, nennen dagegen deutlich weniger der Befragten (37,0 % bzw. 33,3 %). Auch bei dieser Frage ergeben sich für die Selbstheiler/innen durchgängig geringere Prozentanteile; bei vielen Vermeidungsstrategien liegen signifikante Abweichungen zugunsten der Remittierten mit formeller Hilfe vor.

Tabelle 5: Persönliche Strategien zur Vermeidung des Glücksspielens – Anteil „oft/meistens“

	Selbstheiler/innen (N=62)	Geheilt mit formeller Hilfe (N=54)	Sig.
Ausgewählte Items des CBI (The Coping Behaviours Inventory)			
Ich habe mich in der Gesellschaft von Menschen aufgehalten, die nicht spielen.	54,8 %	66,7 %	n. s.
Ich habe mich von Menschen ferngehalten, die spielen.	37,7 %	70,4 %	***
Ich habe Orte gemieden, wo ich gespielt habe.	47,5 %	72,2 %	**
Ich habe mein Geld zuhause gelassen.	27,4 %	33,3 %	n. s.
Ich bin zu einem Treffen einer Selbsthilfegruppe gegangen.	4,8 %	61,1 %	***
Andere Items			
Ich habe Spielstätten bewusst gemieden.	59,0 %	77,8 %	*
Ich habe dafür gesorgt, dass ich nur eingeschränkten Zugang zu Geld hatte.	14,5 %	37,0 %	*

Signifikanz: * $p<0{,}05$; ** $p<0{,}01$; *** $p<0{,}001$.

5. Fazit

Resümierend lassen sich keine Maßnahmen oder Strategien identifizieren, die für die Förderung von Selbstheilungsprozessen eine spezifische Relevanz hätten. Vielmehr ergeben sich insgesamt – wenn die Ergebnisse für die Remittierten mit und ohne formeller Hilfe zusammen betrachtet werden – einige wichtige Hinweise darauf, in welchen Bereichen das Präventions- und Hilfeangebot für problematische und pathologische Glücksspieler/innen ausgebaut werden sollte. Insbesondere sind hier zu nennen: die Entwicklung von Tipps über Erfolg versprechende Vermeidungsstrategien des Spielens; die Ausweitung des Sperrsystems auf weitere Glücksspielstätten (z. B. Spielhallen); die Verstärkung der Kooperation zwischen der Suchthilfe und der Schuldnerberatung sowie die Weiterentwicklung von Selbsthilfe-Materialen.

Wolfgang Kursawe*

Responsible Gaming – die Entwicklung einer Motivationsgruppe für Glücksspieler in Köln

1. Kurzzusammenfassung

Die Entwicklung der Motivationsgruppe für Glücksspielsüchtige in Köln in den Jahren 2007 bis 2012 verdeutlicht die zunehmende gesellschaftliche Bedeutung der Glücksspielsucht als Verhaltenssucht. Das Verhaltenskonzept des *Responsible Gaming* leistet einen Beitrag im Rahmen der Prävention betreffs dieser Verhaltenssucht. Es werden praktische Beispiele zur Weiterentwicklung der Motivationsgruppe für Glücksspieler in Köln aufgezeigt und anschaulich erörtert. Die dargestellten Folgerungen für die Arbeit der Motivationsgruppe konzentrieren sich auf Aspekte der Produkt-, Vertriebs- und Kommunikationspolitik. *Responsible Gaming* ist ein Verhaltenskonzept, was die interdisziplinäre Zusammenarbeit von Spielern, Suchtexperten, Ökonomen, Juristen und vielen anderen Fachkräften erfordert. Dieses Verhaltenskonzept gilt es wissenschaftlich zu erforschen, zu belegen und mittels praktischer Beispiele in die Realität umzusetzen.

2. Einleitung

Seit März 2001 ist pathologisches Glücksspielen (ICD-10, F 63.0; DSM-IV, 312.31) als eigenständiges Krankheitsbild innerhalb der psychischen Störungen durch die Spitzenverbände der Krankenkassen und Rentenversicherungsträger in der Bundesrepublik Deutschland für die medizinische Rehabilitation (Therapie) anerkannt. Diese bedeutsame Entscheidung steht in der Tradition mit dem Urteil des Bundessozialgerichts im Jahr 1968, mit dem Abhängigkeit (z. B. Alkoholabhängigkeit) als Krankheit anerkannt wurde.

---

* Dr. Wolfgang Kursawe ist u. a. Leiter der Fachstelle Glücksspielsucht Köln bei der Drogenhilfe Köln. Er ist u. a. als psychoanalytisch-orientierter Einzel- und Gruppentherapeut für Suchtkranke tätig.

Das neuartige und bisher alleinige Angebot der ambulanten medizinischen Rehabilitation für Glücksspielsüchtige durch die Drogenhilfe Köln ist ein bedeutsamer Beitrag zur Verbesserung der Versorgungssituation für die Gruppe der Betroffenen und deren Angehörigen in Köln. Das neue Beratungs- und Rehabilitationsangebot für Glücksspieler im Verbundsystem der Drogenhilfe Köln erschließt ein neues Arbeitsfeld, erfasst eine neue Zielgruppe im Bereich der stoffungebundenen Abhängigkeiten bzw. Verhaltenssüchte (Zanki/Fischer 2009).

Unter Beachtung der Begrenztheit der vorliegenden Arbeit wird ein Versuch unternommen, die Entwicklung der Motivationsgruppe für Glücksspielsüchtige bei der Fachstelle Glücksspielsucht im Zeitraum von 2007 bis 2012 darzustellen. Die Motivationsgruppe leistet nach Auffassung des Verfassers einen Beitrag im Rahmen des *Responsible Gaming*.

Der Autor versteht unter *Responsible Gaming* ein umfassendes Verhaltenskonzept aller am Glücksspiel beteiligter Personen (z. B. Spieler, Gesetzgeber, Firmen, Beratungs- und Behandlungsstellen etc.) mit der Zielsetzung, eine sichere, unterhaltsame Glückspielerfahrung zu realisieren bzw. anzubieten.

Dies beinhaltet alle Maßnahmen zum Schutz der Spieler (z. B. Altersbeschränkung, Datenschutz, korrekte Zahlungsabwicklung etc.) und alle Handlungen zum Schutz des Glücksspiels (z. B. Vermeidung von Spielmanipulationen, Steuerhinterziehung, Geldwäsche etc.). Weiterhin gehören dazu alle Vorgehensweisen (z. B. Präventionsangebote, wissenschaftliche Forschung, Beratungs- und Behandlungsangebote, strukturelle Spielentwicklung und -gestaltung, Marketing etc.), um die Ausprägung einer Glücksspielsucht (*Gambling Disorder*, DSM-V) zu vermeiden. All die Maßnahmen dienen dazu, dem Spieler ein faires, sicheres Glückspielerlebnis zu ermöglichen und somit eine Kundenzufriedenheit im umfassenden Sinne zu erreichen. *Responsible Gaming* ist ein fortlaufender Prozess, welcher sich stets den neusten Gegebenheiten aus den verschiedensten Bereichen anzupassen hat. Durch sinnvolles, notwendiges, ethisch-moralisches Handeln ist stetig eine Gefährdung der Spieler zu verhindern (Häfeli 2012).

Abbildung 1: Responsible Gaming *als umfassendes Verhaltenskonzept.*

Eine Vielzahl von Untersuchungen haben die Gemeinsamkeiten zwischen Substanzabhängigkeit und pathologischen Glücksspiel belegt. Daher wurde schon seit längerem darüber diskutiert, pathologisches Glücksspiel offiziell als Suchterkrankung zu erfassen und in entsprechende diagnostische Manuals einzuordnen. Im DSM-V, erschienen im Mai 2013, ist pathologisches Glücksspiel als *Gambling Disorder* im Kapitel „Non-Substance-Related-Disorders“ erstmals als Verhaltenssucht erfasst und beschrieben (Rumpf/Kiefer 2011).

Die Darlegungen werden durch eine Reihe von Folgerungen und entsprechende Umsetzungsvorschläge für gegenwärtige und zukünftige Tätigkeiten in der Motivationsgruppe abgerundet. Auch hier gilt es sich auf einige wesentliche Bereiche zu beschränken und in gebotener Kürze zu beschreiben.

3. Die Motivationsgruppe für Glücksspielsüchtige

3.1 Ziele, Inhalte und Methoden der Motivationsgruppe für Glücksspielsüchtige

In die Motivationsgruppe kommen seit Januar 2006 regelmäßig wöchentlich meist Männer, die aktuell eine Motivation besitzen, ihr Glücksspielverhalten zu verändern. Die Betroffenen haben meist über Jahre ein problematisches oder pathologisches Spielen entwickelt. Sie sind meist beim Erstbesuch in der Motivationsgruppe in einer krisenhaften Situation (z. B. massive finanzielle Probleme, drohende Trennung der Partnerin, möglicher Verlust des Arbeitsplatzes etc.). Die Motivation kann intrinsisch, von innen her bedingt sein, d. h. die Spieler wollen um ihrer selbst willen (*interinsic process*) ihr Spielverhalten massiv verändern (z. B. starke Reduzierung oder Spielabstinenz). Oder ihr internes Selbstverständnis (*internal self concept*) hat begonnen sich zu verändern, was somit zu Verhaltensänderungen führen kann. Viele Spieler haben zu Beginn der Besuche eine extrinsische, von außen her angeregte Motivation. Ein externes Selbstverständnis (*extern self concept*) wird durch die Eltern, die Ehefrau, die Kinder, Arbeitgeber o. a. angeregt und aufgrund des Zugehörigkeitsmotivs versucht der Betroffene, Verhaltensänderungen einzuleiten. Oder Personen werden z. B. durch ihren Arbeitgeber (z. B. Banken) angeregt, Ziele des Unternehmens zu internalisieren (*goal internalization*) und dadurch einen persönlichen Beitrag zur Verbesserung der Firmenergebnisse zu leisten. Zugehörigkeits- und Leistungsmotive greifen hier ineinander. Auch eine instrumentelle Motivation (*instrumental motivation*), d. h. die Aussicht auf Vorteile und/oder Belohnungen von außen (z. B. Eltern, Arbeitgeber) kann die Handlungsänderungen einleiten. Der Ursprung dieser Motivation hat meisten einen starken Zusammenhang mit dem Machtmotiv, d. h. die eigene Position wieder stärken, ausbauen und Andere möglicherweise beherrschen. Im Rahmen der Teilnahme an der Motivationsgruppe gilt es, die Motivationen der Spieler aufzuhellen, eventuell zu verändern oder in stabile Motive zu entwickeln (Meyer/Bachmann 2005).

In der Motivationsgruppe stehen folgende *Ziele* im Vordergrund:

- Anregungen geben, um die aktuelle Situation zu erkennen, zu verstehen und beginnen zu verändern
- Reduzierung und/oder Aussetzen des Glücksspielverhaltens
- Überprüfung und Weiterentwicklung einer Motivation zur Verhaltensveränderung
- Eventuell Vorbereitung einer ambulanten oder stationären Therapie für Glücksspielsucht
- Mögliche Anbindung an eine Selbsthilfegruppe.

Inhaltliche Themen, die in der Motivationsgruppe häufig besprochen und erörtert werden, sind:

- „Ich kann so nicht weiterleben, ich will etwas verändern" (Erkenntnisse, Einsichten entwickeln und verdeutlichen!)
- „Brauche ich Hilfe von anderen? – Ich benötige Unterstützung!" (eigene Hilfsbedürftigkeit eingestehen und annehmen können)
- „Ich heiße ... und bin glücksspielsüchtig!" (eigene Spielsucht als Erkrankung akzeptieren, Krankheitseinsicht beginnen zu entwickeln)
- „Mein schwieriger Lebensalltag und meine Gefühle" (Beziehungen in der Familie, Arbeitsumfeld, Freizeit)
- „Ich empfinde Spieldruck bzw. Spielverlangen und habe Angst vor Rückfällen" (Wahrnehmen und Differenzieren von lustvollen und unlustvollen Affekten)
- „Wie kann ich meinen Lebensalltag und die Freizeit umgestalten, um neue Energiequellen, Belohnungsreize zu entdecken?"
- „Ich will auf alle Spiele um Geld verzichten und meine Spielfreiheit stabilisieren!" (Abstinenz bzw. Spielfreiheit als Ziel akzeptieren lernen)
- „Ich muss mein Verhalten ändern, um abstinent bzw. spielfrei zu bleiben!" (Verhaltensänderung als Therapieziel annehmen und umsetzen)
- „Durch eine medizinische Rehabilitation möchte ich eine zufriedene Abstinenz bzw. Spielfreiheit erreichen" (Überprüfung der Motivation)
- „Nach der Therapie benötige ich weiterhin Unterstützung, für die ich sorgen muss!" (Informationen über Selbsthilfegruppen, Kriseninterventionen etc.)

Methodisch werden die Gruppengespräche in einer vertrauensvollen (Schweigepflicht), emphatischen und authentischen Atmosphäre durchgeführt. Der Gesprächsleiter moderiert, informiert, vermittelt und kann bestimmte Hilfsmaterialien (z. B. Fragebögen, Arbeitsblätter, DVD) einsetzen (Bachmann/El-Akhras 2010; Bucher 2011; Fliegel/Kämmerer 2007, 2009). Aufgrund sehr eingeschränkter personeller und finanzieller Ressourcen können keine Einzelberatungsgespräche für Spieler angeboten werden; d. h. alle Spieler kommen beim ersten *Face to Face*-Kontakt sofort in ein Gruppenangebot. Da sehr viele Erstbesucher keinerlei Vorerfahrungen mit Beratungs- und Behandlungsangeboten haben, erfordert dies eine beachtliche Überwindung von Scham- und Schuldgefühlen, erstmalig in eine Gruppe zu gehen. Da spätere eventuelle therapeutische Angebote hauptsächlich über Gruppenangebote erfolgen, trägt dieser Einstieg auch zur Angstreduzierung vor Gruppengesprächen bei. Bei der Ersttteilnahme an der Motivationsgruppe wird meist die Entlastung durch vermehrtes Sprechen der neuen Teilnehmer deutlich. Des Weiteren erfahren die neuen Besucher die Ubiquität der Glücksspielsucht, d. h. sie erleben, spüren die allgemein verbreitete Suchterkrankung und erkennen, dass sie nicht allein mit ihren Erfahrungen, Konflikten, Problemen sind.

Auch in Selbsthilfegruppen erfolgt der Einstieg meistens über die sofortige Gruppenteilnahme ohne vorherige ausführliche Einzelgespräche.

Die Motivationsgruppe beginnt stets montags pünktlich 18.30 Uhr. Nach 18.30 Uhr ist ohne Ausnahme kein Einlass mehr möglich. Dies ist u. a. auch eine Vorgehensweise, um Spieler wieder an kontrolliertes, bewusstes, vorausschauendes Verhalten heranzuführen. Die Gruppe wird durch einen Mitarbeiter eröffnet, in dem er ritualmäßig einige Grundregeln für das Gruppengespräch verdeutlicht:

- Alle persönlichen, individuellen Angaben, Aussagen aller Teilnehmer unterliegen der Schweigepflicht, Vertraulichkeit (Verschwiegenheit betreffs Persönlichem, Offenheit betreffs Allgemeinem).
- Alle Teilnehmer sprechen bitte stets in der ICH-Form, übernehmen Verantwortung für ihre Aussagen, Mitteilungen (keine Aussagen in der unverbindlichen Man-, Es-Form o. ä., jeder Teilnehmer spricht für sich allein).
- Neue Teilnehmer stellen sich mit einigen Sätzen bitte vor, warum sie heute an dieser Gruppe teilnehmen, es dürfen Nachfragen aus der Gruppe gestellt werden (auch Neinsagen zu bestimmten Fragen heißt Verantwortung übernehmen).
- Die Anwesenheit wird mittels einer Liste erfasst, um nach mindesten fünfmaliger, regelmäßiger Teilnahme an der Gruppe über die weitere individuelle Vorgehensweise zu sprechen.

Beim Erstbesuch werden alle Teilnehmer gebeten, einen Fragebogen (Abbildung 2) für die interne, anonyme Dokumentation auszufüllen. Die folgenden quantitativen Aussagen beruhen auf den Auswertungen dieser Fragebögen. Mittels dieses Fragebogens könnten noch eine Vielzahl von Aspekten aufgehellt werden.

- Was ist die entscheidende Informationsquelle, durch welche die Teilnehmer auf das Angebot aufmerksam geworden sind?
- Wie viel Kinder und Jugendliche haben Glücksspieler als Vater und/oder Mutter?
- Welche Hauptspielarten sind wie unter den Teilnehmern verbreitet?
- Wie lange benötigt ein Spieler, um sich an das Hilfesystem zu wenden?
- Wie entwickelt sich die Schuldenproblematik bei den Spielern?

Abbildung 2: Fragebogen beim Erstbesuch der Motivationsgruppe.

Motivationsgruppe – Teilnahme/Anmeldung

Name:____________ Vorname:____________
Hauptspielarten:____________ Seit wann ?: ____________
Geburtsdatum:____________ Staatsangehörigkeit: ____________
Wie bin ich auf das Angebot aufmerksam geworden? ____________
Straße und Hausnummer: ____________
Postleitzahl und Ort: ____________ Telefon: ____________
Familienstand: ____________ Kinder: ____________
Schulabschluss: ____________ Berufsausbildung mit Abschluss: ____________
Derzeitiger Arbeitsgeber: ____________ Schulden: ____________
Ich bin damit einverstanden, dass meine Daten in anonymisierter Form für wissenschaftliche statistische Zwecke gespeichert werden.
Unterschrift: ____________ Datum: ____________

Organisatorisch findet die Motivationsgruppe seit Januar 2007 jeden Montag von 18.00 Uhr bis 19.30 Uhr in der Fachstelle Glücksspielsucht in Köln statt. Jeder Teilnehmer kann unangemeldet und kostenlos erstmalig an der Gruppe teilnehmen. Bei Bedarf erhalten die Teilnehmer eine schriftliche Bestätigung über die jeweilige Teilnahme. Die Gruppe wird stets von zwei Mitarbeitern der Fachstelle Glücksspielsucht moderiert, wobei der Leiter der Einrichtung meist selbst anwesend ist. Die Gruppe ist seit Januar 2007 noch nie ausgefallen oder verschoben wurden. Der Start der Motivationsgruppe wurde in Köln mit einer Postkarten-Aktion (Citycards) unterstützt, in dem innerhalb von zwei Wochen ca. 30.000 Karten in Restaurants, Behörden, Bürgerzentren etc. verteilt wurden.

3.2 Zur Entwicklung der Teilnehmerzahlen in der Motivationsgruppe 2007 bis 2012

In den letzten Jahren wurden eine Reihe von Repräsentativbefragungen (12-Monats-Prävalenz) in Deutschland von verschiedenen Universitäten und der Bundeszentrale für gesundheitliche Aufklärung (BZgA) zum Spielverhalten durchgeführt. Im Jahr 2012 ermittelte die BZgA eine Prävalenz von 0,51 % für problematisches Spielverhalten und 0,49 % für pathologisches Spielverhalten jeweils in der Bevölkerungsgruppe der 16 bis 65jährigen. (BZgA 2012; Buth/Kalke/Reimer 2013)

Unter Beachtung der genannten Ergebnisse ergibt sich für die Stadt Köln derzeitig folgende Situation (s. Abbildung 3).

Abbildung 3: Einwohnerzahlen Köln 2012, Anzahl von bestimmten Spielergruppen.

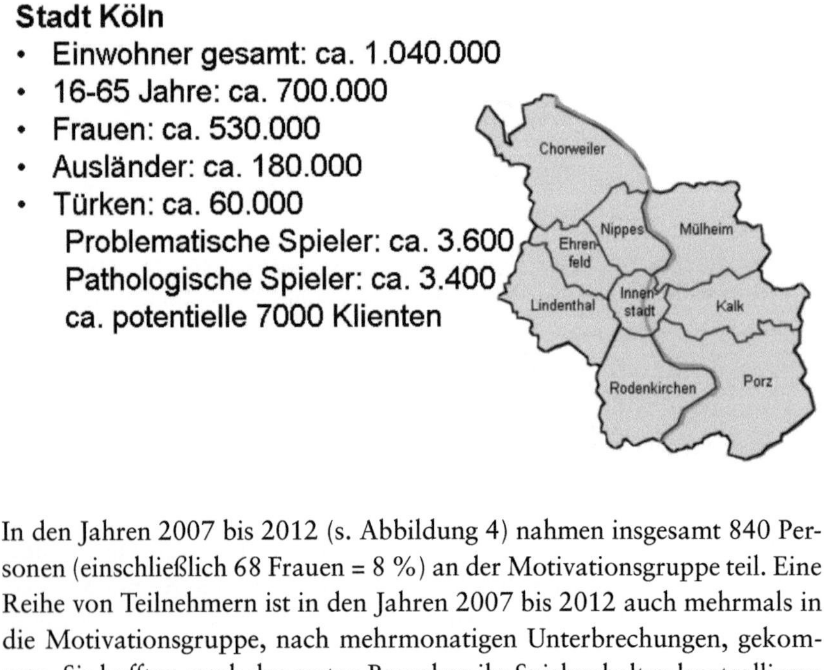

In den Jahren 2007 bis 2012 (s. Abbildung 4) nahmen insgesamt 840 Personen (einschließlich 68 Frauen = 8 %) an der Motivationsgruppe teil. Eine Reihe von Teilnehmern ist in den Jahren 2007 bis 2012 auch mehrmals in die Motivationsgruppe, nach mehrmonatigen Unterbrechungen, gekommen. Sie hofften, nach den ersten Besuchen ihr Spielverhalten kontrollieren zu können, was sich im Laufe der Zeit nicht bestätigte. Diese Anzahl der Personen wurde nur einmalig in den Betrachtungen erfasst. Wenn von ca.

7.000 potentiellen Klienten (s. Abbildung 3) für das Beratungsangebot ausgegangen wird, wurden in sieben Jahren nur 12 % der möglichen Klienten erreicht. Auf das Jahr 2012 bezogen (12-Monats-Prävalenz beachten) wurden 207 Klienten erreicht; d. h. im Jahr 2012 wurden nur 3 % der potentiellen Klienten aus Köln im Rahmen der Motivationsgruppe angesprochen.

Der Verfasser ist seit Jahren auch in die Beratung und therapeutische Behandlung von Drogenabhängigen (Heroinabhängigen) in Köln involviert. In Köln werden laut konservativer Schätzung des Gesundheitsamtes der Stadt Köln ca. 50 % der Heroinabhängigen durch verschiedenste Beratungs- und Behandlungsangebote (z. B. Präventionsstellen, Kontaktcafe, Notschlaf- und Beratungsstellen, Entgiftungsbehandlungen, Substitutionsangebote, Konsumräume, Fachkliniken, Arbeits- u. Wohnprojekte etc.) erreicht.

Diese Angebote haben sich in einem Zeitraum von über 40 Jahre in Köln entwickelt. Es bedurfte erheblicher Anstrengungen von Betroffenengruppen, Angehörigen, Lobbyisten, sozialen Fachkräften, Suchtmedizinern u. a., um die politischen Entscheidungsträger in der Kommune zu bewegen, entsprechende finanzielle und somit personelle Ressourcen für Beratungs- und Behandlungsangebote bereitstellen zu können.

Es wird sehr deutlich, dass die Beratungs- und Behandlungsangebote für problematische und pathologische Glücksspieler in Köln gegenwärtig noch am Anfang ihrer Etablierung stehen. Es wird noch Jahre, möglicherweise Jahrzehnte dauern, um einen ähnlichen Grad der Erreichbarkeit und Ansprechbarkeit wie gegenwärtig bei den Heroinabhängigen zu realisieren. Glücksspielsucht ist nach Auffassung des Autors noch nicht im gesellschaftlichen Bewusstsein als Suchterkrankung, wie z. B. Alkoholabhängigkeit, verankert. Viele gesellschaftliche Kräfte (Politiker, Lehrer, Richter, soziale Fachkräfte, Mediziner etc.) haben gegenüber Verhaltenssüchten noch kein angemessenes Verständnis und erkennen somit noch nicht ausreichend den Beratungs- und Behandlungsbedarf. Die Stadt Köln stellt gegenwärtig (Stand 31.12.2013) noch keinerlei finanziellen Mittel für entsprechende Angebote für die Gruppe der problematischen oder pathologischen Glücksspieler zur Verfügung.

Abbildung 4: Entwicklung der Teilnehmerzahlen der Motivationsgruppe 2007 bis 2012.

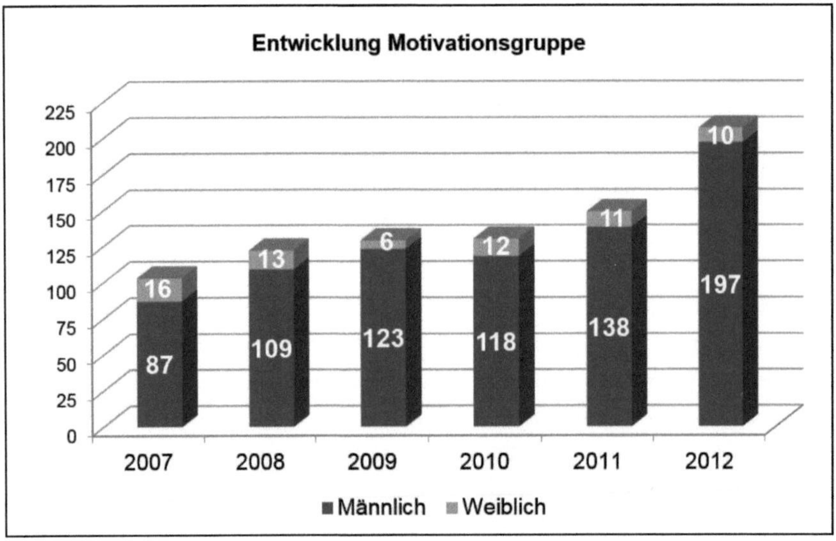

In der Entwicklung der Teilnehmerzahlen (Abbildung 4) ist auch besonders der Anteil von Frauen zu beachten. In den Anfangsjahren wurden mehr Frauen erreicht, was seit 2010 rückläufig ist. In verschiedenen Untersuchungen (Zanki/Fischer 2012) wird der Anteil von pathologischen Spielerinnen an der Gesamtgruppe von Glücksspielsüchtigen zwischen 30 bis 50 % angegeben. In Köln gibt es ca. 3.400 pathologische Spieler (Abbildung 3), 30 % davon wären 1.020 pathologische Spielerinnen. Im Jahr 2012 wurden mit 10 Frauen 1 % der möglichen pathologischen Spielerinnen erreicht.

Der geringe Anteil von Frauen in der Motivationsgruppe resultiert vor allem aus der sehr ungünstigen Einstiegssituation einzelner Frauen in die Gruppe, bei dem sehr hohen Männeranteil. Für die betroffenen Frauen sind die Emotionen von Einsamkeit, Reue, Scham, Schuld, Angst u. a. (Meyer 2005) teilweise so überflutend, dass ein weiterer Besuch der Motivationsgruppe unter diesen Bedingungen nicht möglich ist.

Unter Beachtung internationaler Untersuchungen (Zanki/Fischer 2012; Schuller 2013), die ansatzweise belegen, dass der Anteil spielsüchtiger Frauen zunimmt, ist die Entwicklung in der Motivationsgruppe in Köln unbefriedigend. Hier bedarf es zeitnaher konzeptioneller und personeller

Veränderungen, um dem Beratungs- und Behandlungsbedarf von Frauen gerecht zu werden.

3.3 Zu ausgewählten Aspekten bei der Entwicklung der Motivationsgruppe

Durch die Erhebung verschiedener Daten (Abbildung 2) konnte ein Profil des Teilnehmers der Motivationsgruppe erarbeitet werden.

Abbildung 5: Profil des Teilnehmers der Motivationsgruppe im Jahr 2012.

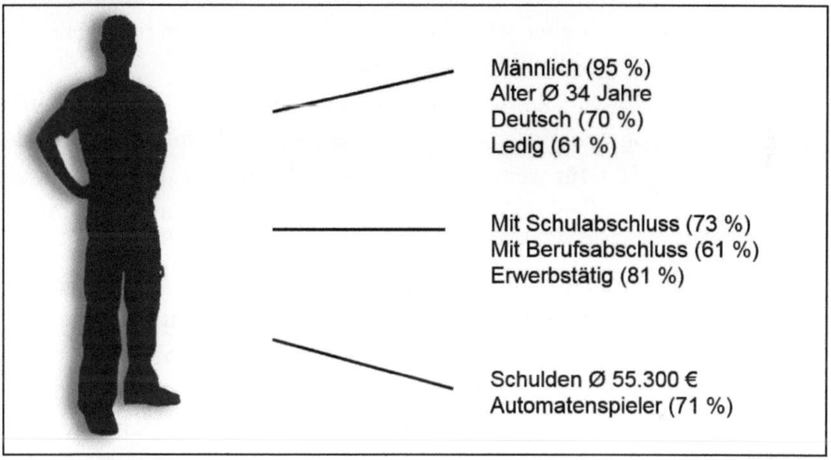

Das Durchschnittsalter hat sich von 39 Jahren im Jahr 2007 auf 34 Jahre im Jahre 2012 verändert, wobei der jüngste Teilnehmer 15 Jahre und der älteste Teilnehmer 69 Jahre war. Die Absenkung des Altersdurchschnitts erklärt sich u. a. aus der verstärkten Teilnahme von jüngeren Spielern (unter 25 Jahre), welche besonders das Internet für Poker, Sportwetten etc. nutzen.

Der Anteil ausländischer Teilnehmer an der Motivationsgruppe schwankt in den letzten Jahren zwischen 20 und 32 %, wobei die türkische Gruppe unter den ausländischen Teilnehmern den größten Anteil ausmacht. In all den Jahren wurden Teilnehmer aus insgesamt 21 Ländern erfasst.

Die Anzahl der Erwerbstätigen zum Zeitpunkt des Einstiegs in die Motivationsgruppe bewegt sich zwischen 67 und 81 %. Tendenziell kommen in den letzten Jahren mehr Personen in die Motivationsgruppe, welche noch erwerbstätig sind. Dies ist nach neueren Katamnesestudien (Schwickerath et al. 2013) eine günstige Voraussetzung für eine spätere Spielfreiheit nach therapeutischen Maßnahmen.

4. Folgerungen für die Arbeit der Motivationsgruppe für Glücksspielsüchtige

Durch die intensive Beschäftigung mit dem Verhaltenskonzept des *Responsible Gaming* (vgl. Kapitel 2) hat der Verfasser im Jahr 2013 begonnen, Veränderungen in der Arbeit der Motivationsgruppe einzuleiten.

In den letzten Monaten im Jahr 2012 wuchs die Motivationsgruppe ständig. Häufig waren über 20 Teilnehmer anwesend und ein tiefergehendes Gruppengespräch wurde immer schwieriger.

Ab Januar 2013 war nur noch die erstmalige, unangemeldete Teilnahme an der Motivationsgruppe kostenlos. Ab der zweiten Teilnahme haben die Spieler einmalig 50 € für weitere acht Gruppenabende zu zahlen. Durch die Teilnahmegebühr sollen zusätzliche Einnahmen gelingen und die Motivation für die weitere Teilnahme selbstbindend gestaltet werden. Es werden keine Ausnahmen, Härtefallregelungen, Ratenzahlungen o. ä. zugelassen; nur durch den Erwerb des Coupons ist die weitere Gruppenteilnahme möglich. Die Teilnehmer erhalten am ersten Abend ein entsprechendes Informationsblatt und ab dem zweiten Abend einen Coupon für die nächsten acht Gruppenabende. Dieser Coupon wird jeweils bei Teilnahme abgestempelt und spätestens nach acht Gruppenabenden sollen sich die Teilnehmer über ihr weiteres Vorgehen entscheiden. Mögliche Optionen sind u. a.:

- Wechsel in die Therapievorbereitungsgruppe jeweils am Donnerstag im Haus
- Wechsel in die Selbsthilfegruppe jeweils Mittwoch in der Antoniterkirche in Köln
- Beendigung der Teilnahme an Gruppengesprächen.

Bis Ende Juni 2013 haben 108 Personen an der Motivationsgruppe teilgenommen und davon 60 Personen den Coupon erworben. Durch die zusätzlichen Einnahmen können jetzt Einzelgespräche für Frauen angeboten werden. Auch bei den Frauen wird ab dem zweiten Gespräch einmalig eine Teilnahmegebühr von 50 € für acht weitere Einzelgespräche erhoben. Bis zum 30.06.2013 wurden bisher neun Frauen in die längerfristige Beratung aufgenommen.

Bei genauerer Betrachtung der Zahlen wird deutlich, dass von 108 Ersteilnehmern von Januar bis Ende Juni 2013 an der Motivationsgruppe nur 60 Personen weiterhin dieses Angebot nutzen. 48 Teilnehmer (44 %) der Ersteilnehmer kommen nicht wieder. Es wäre interessant aufzuhellen, was mögliche Ursachen dafür sind. Die Nachbefragung der Einmalbesucher könnte Hinweise für die Verbesserung des Angebotes geben.

Seit 2010 haben Mitarbeiter der Fachstelle Glücksspielsucht Köln und der Fachstelle für Suchtprävention eine Vielzahl von Schulungen für Glücksspielanbieter durchgeführt. Im Rahmen dieser Schulungen wurde problematisches und pathologisches Spielen erörtert und entsprechende Maßnahmen des *Responsible Gaming* in den Spielstätten (z. B. Lottoannahmestellen, Automaten-Spielstätten etc.) praxisnah diskutiert. Diese Schulungskonzepte werden gegenwärtig weiterentwickelt. Da der Gesetzgeber ab 2013 alle Glücksspielanbieter in Nordrhein-Westfalen verpflichtet, ihr Personal fortlaufend zum Thema *Spielerschutz* zu schulen, sind weitere umfangreiche Schulungsmaßnahmen geplant. In allen Veranstaltungen in der Region wird das Angebot der Motivationsgruppe besonders hervorgehoben und die Teilnehmer erhalten entsprechende Informationskarten.

Des Weiteren ist geplant, bis Ende 2013 ein *Methodenkoffer Glücksspielprävention* zu entwickeln. Die Fachstelle Suchtprävention hat bereits umfangreiche Erfahrungen in der Entwicklung von Methodenkoffern. Seit Jahren vertreibt sie erfolgreich den Methodenkoffer Alkoholprävention (www.drogisto.de) in Deutschland und dem deutschsprachigen Ausland.

Abbildung 6: Methodenkoffer Alkoholprävention.

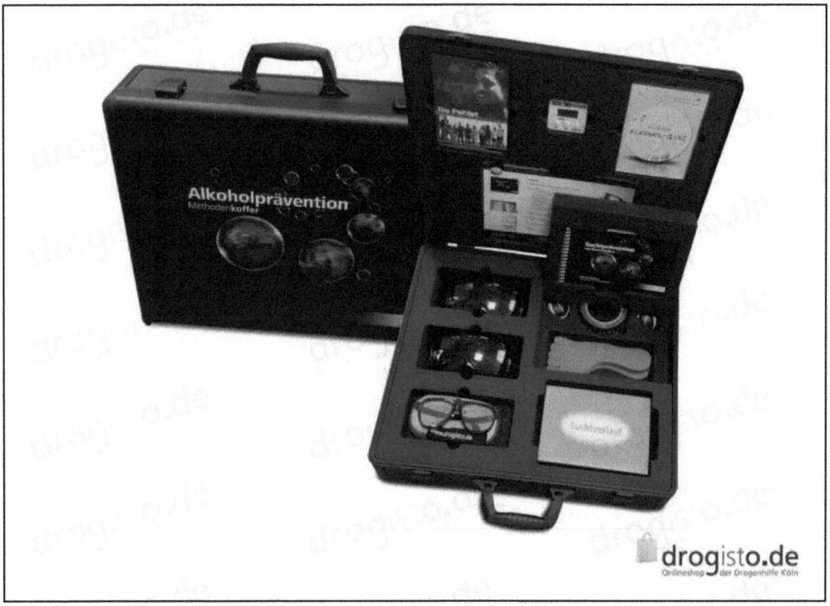

Ende 2014 ist geplant, in Köln erstmalig eine Spielbank der Westdeutschen Spielbanken GmbH & Co KG zu eröffnen. Die Fachstelle Glücksspielsucht Köln hat dem Unternehmen und politischen, kommunalen Entscheidungsträgern geholfen, dass die Lizenzvergabe des Landtages von NRW an die Stadt Köln erfolgte. Es ist eine Kooperation zwischen der Fachstelle Glücksspielsucht Köln und der Abteilung *Responsible Gaming* der Westspielgruppe eingeleitet. Vorgesehen sind u. a. kurzfristige Beratung, Betreuung von problematisch spielenden Gästen, Mitarbeit an einer kostenlosen Hotline, Gestaltung von Spielerschutz-Schulungen für Management, Mitarbeiter und Auszubildende der Spielbank Köln, Mitarbeit an der Weiterentwicklung der Spielerschutz-App, der Erstellung von Filmen u. ä. zum *Responsible Gaming*.

Seit mehreren Jahren betreibt die Drogenhilfe Köln eine Webseite (www.kidkit.de) für die Online-Beratung von Kindern und Jugendlichen von suchtgefährdeten oder suchtkranken Eltern. Bisher erfolgte die Beratung vor allem für Kinder und Jugendliche von alkohol- und drogenabhängigen Eltern; seit 2013 werden auch Kinder und Jugendliche von Glücksspielsüchtigen verstärkt angesprochen. Die Webseite wird inhaltlich überarbeitet, ansprechender und dies wird unterstützt durch die Zusammenarbeit mit der „Stiftung Kinderfamilien-Hilfe“ der Gauselmann AG.

Um das Angebot der Motivationsgruppe für Glücksspieler weiter in Köln und der Region bekannt zu machen, ist eine Weiterentwicklung der Kommunikationspolitik zu organisieren. Es gilt das Angebot z. B. in sozialen Netzwerken wie Facebook, Twitter, Myspace etc. möglicherweise zu etablieren. Betroffene und Angehörige sollten gewonnen werden, um Blogs, Videos o. ä. erstellen zu können. Besonders schulische Einrichtungen (Oberstufe, Gymnasien, Berufsschulen, Hochschulen etc.) sollten in die Kommunikationspolitik einbezogen werden. Es ist mit den verantwortlichen Schulämtern zu erörtern, inwieweit Aspekte von Glück, Zufall, Spielen, Sucht etc. noch mehr im Unterricht, Seminaren oder anderen Angeboten beispielhaft zu erörtern sind.

Zu Beginn 2013 wurde das Angebot der Motivationsgruppe für Glücksspieler dem Suchtbeauftragten, dem Personalrat und einigen Personalentwicklern einer großen Bank mit über 4.000 Mitarbeitern in Köln vorgestellt. Dies geschah, da 2012 verstärkt Mitarbeiter von Banken an der Motivationsgruppe teilnahmen, welche Probleme mit Sportwetten, Pokern, Aktienspekulationen etc. hatten. Es wurde nun eine Kooperationsbeziehung vereinbart, sodass glücksspielgefährdete Mitarbeiter dieser Bank an der Motivationsgruppe mindestens achtmal teilnehmen. Danach wird gemeinsam über das weitere Vorgehen gesprochen und entsprechende Festlegungen getroffen. Bis zum 30.06.2013 wurden bisher sechs Mitarbeiter und Auszubildende von diesem Geldinstitut in diesem Rahmen betreut und somit ihr Arbeitsplatz erhalten. Dieser Ansatz soll mit weiteren Banken, Versicherungen in Köln ausgebaut werden, um somit das Angebot der Motivationsgruppe noch bekannter zu machen.

Die Fachstelle Glücksspielsucht Köln, besonders das Angebot der Motivationsgruppe, muss seine Kooperationsbeziehungen (Abb. 7) zu den verschiedensten Einrichtungen zeitnah ausbauen. Es gilt, mittelfristig ein *Netzwerk Glückspielsucht* in Köln zu installieren, was unter Federführung der Fachstelle Glücksspielsucht steht. Neben den Leistungsangeboten für die Glücksspieler sollen auch Fort- und Weiterbildungsangebote für Mitarbeiter verschiedenster Einrichtungen, Multiplikatoren, therapeutische Mitarbeiter u. a. entwickelt werden. Dies könnte eine zusätzliche Einnahmemöglichkeit eröffnen und würde voraussetzen, sich stetig, besonders qualitativ weiterzuentwickeln, um entsprechende Angebote am Markt zu platzieren.

Abbildung 7: Kooperationsbeziehungen der Fachstelle Glücksspielsucht Köln.

Seit einigen Jahren findet stets am 25. September des jeweiligen Jahres ein bundesweiter *Aktionstag gegen Glücksspielsucht* in Deutschland statt. Die Fachstelle Glücksspielsucht hat in den letzten Jahren durch Filmvorführungen, die Gestaltung von zwei großen Schaufenstern in der Kölner Innenstadt, Luftballonaktionen, Pressemitteilungen etc. auf ihre Angebote aufmerksam gemacht. Am 25.09.2013 fand erstmalig eine Buchlesung unter dem Thema *Glücksspiel in der Weltliteratur und in Köln heute* statt. In der Kölner Buchhandlung *Buchladen Sülzburgstraße* (www.

buchladen-suelzburgstrasse.de) haben Klaus-Dieter Pittrich, langjähriger Redakteur beim WDR Fernseh- und Hörfunk, und ein Schauspieler literarische Beispiele aus der Weltliteratur vorgetragen. Anschließend bestand die Möglichkeit, über diese Literaturbeispiele und die aktuelle Glücksspielsituation in Köln zu diskutieren. Die Veranstaltung wurde vom Verfasser der vorliegenden Arbeit vorbereitet und von ihm moderiert. Mit diesem Programm kann dann punktuell in verschiedenen Stadteilen, in den nächsten Jahren, in unterschiedlichen Buchhandlungen, Bibliotheken, Kirchen u. a. dieses Thema stets präsentiert und somit das Angebot der Motivationsgruppe populärer gemacht werden.

In den letzten Jahren ist zu beobachten, dass Jugendliche und junge Erwachsene durch ihre aktive Mitarbeit in Sportvereinen (z. B. Fußball-, Handball- und Basketballvereine etc.) an das Glücksspiel (z. B. Sportwetten) herangeführt werden. In einer Vielzahl von Vereinen tippen Mannschaften gemeinsame Wettscheine und es ist schwierig für den Einzelnen, sich diesem Verhalten zu entziehen. Es entsteht bei einigen Sportlern ein völlig unreflektierter Umgang mit Glücksspielen, was möglicherweise bei Einzelnen zu einem problematischen Spielverhalten führen kann. Da die Sportwettangebote in Deutschland ab 2013 ausgeweitet werden sollen, ist mit einer erhöhten Teilnahme von jungen Spielern zu rechnen. Im Rahmen der Übungsleiter- und Trainerausbildungen sowie der Sportlerschulungen sollte das *Responsible Gaming* vorgestellt und erörtert werden. Die Zusammenarbeit mit den regionalen Sportverbänden ist anzubahnen und in stabile Kooperationsbeziehungen zu münden.

Im jungen Erwachsenenalter entscheidet sich eine Vielzahl junger Männer für den Wehrdienst, welcher in Deutschland gegenwärtig freiwillig ist. Auch in diesen Kreisen ist oft eine verstärkte Beschäftigung mit Glücksspielen (z. B. Pokern, Sportwetten etc.) zu konstatieren. Auch hier sollten die Führungskräfte und Soldaten über *Responsible Gaming* informiert sein und entsprechende negative Entwicklungen frühzeitig erkennen können, um gegen zu steuern.

Aus dem Bereich der stoffgebundenen Abhängigkeiten, Alkohol und Drogen, gibt es eine Reihe von Erfahrungen und Forschungen zum Thema *Kontrollierter Konsum* (Körkel 2007). *Kontrolliertes Spielen* ist nach Auffassung des Autors ein weiteres Feld innerhalb von *Responsible Gaming*, was im deutschsprachigen Raum bisher zu wenig beachtet und erforscht wurde. In Deutschland hat die Niedersächsische Landesstelle für Suchtgefahren (www.nls-online.de) eine *Arbeitshilfe zur Reduktion des eigenen Glücksspielverhaltens* entwickelt. Nach Informationen der Landesstelle ist dieses Programm bisher nur einmal praktisch ausprobiert worden und somit liegen keine gesicherten Erkenntnisse über dessen Wirksamkeit vor. Internationale Studien (Ladouceur/Lachance/Furnier 2009) deuten darauf hin, dass Glücksspielabstinenz bzw. Spielfreiheit nicht für alle pathologischen Spieler das lohnende Behandlungsziel ist. Durch Angebote von *kontrolliertem Spielen* könnten mehr problematische und pathologische Spieler erreicht werden. Über diesen Einstieg in Beratungsangebote könnten die Betroffenen möglicherweise ihren Weg zum verantwortungsvollen Umgang mit Glücksspiel entdecken. Der Aufbau eines entsprechen Angebotes *Kontrolliertes Spielen* in Köln wäre ein Beitrag zur Ausdifferenzierung der Produktpalette. Dieses Angebot könnte eventuell in einer neuen Einrichtung der Fachstelle Glücksspielsucht, z. B. auf der anderen Rheinseite in Köln, angeboten werden. Da die Fachstelle Glücksspielsucht gegenwärtig in Köln eine Monopolstellung besitzt, ist es strategisch bedeutsam, möglicherweise mehrere Standorte aufzubauen. Im Bereich der Drogenberatung war diese Vorgehensweise erfolgreich, in dem links- und rechtsrheinisch in Köln entsprechende Standorte aufgebaut worden.

Seit Ende 2011 ist ein türkischer Muttersprachler, Diplomsozialpädagoge, in der Einrichtung beschäftigt. Der Mitarbeiter wird bis Ende 2014 einen suchttherapeutischen Masterstudiengang an der Katholischen Hochschule NRW in Köln absolvieren. Geplant ist ein spezielles Beratungsangebot für türkische Spieler, welche nicht ausreichend deutsche Sprachkenntnisse für die Motivationsgruppe besitzen. Bei entsprechenden Kapazitäten kann dieses Angebot auch für türkische Angehörige erweitert werden.

Die oben genannten Beispiele für die Weiterentwicklung der Motivationsgruppe für Glücksspieler in Köln sind u. a. ein Ergebnis der Kenntnisse, Erfahrungen etc., welche der Autor im Rahmen seiner Teilnahme am Universitätslehrgang *Responsible Gaming – Glücksspiel mit Verantwortung* an der Sigmund Freund Universität in Wien gewonnen hat. Dieser Universitätslehrgang sollte nach Auffassung des Verfassers ausgebaut, weiterentwickelt werden, um möglicherweise das Verhaltenskonzept *Responsible Gaming* wissenschaftlich weiter aufzuhellen, praktische Forschungsarbeiten anzusetzen und praktische Umsetzungsmöglichkeiten auszuprobieren. Das

Teilnehmerspektrum (z. B. Vertreter des Glücksspielindustrie, der Finanzpolizei, Präventionsfachkräfte, Suchtberater und -therapeuten u. a.) des derzeitigen Universitätslehrganges verdeutlicht das interdisziplinäre Herangehen an das Verhaltenskonzept des *Responsible Gaming*. Die Universität könnte nach Ansicht des Autors eine Leitstelle, Kooperationsbasis o. ä. für die wissenschaftliche Begleitung des Verhaltenskonzept *Responsible Gaming*, innerhalb des Instituts für Verhaltenssüchte, werden.

Zu beachten ist, dass innerhalb des *Responsible Gaming* nicht eine Gruppierung (z. B. Anbieter von Glücksspielen, Glücksspielindustrie) eine dominierende oder möglicherweise manipulierende Vormachtstellung erreichen. Es sollte beim *Responsible Gaming* nicht um eine kurzfristige Verbesserung der Nutzen- bzw. Gewinnerwartung der Glücksspielanbieter gehen. Für mögliche Untersuchungen und Forschungen in diesem Bereich besteht die Gefahr, Elemente des *akademischen Kapitalismus* (Münch 2011) zu werden. Dies bedeutet u. a. untersucht, beforscht werden die Bereiche des *Responsible Gaming*, welche sich für die Glücksspielindustrie kurzfristig auszahlen. Hier ist es sehr wichtig, mögliche Interessenkonflikte frühzeitig zu erkennen, aufzuzeigen und ethisch-moralisch Handeln zu verdeutlichen.

Die vorliegende Arbeit will mit ihrer Praxisbezogenheit einen Beitrag dazu leisten, diesen Prozess möglicherweise zu forcieren und somit *Responsible Gaming* noch mehr in den Fokus wissenschaftlicher Überlegungen und praktischer Untersuchungen, Folgerungen zu stellen. Im Rahmen der gebotenen Kürze der Arbeit, hat sich der Autor auf einige Folgerungen im Rahmen der Produkt-, Vertriebs- und Kommunikationspolitik konzentriert. Ein weiterer interessanter Ansatz könnte die Untersuchung, Aufhellung des methodisch-inhaltlichen Vorgehens innerhalb der Motivationsgruppe sein.

Literaturverzeichnis

Bachmann, M.; El-Akhras, A. (2010), *Glücksspielfrei – Ein Therapiemanual bei Spielsucht*. Berlin: Springer.

Bucher, E. (2011), *Sucht und Ausstieg – Wege aus der Glücksspielsucht*. Norderstedt: Books on Demand GmbH.

Bundeszentrale für gesundheitliche Aufklärung BZgA (2012), *Glücksspielverhalten und Glücksspielsucht in Deutschland. Ergebnisse aus drei repräsentativen Bevölkerungsumfragen 2007, 2009 und 2011*. Köln.

Buth, S.; Kalke, J.; Reimer, J. (2013), *Glücksspielsuchtforschung in Deutschland*. Freiburg: Lambertus.

Fliegel, S.; Kämmerer, A. (2007), *Psychotherapeutische Schätze – 101 bewährte Übungen und Methoden für die Praxis*. Tübingen: DGVT-Verlag.

Fliegel, S.; Kämmerer, A. (2008), *Psychotherapeutische Schätze – 125 weitere praktische Übungen, Methoden und Herausforderungen*. Tübingen: DGVT-Verlag.

Gizycki, J.; Gorny, A. (1970), *Glück im Spiel zu allen Zeiten*. Zürich: Stauffacher.

Häfeli, J. (2012), „Glücksspiel und Glücksspielsucht in der Schweiz – Public Health und Spielerschutz". In: Wurst, F. M.; Thon, N.; Mann, K. (Hrsg.), *Glücksspielsucht – Ursachen – Prävention – Therapie*. Bern: Huber, S. 276–288.

Körkel, J. (2007), *Damit Alkohol nicht zur Sucht wird – kontrolliert trinken*. Stuttgart: Trias.

Ladouceur, R.; Lachance, S.; Furnier, P. M. (2009), "Is control a viable goal in the treatment of pathological gambling?" In: *Behaviour Research and Therapy* 47, S. 189–197.

Meyer, G.; Bachmann, M. (2005), *Spielsucht – Ursachen und Therapie*. Heidelberg: Springer.

Meyer, G. (2013), „Glücksspiel – Zahlen und Fakten". In: Deutsche Hauptstelle für Suchtgefahren (Hrsg), *Jahrbuch Sucht 2013*. Lengerich: Pabst, S. 119–134.

Münch, R. (2011), *Akademischer Kapitalismus. Über die politische Ökonomie der Hochschulreform*. Frankfurt/Berlin: Suhrkamp.

Poltrum, M. (2012), *Musen und Sirenen – Ein Essay über das Leben als Spiel*. Lengerich: Pabst.

Rumpf, H. J.; Kiefer, F. (2011), „DSM-V: Die Aufhebung der Unterscheidung von Abhängigkeit und Missbrauch und die Öffnung für Verhaltenssüchte". In: *Sucht* 57 (1), S. 45–48.

Schuller, A. (2013), „Er will doch nur spielen". In: Arbeitskreis gegen Spielsucht e.V. (Hrsg.), *Bunte Lichter – Dunkle Schatten Glücksspiel – Faszination und Abgrund*. Vechta: Geest, S. 197–2005.

Schwickerath, J.; Ladwein, S.; Premper, V.; Petry, J. (2013), „Was begünstigt den langfristigen Therapieerfolg bei pathologischem Glücksspielen – Ergebnisse einer Katamnesestudie". In: *Klinische Verhaltensmedizin & Rehabilitation* 26 (1), S. 4–18.

Siebenmorgen, H. (2008), *Volles Risiko – Glücksspiel von der Antike bis heute*. Landshut: Bosch.

Vent, P. (1999), *Spielsucht als Affektregulation*. Stuttgart: Klett-Cotta.

Zanki, M.; Fischer, G. (2009), „Pathologisches Glücksspielverhalten". In: Batthyany, D.; Prinz, A. (Hrsg.), *Rausch ohne Drogen*. Wien: Springer, S. 67–82.

Zanki, M.; Fischer, G. (2012), „Glücksspielsucht – ein Risiko für Mann und Frau". In: Wurst, F. M.; Thon, N.; Mann, K. (Hrsg.), *Glücksspielsucht – Ursachen – Prävention – Therapie*, Bern: Huber, S. 26–40.

Urs Scherrer*

Sportmanipulationen und deren Bekämpfung

1. Einführung und Begriffliches

Der Reiz des Sports liegt in seiner Unkalkulierbarkeit. Nichts ist für den Sport entwertender, als wenn das Resultat eines Spiels bereits vor dessen Beginn oder der Sieger schon vor einem Wettkampf feststeht. Gleichzeitig möchte aber, wer eine Sportveranstaltung besucht, beim Verlassen der Sportstätte wissen, wer Sieger ist und nicht nach Tagen oder Wochen erfahren müssen, wem nun der Sieg bspw. „am grünen Tisch" oder nach Durchführung von (Sport-)Gerichtsverfahren zugesprochen worden ist.[1] Es gibt vielerlei Gründe, die dazu führen können, dass mit Abschluss einer Sportveranstaltung das Resultat des Wettkampfs (noch) nicht definitiv feststeht: So etwa, wenn die Verantwortlichen eines Formel 1-Teams beim Bau ihres Autos Bestimmungen des technischen Reglements übersehen und diese somit verletzt haben – dem siegenden Piloten wird der errungene Triumph nach einem Sportgerichtsverfahren wieder aberkannt; aber etwa auch, wenn der Schiedsrichter eines Fussball- oder Eishockeyspiels die Spielregeln falsch angewendet hat – dem dagegen erhobenen Protest wird stattgegeben und das Spiel neu angesetzt; und schliesslich etwa auch, wenn ein Team einen nicht spielberechtigten Akteur eingesetzt hat – das Spiel wird *forfait*[2] zu Lasten der betreffenden Mannschaft gewertet. Solche Vorgänge kommen

---

* Dr. iur. Urs Scherrer ist Vereins- und Sportrechtsspezialist sowie Senior-Partner der Sportrechtskanzlei Scherrer Jenny & Partner in Meilen b. Zürich; bis Anfang 2014 war er überdies nebenamtlicher CEO der FIFA-Tochtergesellschaft Early Warning System GmbH (EWS) in Zürich. Der Beitrag ist auch in der Zeitschrift für Wett- und Glücksspielrecht (*ZfWG* 2014, S. 274 ff.) erschienen; er ist für diese Publikation aktualisiert worden. Der Autor dankt Herrn Dr. iur. Remus Muresan für seine Mitarbeit bei der Finalisierung des Beitrags.

1 So haben während Jahren Protestfälle, die jeweils erst nach mehreren Wochen entschieden worden sind, u. a. zum Interessenschwund an der Formel 1 geführt.

2 Zum *Forfait*-Begriff vgl. Scherrer, U.; Muresan, R.; Ludwig, K. (2014), *Sportrecht*, S. 138.

im organisierten Sport immer wieder vor; sie sind in der Regel ärgerlich, sie führen zu Diskussionen, aber sie treffen den Sport nicht bis ins Mark.

Betrügereien, Schiebungen, unlautere Absprachen usw. – Sportmanipulationen im weitesten Sinne – gibt es schliesslich seit Sport getrieben wird, und das in den verschiedensten Formen (nicht immer war und ist die Triebfeder für diese Verhaltensweisen dieselbe: In der Antike ging es oft um Ruhm und Ehre,[3] später – und auch heute noch – meistens um Geld). Besonders problematisch wird es jedoch, wenn bspw. Wochen oder Monate nach einer Tour de France bekannt wird, dass der Sieger des Dopings überführt ist und die Rangliste neu geschrieben werden muss; oder wenn eine Fussballmannschaft, bei der es in einer laufenden Meisterschaft „um nichts mehr geht“, nur deshalb verliert, weil die gegnerische Mannschaft dafür „bezahlt“ hat, um durch den Sieg dem Abstieg zu entgehen; oder wenn sich herausstellt, dass ein mit einem favorisierten Pferd angetretener Jockey absichtlich unterliegt, weil er für die Überlassung des Sieges an seinen Rivalen von der „Wettmafia“ – die wiederum auf eben diesen Rivalen erhebliche Summen gesetzt hat – fürstlich bezahlt worden ist. Begebenheiten dieser Art sind weit mehr als nur ein Ärgernis, sondern erschüttern den Sport in seinen Grundfesten und schädigen dessen Integrität.

Die Integrität des Sports ist durch viele Faktoren gefährdet. Der Sportler, der sich unerlaubter Methoden zur Leistungssteigerung bedient, verstösst gegen das Gebot des sportlichen „Fairplay“;[4] gleichzeitig legt er ein integritätsschädigendes Verhalten an den Tag. Und: Er manipuliert. Dabei ist zu differenzieren zwischen Manipulationen, die vom Teilnehmer am sportlichen Wettkampf ausgehen, und Manipulationen, die von Dritten initiiert werden und sich in irgendeiner Form auf den Teilnehmer am sportlichen Wettbewerb auswirken. Der dopende Sportler nimmt selbst am Wettkampf teil und betrügt – allenfalls mit Hilfe von Dritten –, indem er sich durch unerlaubte Leistungssteigerung oder unerlaubte Methoden einen Wettbewerbsvorteil verschafft oder zu verschaffen versucht. Besticht eine Fussballmannschaft eine

3 Vgl. grundlegend Hilpert, H. (2011), *Die Geschichte des Sportrechts*, S. 158.

4 Scherrer, U.; Muresan, R.; Ludwig, K. (2014), *Sportrecht*, S. 129 f.; Grundlegend Württembergischer Fussballverband e. V. (Hrsg.) (2004), *Fairness-Gebot, Sportregeln und Rechtsnormen*; sowie Scheffen, E. (1998), *Sport, Recht und Ethik*.

andere Mannschaft und verlangt von ihr auf dem Weg einer Spielabsprache ein Verhalten im Spiel, das der ureigenen Idee des Sports (siegen zu wollen) widerspricht,[5] wirkt sie von aussen auf das Spiel ein und manipuliert es.

Seit einiger Zeit ist im Sport indessen ein relativ neues Manipulationsphänomen zu beobachten: Die sog. „Sportwettenmanipulationen". Begrifflich gilt es dabei klarzustellen, dass nicht die Sport*wetten*[6] manipuliert werden, sondern die sportlichen *Wettkämpfe*. Dies, um bspw. Sportresultate herbeizuführen, auf die entsprechend gewettet worden ist. Manipulationen von sportlichen Wettkämpfen im Zusammenhang mit Sportwetten sind deshalb *Sport-* und nicht *Wett*manipulationen;[7] davon erfasst sind mit Blick auf Spielmanipulationen „alle unlauteren Handlungen, die auf eine Beeinflussung des Spielverlaufs und/oder des Ergebnisses abzielen" und welche die Integrität des Sports bedrohen.[8] Diese Manipulation des Ausgangs oder Verlaufs eines sportlichen Ereignisses wird englisch „Match Fixing" genannt.[9]

5 Deshalb ist es umstritten, ob es gegen das sportliche Fairplay verstösst, wenn sog. „Motivationsprämien" bezahlt werden, d.h. es werden Geldzahlungen versprochen, damit bspw. eine Fussballmannschaft mit vollem Einsatz alles versucht, um zu siegen, obwohl sie den Sieg nicht mehr benötigt und diesen auch nicht mehr konsequent anstrebt (vgl. aber Art. 135 des Wettspielreglements des Schweizerischen Fußballverbands). Zu diesem Mittel wird hin und wieder gegriffen, wenn es bei einer Mannschaft „um nichts mehr geht", deren Sieg aber einer anderen Mannschaft nützt und diese andere Mannschaft mit Geld- oder anderen Versprechungen motivierend auf das andere Team einwirkt.

6 Zum Begriff der Sportwette vgl. Scherrer, U.; Muresan, R. (2014), *Handbuch zum schweizerischen Lotterie- und Wettrecht*, S. 239; zu weiteren, im Zusammenhang mit Sportwetten relevanten Begriffen Kainz, F.; Scherrer, U.; Werner, Ch. (2012), *Sportfinanzierung und Sportwetten,* S. 222 ff.

7 Vgl. Scherrer, U.; Muresan, R. (2014), *Handbuch zum schweizerischen Lotterie- und Wettrecht*, S. 239.

8 Kainz, F.; Scherrer, U.; Werner, Ch. (2012), Sportfinanzierung und Sportwetten, S. 228. Gemäss den geplanten, neuen Bestimmungen von Art. 25a und 25b des schweizerischen Sportförderungsgesetzes (SR 415.0) ist unter einer Sportmanipulation schlicht jede „Verfälschung des Ablaufs [eines] Sportwettkampfs" (die freilich im Gegenzug für einen „nicht gebührenden Vorteil" erfolgen muss) zu verstehen.

9 Vgl. Mintas, L., „'Match Fixing' – Klare Abseitsposition des deutschen Gesetzgebers", in: Kainz, F.; Scherrer, U.; Werner, Ch. (2012), *Sportfinanzierung und Sportwetten*, S. 97. Dieser Begriff ist indessen etwas zu eng und damit unpräzise. In der Konvention des Europarates über die Manipulation von Sportwettkämpfen vom 18. September 2014 (CETS 215) etwa wird – zutreffender –der

Diesem Manipulationsphänomen dürfte eigen sein, dass die Manipulationsbestrebungen von Personen ausgehen, die sich ausserhalb des Sports befinden. Die Protagonisten des Sports werden jedoch in die Tathandlung eingebunden; sie agieren nicht selten als „Werkzeuge" von Drahtziehern, welche sich von Sportmanipulationen pekuniäre Vorteile auf dem Sportwettenmarkt versprechen.

2. Sportmanipulationen im Zusammenhang mit Sportwetten

Wetten und Glücksspiele werden zu den ältesten Freizeitbeschäftigungen des Menschen gezählt.[10] Seit jeher ist diese Branche allerdings auch umstritten, vor allem in Anbetracht der Problematik der Spielsucht.[11] Auch heute erfreuen sich insbesondere Sportwetten grosser Beliebtheit; die Wettformen haben sich allerdings signifikant verändert. Vor allem das Internet hat dazu geführt, dass heute ein Grossteil der Sportwetten auf elektronischem Wege abgewickelt wird und deshalb neue Wettformen entstanden sind. Zwar kann unter Verwendung des guten alten Sport-Totozettels oder Wettscheins immer noch konventionell gewettet werden, doch hat auch im Segment der Sportwetten das Internet seinen Siegeszug angetreten. Dieser Umstand hat auch einen neuen Wetttypus hervorgebracht: Die sog. „Live-Wette".[12] Diese Wettform, auch „In-Play-Wette" genannt (dies im Gegensatz zur sog.

Terminus „manipulation of sports competitions" verwendet; darunter ist jede absichtliche Absprache, Handlung oder Unterlassung zu verstehen, die auf eine unzulässige Abänderung des Resultats oder des Verlaufs eines sportlichen Wettkampfs abzielt, um die unvorhersehbare Natur des Wettkampfs ganz oder teilweise zu beseitigen; dies im Hinblick darauf, einen ungebührlichen Vorteil zu erzielen (Art. 3 Ziff. 4 der Konvention).

10 Endes, S.; Feldner, W., „Sportwetten – zu jeder Zeit aktuell", in: Kainz, F.; Scherrer, U.; Werner, Ch. (2012), *Sportfinanzierung und Sportwetten*, S. 79 ff.

11 Vgl. hierzu und zu den Gegebenheiten des Marktes etwa Werner, Ch.; Kainz, F., „Sportwetten – mit oder ohne Grenzen?", in: Kainz, F.; Scherrer, U.; Werner, Ch. (2012), *Sportfinanzierung und Sportwetten*, S. 151 ff.

12 Vgl. zur Vielfalt der Wetttypen im Allgemeinen Scherrer, U.; Muresan, R. (2014), *Handbuch zum schweizerischen Lotterie- und Wettrecht*, S. 225 ff.; Spöring, T., „Von ‚Asian Handicap' bis ‚Zweierkombi': Einführung in die Theorie der Sportwetten", in: Kainz, F.; Scherrer, U.; Werner, Ch. (2012), *Sportfinanzierung und Sportwetten*, S. 103 ff.

„Pre-Match-Wette"),[13] ermöglicht es, Wetten während eines bereits begonnenen, noch nicht beendeten Spiels oder Wettkampfs zu platzieren, was fast nur auf elektronischem Wege möglich ist; „Pre-Match-Wetten" dagegen werden vor Beginn des Spiels oder des Wettkampfs abgeschlossen. Bei der „Live-Wette" passt der Anbieter die Quoten während des sportlichen Ereignisses an, bei der „Pre-Match-Wette" wird die Quote zumeist vor Spiel- oder Wettkampfbeginn festgesetzt.[14] Die „Live-Wetten" wurden dank den „neuen Medien"[15] möglich; sie könnten demnach als „neue Wetten" bezeichnet werden. Diese neuen Wetten haben den Sportwettenmarkt revolutioniert und ihn noch undurchsichtiger gemacht als er bereits war. Es ist deshalb auch schwierig, verlässliche Zahlen zum Sportwettenmarkt zu eruieren. Weil zudem zwischen regulierten „weissen" und nicht-regulierten „schwarzen" (und auch noch „grauen") Märkten sowie „legalen" und „illegalen" Märkten unterschieden wird[16] und sich das Wettgeschäft oft – teils im wahrsten Sinne des Wortes – „im Dunkeln" abspielt, können Umsatzvolumina nur geschätzt werden. Diese Schätzungen gehen von jährlichen legalen Umsätzen in der Höhe von ca. 0,7 Billionen US-Dollar weltweit aus. Der mit illegalen Sportwetten weltweit erzielte Umsatz wird auf 1,5 bis 2 Billionen US-Dollar geschätzt. Die entsprechende wirtschaftliche Bedeutung der Sportwettenmärkte[17] weckt Begehrlichkeiten – auch solche unlauterer Art. Es liegt deshalb auf der Hand, dass Kriminelle den Sportwettenmarkt nutzen und den Sport missbrauchen, um auf deliktische Art Vorteile zu generieren.

---

13 Scherrer, U.; Muresan, R. (2014), *Handbuch zum schweizerischen Lotterie- und Wettrecht*, S. 230, 236.

14 Vgl. hierzu auch Spöring, T., „Von ‚Asian Handicap' bis ‚Zweierkombi': Einführung in die Theorie der Sportwetten", in: Kainz, F.; Scherrer, U.; Werner, Ch. (2012), *Sportfinanzierung und Sportwetten*, S. 104 f.

15 Zu diesem Begriff vgl. Scherrer, U.; Muresan, R.; Ludwig, K. (2014), *Sportrecht*, S. 240.

16 Scherrer, U.; Muresan, R. (2014), *Handbuch zum schweizerischen Lotterie- und Wettrecht*, S. 215 ff.; betr. der Situation insbesondere in Asien vgl. Scherrer, U.; Muresan, R.; Ludwig, K. (2014), *Sportrecht*, S. 323 ff.

17 Vgl. hierzu grundsätzlich Feldner, W., Sportwettenmärkte: „Grosses Spielfeld, viele Spielmacher – aber kaum ein Kombinationsspiel", in: Kainz, F.; Scherrer, U.; Werner, Ch. (2012), *Sportfinanzierung und Sportwetten*, S. 89 ff.

Sportmanipulationen im Zusammenhang mit Wetten sind heute der organisierten Kriminalität zuzurechnen. Umso schwieriger ist einerseits deren Bekämpfung und Sanktionierung durch die Mittel des Strafrechts und andererseits der Schutz der Integrität des Sports, für den vor allem die Sportverbände und -organisationen in der Pflicht stehen, geworden. Bereits an dieser Stelle sei angemerkt, dass der Typus der „Live-Wetten" den Integritätsschutz sowie die Bekämpfung von Sportmanipulationen durch die Staaten alles andere als vereinfacht hat.[18] Durch die neuen Wettformen sind Kriminellen jedenfalls auch neue Möglichkeiten des Delinquierens eröffnet worden. Durch den Umstand, dass heute bspw. während eines laufenden Fussballspiels Wetten platziert werden können, wird klar, dass Frühwarnsysteme, wie sie etwa vom Weltfussballverband FIFA oder der europäischen Fussballkonföderation UEFA seit einiger Zeit betrieben werden, nicht mehr dieselbe Bedeutung haben können wie noch vor einigen Jahren.[19]

3. Die Bekämpfung von Sportmanipulationen im Überblick

Es steht ausser Frage, dass Sportmanipulationen im Zusammenhang mit Wetten eine grosse Gefahr für den Sport und dessen Integrität bilden.[20] Der Sport und die Staaten sind sich einig, dass derartige Manipulationen bekämpft werden müssen – aus der Sicht der Staaten, um die Integrität der Sportwettenmärkte zu gewährleisten; aus der Perspektive der Sportverbände und -organisationen, um die Integrität des Sports zu schützen. Zum einen kann die entsprechende Kriminalität mit den Mitteln des Strafrechts (d. h. durch die Staaten) bekämpft werden, zum anderen sind die privatrechtlich organisierten Verbände und Organisationen gefordert, den sportlichen Integritätsschutz zu gewährleisten. Auf beiden Ebenen ist der Kampf gegen die Manipulationen jedoch problembehaftet: Die Praxis hat gezeigt, dass kaum adäquate strafrechtliche Tatbestände zur Verfügung stehen, welche eine konsequente Sanktionierung von Tathandlungen im Zusammenhang mit derartigen Sportmanipulationen ermöglichen, was auch dazu führt, dass immer wieder die Schaffung entsprechender Tatbestände gefordert

---

18 Vgl. dazu nachfolgend 3.

19 Vgl. dazu nachfolgend 4.

20 Vgl. dazu oben 1.

wird (bspw. einen Tatbestand „Sportbetrug").[21] Soweit es die (meisten) Mitgliedstaaten des Europarates anbelangt, sind diese nun aufgrund der im September 2014 unterzeichneten „Konvention über die Manipulation von sportlichen Wettkämpfen"[22] dazu verpflichtet sicherzustellen, dass ihr nationales Recht jeweils die Bestrafung von Manipulationen sportlicher Wettkämpfe ermöglicht, soweit diese Zwang, Korruption oder betrügerische Praktiken beinhalten.[23] In der Schweiz etwa ist nunmehr – im Rahmen einer gegenwärtig im Gang befindlichen, umfassenden Revision des schweizerischen Glücks- bzw. Geldspielrechts – geplant, spezifische Strafbestimmungen betreffend Sportmanipulationen einzuführen.[24] Nach deren Inkrafttreten müsste im Zusammenhang mit der Bestrafung von Sportmanipulationen nicht mehr mit dem allgemeinen Betrugstatbestand operiert werden.

Bei der Bekämpfung von Sportmanipulationen mit den Mitteln des Strafrechts wird es im Übrigen immer offensichtlicher, dass die organisierte Kriminalität kein nationales, sondern ein internationales Phänomen darstellt und dass das staatliche Strafrecht mit seinem nationalen Geltungsbereich demnach zusätzlich an Grenzen stösst.[25] Zwar wird insbesondere im

---

21 Vgl. hierzu etwa betr. den „Fall Hoyzer": BGH, Urteil vom 15.12.2006, Az. 5 Str 181/06 und 182/06; s. auch das umstrittene, freisprechende Urteil des schweizerischen Bundesstrafgerichts vom 13.11.2012, wiedergegeben und kommentiert in: *Causa Sport*, 2013, S. 158 ff.; vgl. überdies Giebel, Ch., „Strafrechtlicher Schutz für die Lauterkeit des Sports in Deutschland", in: *Causa Sport*, 2011, S. 354 ff.; zum Ganzen Heilemann, T. (2014), *Bestechlichkeit und Bestechung im sportlichen Wettbewerb als eigenständiges Strafdelikt – de lege lata, de lege ferenda*; zur Rechtslage in Italien vgl. Wojdyla, J., „Folgerungen aus den jüngsten Manipulationsvorfällen in Italien", *Causa Sport*, 2012, S. 203 f.

22 Vgl. zu dieser bereits oben Fn. 9.

23 Vgl. Art. 15 der Konvention. Sowohl Deutschland als auch die Schweiz gehören zu den Signatarstaaten der Konvention.

24 Vgl. zu diesen bereits oben Fn. 8. Vgl. zur Revision des schweizerischen Glücks- bzw. Geldspielrechts Scherrer, U.; Brägger, R., „Geldspielmarkt Schweiz: Eine Gesamtkodifikation im Fokus", ZfWG 2015, S. 103 ff.; Zünd, A.; Hugi Yar, T., „Rien ne va plus: Das schweizerische Glücksspielrecht im Umbruch", *Jusletter* vom 17. November 2014.

25 Vgl. hierzu etwa Mintas, L., „'Match-Fixing' – Klare Abseitsposition des deutschen Gesetzgebers", in: Kainz, F.; Scherrer, U.; Werner, Ch. (2012), *Sportfinanzierung und Sportwetten*, S. 97 ff.; Heilemann, T. (2014), *Bestechlichkeit*

Bereich der Bekämpfung von Sportmanipulationen im Zusammenhang mit Sportwetten versucht, die internationale Zusammenarbeit zwischen den Staaten zu intensivieren, teils etwa mit Hilfe der internationalen Polizeibehörde „Interpol". Allerdings ist nicht zu übersehen, dass die Bekämpfung dieser Manipulationen in der Praxis wenig zielgerichtet erfolgt: Wird ein „Wettskandal" (der eigentlich als „Sportskandal" bezeichnet werden müsste) publik, fällt auf, dass die Aufdeckung entsprechender Taten durchwegs ein blosses Nebenprodukt anderweitiger Polizeiarbeit ist. So werden Ermittlungsbehörden – wenn überhaupt – oft auf solche Vorgänge aufmerksam, wenn in anderen Zusammenhängen ermittelt und untersucht wird: Zum Beispiel ergeben sich bei Telefonabhörungen, die aus Gründen angeordnet werden, die keinerlei Bezüge zum Sport haben, Hinweise auf sportrelevante Manipulationen, woraufhin dann Ermittlungen in die entsprechenden Richtungen erfolgen. Grundsätzlich ist festzuhalten, dass seitens der staatlichen Behörden kaum oder nur ungenügend systematisch wegen Sportmanipulationen im Zusammenhang mit Sportwetten ermittelt wird; falls ein sog. „Wettskandal" aufgedeckt wird, ist dies meist Zufall.[26] Erschwerend kommt hinzu, dass sich der Wettmarkt, wie bereits dargestellt,[27] als nicht leicht zugänglich erweist.

Während die staatlichen Behörden bei ihren Ermittlungen und Untersuchungen zumindest über die Instrumentarien und Möglichkeiten insbesondere des Strafprozessrechts (Telefonabhörung, Erhebung von Beweismitteln im Allgemeinen, Zwangsmassnahmen usw.) verfügen, sind die Mittel und

---

und Bestechung im sportlichen Wettbewerb als eigenständiges Strafdelikt – de lege lata, de lege ferenda.

26 Vgl. diesbezüglich etwa den Beitrag „Wettskandal-Chronik: Am Anfang stand ein Zufallstreffer", Spiegel Online, 4. Oktober 2010, http://www.spiegel.de/sport/fussball/wettskandal-chronik-am-anfang-stand-ein-zufallstreffer-a-721116.html. Der fragliche „Wettskandal" betraf den Fall des „Wettpaten" Ante Sapina, der vom Landgericht Bochum im Mai 2011 wegen verschiedenster Delikte im Zusammenhang mit Sportmanipulationen zu einer Haftstrafe verurteilt wurde. Auf Revision des Verurteilten hin wurde das entsprechende Urteil 2012 allerdings vom BGH aufgehoben, worauf Ante Sapina im April 2014 abermals zu einer – etwas milderen – Haftstrafe verurteilt wurde. Auch gegen dieses erneute Urteil des LG Bochum hat der Verurteilte Revision eingelegt. Vgl. in diesem Zusammenhang auch den Fall des Schiedsrichters Oleg Oriekhov (unten 5.).

27 Vgl. oben 2.

Möglichkeiten der Sportverbände und -organisationen bei der Bekämpfung des „Match Fixing“ eher bescheiden. Diese Verbände und Organisationen sind Privatrechtssubjekte[28], und es ist ihnen deshalb selbstverständlich verunmöglicht, etwa Zwangsmittel einzusetzen, um Sportmanipulationen aufzudecken. Sie können sich einzig auf der Ebene des Integritätsschutzes engagieren, sei es präventiv, um die Protagonisten des Sports (im Vordergrund stehen dabei Sportler, Funktionäre und Schiedsrichter) von Manipulationen abzuhalten, sei es repressiv, um Fehlbare mit dem Mittel des Disziplinarrechts zu sanktionieren, was allerdings nur gegenüber solchen Personen möglich ist, welche der Ägide des betreffenden Verbands oder der betreffenden Organisation unterstehen.[29] Mit anderen Worten kann gemäss Verbandsrecht nur der dem Verbandsrecht Unterstellte bestraft werden.[30] Es ist deshalb geradezu abwegig, im Zusammenhang mit dem Integritätsschutz der Verbände von „Wettpolizei“ zu sprechen; über polizeiliche Möglichkeiten und Mittel verfügen Sportverbände eben gerade nicht, und polizeiliche Aufgaben können sie auch nicht übernehmen. Ihre einzige Repressionsmöglichkeit beschränkt sich auf die Mittel des Sanktionsrechts, präventiv ist es ihnen möglich – vereinfacht ausgedrückt –, Warnsysteme zu betreiben[31] und Aufklärungsarbeit zu leisten. Sie können deshalb einzig mit Blick auf den Sport den Integritätsschutz ausbauen.

---

28 Die in der Schweiz domizilierten Sportverbände und -organisationen – auch die internationalen – sind durchwegs als Vereine gemäss Art. 60 ff. des Schweizerischen Zivilgesetzbuches (ZGB) konstituiert. Auch in Deutschland sind die den lokalen Klubs übergeordneten Verbände in aller Regel als eingetragene Vereine im Sinne der §§ 21 ff. des Bürgerlichen Gesetzbuches organisiert; vgl. Schimke, M.; Eilers, G., „Vereins- und Verbandsrecht“, in: Nolte, M.; Horst, J. (2009), *Handbuch Sportrecht*, S. 89.

29 Im Rahmen eines Verbandes oder einer Organisation kann nur sanktioniert werden, wer der Verbandsordnung statutarisch oder vertraglich unterstellt ist; vgl. hierzu Scherrer, U.; Muresan, R.; Ludwig, K. (2014), *Sportrecht*, S. 100; Fuchs, Ch. (1999), *Rechtsfragen der Vereinsstrafe*, S. 49 ff.; Bodmer, H. (1989), *Vereinsstrafe und Verbandsgerichtsbarkeit*, S. 83 ff.

30 Sog. „Vereinsstrafe“; vgl. hierzu etwa Scherrer, U.; Muresan, R.; Ludwig, K. (2014), *Sportrecht*, S. 362 f.; hinzuweisen ist zudem auf die rechtsvergleichende Darstellung von Krieger, S. (2003), *Vereinsstrafen im deutschen, englischen, französischen und schweizerischen Recht.*

31 Wie es bspw. die FIFA mit dem „Early Warning System“ tut; vgl. dazu nachfolgend 4.

Bei Licht betrachtet heisst das: Die Sportverbände und -organisationen können im Bereich des Integritätsschutzes aktiv werden; breitgefächerte Ermittlungen und Untersuchungen sind hingegen sinnvollerweise den staatlichen Behörden, welche die Mittel des Strafprozessrechts einzusetzen befugt sind, zu überlassen. Aufgrund des Bedrohungspotenzials, das von Manipulationen im Zusammenhang mit Sportwetten ausgeht, sind die Sportverbände allerdings dazu übergegangen, ihr einziges Repressionsinstrumentarium, das Sanktionsrecht, zu optimieren. So hat der Weltfussballverband FIFA vor geraumer Zeit den Zweckartikel in seinen Statuten – was die Bedeutung des Problems manifestiert – angepasst bzw. erweitert. So lautet Art. 2 der FIFA-Statuten aktuell: „Der Zweck der FIFA ist: [...] e) Integrität, Ethik und Fairplay zu fördern und dadurch zu verhindern, dass Methoden oder Praktiken wie Korruption, Doping oder Spielmanipulationen vorkommen, die die Integrität des Spiels, Wettbewerbe, Spieler, Offizielle und Mitglieder gefährden oder zu Missbräuchen des Association Football führen könnten".[32] Entsprechend hat die FIFA ihr Regelwerk optimiert und ist nun in der Lage, fehlbare Personen, die in Spielmanipulationen – auch im Zusammenhang mit Sportwetten – verwickelt sind, zu sanktionieren.[33] Allerdings sind beileibe noch nicht in allen Verbänden (Sanktions-)Regularien mit Blick auf Sportmanipulationen und deren Ahndung eingeführt worden. Von Nutzen kann diesbezüglich der von der Deutschen Sporthochschule Köln vorgelegte „Anti-Manipulations-Code für den organisierten Sport"[34] sein, der den Verbänden und Organisationen Impulse zur Einführung entsprechender Bestimmungen in den Verbandsregelwerken zu vermitteln in der Lage ist.

32 Die FIFA-Statuten sind zugänglich über: http://www.fifa.com/mm/Document/AFFederation/Generic /02/58/14/48/2015FIFAStatutesEN_Neutral.pdf.

33 Vgl. hierzu etwa Art. 69 des FIFA-Disziplinarreglements. Hervorzuheben ist in diesem Zusammenhang, dass es gemäss Regelwerken der Verbände den Protagonisten des Sports u. U. untersagt ist, an Sportwetten usw. teilzunehmen; vgl. etwa Art. 25 des FIFA-Ethikreglements oder Art 5bis Abs. 1 der UEFA-Rechtspflegeordnung, wiedergegeben bei Ludwig, K., „Internationale Fussballsanktionspraxis im Sportwettenbereich", in: Kainz, F.; Scherrer, U.; Werner, Ch. (2012), *Sportfinanzierung und Sportwetten*, S. 187.

34 Nolte, M.; Martin, A. (2015), *Ein Anti-Manipulations-Code für den organisierten Sport.*

Kommt demnach dem Staat die Aufgabe zu, Sportmanipulationen strafrechtlich zu verfolgen, sind die Sportverbände und -organisationen gehalten, die Integrität des Sports auf präventiver (aufklärend sowie mit Warnsystemen) und repressiver Ebene (mittels Disziplinarstrafen) zu schützen. Dabei kann es dem Sport – salopp ausgedrückt – grundsätzlich gleichgültig sein, ob das Sportwetten-Geschäft durch Manipulationen verfälscht wird; für Recht und Ordnung im Sportwettenmarkt hat der Staat mit dem Strafrecht und anderen Mitteln zu sorgen. Der Sport muss aber dafür bemüht sein, dass die Integrität *des Sports* geschützt wird – das gilt auch bezüglich Sportmanipulationen, die im Zusammenhang mit Sportwetten stehen. Neuerdings wird diesbezüglich aber auch ein Kampf der „verbundenen Mittel" gefordert. Eine entsprechende Zusammenarbeit zwischen staatlichen Institutionen und Sportverbänden sowie -organisationen kann zwar in einzelnen Fällen sinnvoll sein. Zu viel darf davon aber nicht erwartet werden, da – wie erwähnt – in der Regel sog. „Wettmanipulationsfälle" von staatlichen Institutionen (und zumeist auch nur durch Zufall) aufgedeckt und die Erkenntnisse allenfalls an die Sportverbände und -organisationen weitergegeben werden. Selten ist es umgekehrt. Im Rahmen des sportlichen Integritätsschutzes kommt den Bemühungen der Sportverbände und -organisationen dennoch grosse Bedeutung zu, und zwar sowohl in präventiver als auch repressiver Hinsicht.[35]

35 Vgl. in diesem Zusammenhang jüngst die Resolution der UEFA „Der europäische Fussball vereint für die Integrität des Spiels" von April 2014 (http://www.uefa.org/MultimediaFiles/Download/uefaorg/MatchFixPrev/02/07/89/27/2078927_DOWNLOAD.pdf), mit der die Mitgliedsverbände u. a. dazu angehalten werden, Aufklärungsangebote für Spieler und Offizielle, leistungsfähige Systeme zur Überwachung der Sportwettenmärkte und eine intensive Zusammenarbeit mit staatlichen Behörden zu implementieren. Im Rahmen der Verabschiedung der Resolution forderte die UEFA überdies die europaweite Einführung von Normen zur Ahndung von Delikten im Zusammenhang mit wettbezogenen Sportmanipulationen im staatlichen Strafrecht (vgl. http://www.handelsblatt.com/fussball-uefa-uefa-beschliesst-resolution-gegen-wettmanipulation/9674652.html).

4. Schutz der Integrität des Sports am Beispiel der FIFA

Kurz vor der Weltmeisterschaftsendrunde 2006 in Deutschland schockte der Fall des Fussball-Schiedsrichters Robert Hoyzer die Öffentlichkeit.[36] Der junge Offizielle hatte in Abstimmung mit Protagonisten aus dem Sportwettengeschäft verschiedene Fussballspiele manipuliert. Dies tat er aber derart dilettantisch, dass der Fall nicht zuletzt deswegen aufflog. Robert Hoyzer wurde schliesslich strafrechtlich wegen Beihilfe zum Betrug verurteilt, wobei Gerichte und Strafrechtsexperten gegensätzliche Ansichten vertraten, ob sich die Handlungen des Schiedsrichters unter den Betrugstatbestand würden subsumieren lassen.[37] Der „Fall Hoyzer" und das offenkundige Faktum, dass die daran erkennbar gewordene, neue Manipulationsart auch eine reelle Gefahr für die Integrität der bevorstehenden FIFA-Fussballweltmeisterschaft 2006™ bilden könnte, veranlassten den Weltfussballverband FIFA, sich mit Blick auf die WM-Endrunde in Deutschland entsprechend zu wappnen. Innert kürzester Zeit wurde eine Gesellschaft – die Early Warning System GmbH[38] – gegründet, die den Auftrag erhielt, den Integritätsschutz der 64 in Deutschland ausgetragenen WM-Endrundenspiele sicherzustellen. Dies erfolgte durch den Aufbau eines technischen Systems, das es ermöglichte, Auffälligkeiten im Sportwettengeschäft zu erkennen. Mit den wichtigsten Wettanbietern und Buchmachern wurden Verträge abgeschlossen, gemäss deren Inhalt eine Auffälligkeitskontrolle im Bereich des durch die Wettanbieter abgedeckten Marktsegmentes realisiert werden konnte. Auffälligkeiten im Wettmarkt – genauer: in dessen transparenten Teil – liessen sich so registrieren, wobei selbstverständlich nicht jede Auffälligkeit gleichzusetzen war mit einer Spielmanipulation.

---

36 Vgl. hierzu Scherrer, U.; Muresan, R.; Ludwig, K. (2014), *Sportrecht*, S. 175 f.

37 Vgl. dazu etwa *Causa Sport*, 2010, S. 118 ff.; bezüglich der erneuten Straffälligkeit der Hintermänner vgl. *Causa Sport*, 2012, S. 359; vgl. auch grundsätzlich *Causa Sport*, 2013, S. 188 ff., sowie Jahn, M., „Wohin steuert der Sportbetrug? – Zum Ertrag der Debatte über das Hoyzer-Urteil des Bundesgerichtshofs", in: Vieweg, K. (2009), *Facetten des Sportrechts*, S. 73 ff. Die Schwierigkeiten der strafrechtlichen Subsumption derartiger Manipulationen unter Betrugsbestimmungen haben dazu geführt, dass immer wieder die Schaffung von speziellen Sportbetrugs-Tatbeständen gefordert wird.

38 www.fifa-ews.com.

2006 waren „Live-Wetten"[39] noch nicht derart verbreitet wie heute; deshalb installierte die FIFA ein „Frühwarnsystem" – und bezeichnete dieses auch explizit so.[40] Nachdem die FIFA-Fussballweltmeisterschaft 2006™ ohne einen sog. „Wettskandal" über die Bühne gegangen war, institutionalisierte der Weltfussballverband 2007 durch Kongressbeschluss das System, das heute sowohl im Bereich der Prävention (Integritätsschutz) als auch auf der Ebene der Repression (Beweiserhebung für Disziplinarverfahren, insbesondere auf der Stufe der FIFA) eingesetzt wird. Der Erfolg des Systems lässt sich indessen nicht leicht „messen"; Branchenkenner weisen aber darauf hin, dass allein schon das Wissen um die Existenz des Systems bei potenziellen Delinquenten präventive Wirkung entfalte. In Anbetracht der Veränderungen im Sportwettenmarkt – Tendenz hin zu den „Live-Wetten" – kommt dem System im Bereich der Repression erhöhte Bedeutung zu. Soweit dies bei einem Privatrechtssubjekt möglich ist, können über das System Beweismittel, die im Rahmen des Privatrechts erhoben werden, für allfällige Disziplinarverfahren beschafft werden. Im Fokus stehen bei den Aktivitäten des Systems insbesondere Auffälligkeitskontrollen; eher selten dürften Fälle sein, in denen schon vor Beginn eines Spiels aufgrund festgestellter Auffälligkeiten präventive Massnahmen (konkret durch die FIFA) ergriffen werden können. Im konventionellen Wettmarkt können z. B. vor einem Fussballspiel festgestellte Auffälligkeiten dazu führen, dass der Verband bestimmte Massnahmen einleitet (etwa die Auswechslung eines Schiedsrichters, die verschärfte Beobachtung eines bestimmten Spiels, Appell vor Spielbeginn an die am Spiel teilnehmenden Akteure usw.).

Das System der FIFA, das von einer Tochtergesellschaft implementiert wird, hat sich bis heute bewährt. Im Rahmen der Überwachung festgestellte Auffälligkeiten können *präventiver* Art sein, wenn etwa im konventionellen Wettgeschäft Auffälligkeiten vor Beginn eines Spiels geortet werden. Insbesondere bei „Live-Wetten" lässt sich im konkreten Fall in präventiver Hinsicht grundsätzlich kaum mehr etwas vorkehren, um die Integrität des betreffenden Spiels zu schützen; hier kann jedoch *repressiv*, im Rahmen von Disziplinarverfahren, vorgegangen werden. Kommt es zu Sanktionen, sind

39 Vgl. zu diesen oben 2.

40 Heute muss man sich im Zusammenhang mit „Live-Wetten" vom Frühwarngedanken praktisch weitgehend verabschieden.

die Sanktionsbehörden der Verbände und Organisationen bestrebt, rigorose Strafen auszufällen. Es gilt durchwegs das Prinzip der „Nulltoleranz". Grundsätzlich ist festzuhalten, dass schon der Umstand alleine, dass Sportverbände und -organisationen den Sportwettenmarkt auf Auffälligkeiten hin überwachen, als Prävention mit Blick auf den sportlichen Integritätsschutz unabdingbar ist. Aber auch bei „Live-Wetten" ist es durchaus denkbar, dass mit Bezug auf ein konkretes Spiel präventiv das Notwendige noch vorgekehrt werden kann, falls bspw. dem Verband oder der Organisation anderweitige Hinweise auf eine Manipulation im Zusammenhang mit Wetten vorliegen. Das ist keineswegs unmöglich, da bei Spielmanipulationen in aller Regel mehrere Personen involviert sind und die Vorgänge nicht immer diskret abgewickelt werden. Die FIFA hat in diesem Zusammenhang auch eine sog. „Hotline" eingerichtet;[41] damit wird ermöglicht, Hinweise auf Manipulationen anonym zu hinterlegen.

Die Sportverbände und -organisationen sind sich bewusst, dass sie zum Schutz der Integrität des Sports im Kampf gegen Manipulationen im Zusammenhang mit Sportwetten gefordert sind und das Ihre dazu beizutragen haben, um den Sport von dieser modernen Geissel zu befreien. Entsprechende Aktivitäten finden in aller Regel im Rahmen von sog. „Ethikprojekten" statt. Die FIFA hat in diesem Kontext die eigene Tochtergesellschaft „Early Warning System GmbH" etabliert, vom Fussball-Kontinentalverband UEFA ist eine spezialisierte Überwachungsgesellschaft beauftragt worden, und das Internationale Olympische Komitee (IOK) überwacht die Olympischen Spiele in Eigenregie, unter Beizug von Fachspezialisten.[42] Die Sportverbände und -organisationen sind sich allerdings auch bewusst, dass sie mit ihren

41 Informationen zum entsprechenden „Reporting Mechanism" finden sich unter: http://resources.fifa.com/mm/document/affederation/administration/02/01/04/99/circularno.1338-reportingmechanism.pdf.

42 Vgl. betr. FIFA und UEFA Villiger, M., „Der Kampf der Verbände gegen Spielmanipulationen", in: Kainz, F.; Scherrer, U.; Werner, Ch. (2012), *Sportfinanzierung und Sportwetten*, S. 119 ff., sowie Infantino, G.; Kleiner, J., „Der Kampf der Verbände gegen Spielmanipulationen aus der Sicht der UEFA", in: Kainz, F.; Scherrer, U.; Werner, Ch. (2012), *Sportfinanzierung und Sportwetten*, S. 109 ff.

Bemühungen an Grenzen stossen, vor allem deshalb, weil unregulierte Märkte kaum transparent sind.[43]

5. Zur Repression im Rahmen des Verbandsrechts im Besonderen

Wie bereits ausgeführt,[44] erfüllen die Sportverbände und -organisationen mit Blick auf den Schutz der Integrität des Sports im Zusammenhang mit Sportwetten wichtige Aufgaben. Repressiv können sie grundsätzlich die dem Verbandsrecht unterstellten, fehlbaren Personen sanktionieren, d. h. mit sog. „Vereinsstrafen" belegen;[45] derartige Strafen sind Sanktionsbehelfe des Privatrechts.[46] Diese Art von Repression stösst indessen an immanente Grenzen: So können Sanktionen nur gegenüber Personen ausgefällt werden, welche der Verbandsjurisdiktion entweder statutarisch oder vertraglich unterstellt sind.[47] Die Sanktionsorgane der Verbände haben ferner den Nachteil zu gewärtigen, dass sie aufgrund der ihnen vorliegenden Beweismittel entscheiden müssen und es ihnen nicht möglich ist, zum Zwecke der Wahrheitsfindung Zwangsmittel einzusetzen, wie dies staatliche Behörden in der Lage sind. Zudem hat sich gezeigt, dass, sobald Verbandssanktionsverfahren eingeleitet werden, oftmals eine Art „Omertà" – ein Gesetz des Schweigens – Platz greift (so sind Beschuldigte in entsprechenden Verfahren oft nicht bereit, an der Feststellung des Sachverhaltes mitzuwirken, sondern berufen sich auf ein Schweigerecht[48]).

---

43 Vgl. dazu grundsätzlich Zenglein, D., „Möglichkeiten und Grenzen von Überwachungssystemen", in: Kainz, F.; Scherrer, U.; Werner, Ch. (2012), *Sportfinanzierung und Sportwetten*, S. 171 ff.

44 Vgl. oben 3.

45 Betreffend die gegenüber Robert Hoyzer verhängten *Verbands*sanktionen vgl. *Causa Sport*, 2007, S. 164 ff.

46 Vgl. zu den „Vereinsstrafen" bereits oben 3., insbes. Fn. 29 und 30.

47 Vgl. dazu bereits oben 3.

48 Ob ein solches Recht zu Schweigen in verbandsinternen Sanktionsverfahren gilt, ist indessen umstritten. Im FIFA-Ethikreglement bspw. ist selbst dann keine Ausnahme von der Zeugnis- bzw. Mitwirkungspflicht vorgesehen, wenn sich der Betroffene selbst belasten würde (vgl. dazu Art. 41 f. sowie 66 Abs. 4 des FIFA-Ethikreglements). Vgl. dazu auch Nater, H., „Verfahrensgarantien in Korruptionsverfahren grosser Sportverbände – unter besonderer Berücksichtigung des FIFA-Ethikreglements", *Schweizerische Juristen-Zeitung*, 2014, S. 225 ff.,

Ungeachtet solcher Widrigkeiten ist es in der jüngeren Vergangenheit bereits zu einigen verbandsinternen Sanktionierungen von fehlbaren Personen wegen deren Verwicklung in wettbezogene Sportmanipulationen gekommen, die zudem einer Überprüfung durch externe Rechtsmittelinstanzen standgehalten haben.[49] So sind etwa die an den sog. „Antalya-Matches“ beteiligten Schiedsrichter von der FIFA mit lebenslangen Verboten jeglicher fussballbezogener Tätigkeiten belegt worden. Die fraglichen Offiziellen hatten sich von Hintermännern bestechen lassen, um zwei inszenierte Fussball-Länderspiele im Februar 2011 im türkischen Antalya mit im Vorhinein abgesprochenen Resultaten enden zu lassen. Das Vorgehen der – sportexternen – Drahtzieher hat sich dabei als besonders dreist erwiesen: Die beiden Freundschaftsspiele (Lettland gegen Bolivien und Estland gegen Bulgarien), die an einem offiziellen FIFA-Spieltag stattfanden, wurden von einer unbekannten Gesellschaft organisiert, wobei die Matches unter Ausschluss der Öffentlichkeit durchgeführt wurden (es gab weder Werbung noch eine Fernsehübertragung und auch keinen offenen Ticketverkauf). Darüber hinaus erhielten die vier Nationalteams eine Pauschalvergütung und wurden allesamt in einem Fünf-Sterne-Luxusresort untergebracht. Die Spiele endeten Lettland – Bolivien 2:1 und Estland – Bulgarien 2:2, wobei alle sieben Tore ausnahmslos durch Elfmeter-Strafstösse fielen. Einer der Strafstösse wurde gar wiederholt, nachdem der Schütze zunächst das Tor verfehlt hatte. Neben diesen – höchst verdächtigen – Rahmenbedingungen zeigten auch die durch EWS[50] erhobenen Daten auffällige Vorgänge und Muster bei den Wetten, die auf die betreffenden Spiele gesetzt worden waren. In der Folge eröffnete die FIFA Disziplinaruntersuchungen und -verfahren gegen die an den Matches beteiligten Schiedsrichter und konnte ihnen Verstösse gegen Art. 62 Abs. 2 (passive Bestechung) und Art. 69 Abs. 1 (unerlaubte Einflussnahme

sowie Scherrer, U.; Brägger, R., „Satzungs- und Gesetzeskonformität von Vereinsstrafverfahren am Beispiel des FIFA-Ethikverfahrens“, *Schweizerische Juristen-Zeitung*, 2015, S. 121 ff.

49 Die nachfolgende Übersicht stützt sich u. a. auf Ludwig, K., „Internationale Fussballsanktionspraxis im Sportwettenbereich“, in: Kainz, F.; Scherrer, U.; Werner, Ch. (2012), *Sportfinanzierung und Sportwetten*, S. 190 ff. Vgl. zu einer Darstellung von einschlägigen Fällen aus Italien Wojdyla, J., „Folgerungen aus den jüngsten Manipulationsvorfällen in Italien“, *Causa Sport*, 2012, S. 201 ff.

50 Vgl. zur FIFA-EWS oben 4.

auf den Ausgang eines Spiels) des FIFA-Disziplinarreglements nachweisen, was schliesslich in die bereits erwähnten Sanktionen mündete.

Nur einige Monate vor den „Antalya-Matches", im November 2009, fand in Basel ein UEFA Europa League-Spiel zwischen dem FC Basel und PFC CSKA Sofia statt, in dessen Folge der Leiter der Partie – der ukrainische Schiedsrichter Oleg Oriekhov – von der UEFA lebenslang gesperrt wurde. Die Verfahren vor den Instanzen der Sportverbände gingen dabei – einmal mehr – auf Erkenntnisse zurück, die durch staatliche Strafverfolgungsbehörden in anderen Zusammenhängen gewonnen worden waren.[51] Oleg Oriekhov war im Vorfeld der Begegnung zwischen Basel und Sofia von Mitgliedern der Organisation um den „Wettpaten" Ante Sapina[52] mit dem Anliegen kontaktiert worden, das Spiel in ihrem Sinne zu manipulieren. Wenngleich der Offizielle in der Folge bestritt, eine entsprechende Einflussnahme vorgenommen zu haben (und ihm eine solche auch nicht nachgewiesen werden konnte), unterliess er es, die zuständigen verbandsinternen Stellen über die Kontaktaufnahme seitens der sportexternen Hintermänner zu informieren. Dieser Umstand reichte für die UEFA-Sanktionsorgane indessen bereits aus, um Oleg Oriekhov lebenslang zu sperren. Dies erfolgte gestützt auf Art. 5 Abs. 1 der UEFA-Rechtspflegeordnung sowie Ziff. 6 des Pflichtenhefts für Schiedsrichter. Erstere Bestimmung verpflichtet Offizielle zu Loyalität, Integrität und sportlichem Verhalten; letztere Bestimmung enthält eine ausdrückliche Meldepflicht für Fälle von versuchten Bestechungen. Die Entscheide der UEFA-Rechtsorgane wurden in der Folge vom internationalen Sportschiedsgericht CAS geschützt.[53]

Das allererste Urteil des CAS mit Bezug zu Sportmanipulationen im Zusammenhang mit Wetten betraf indessen einen anderen Fall, und zwar FK Pobeda u. a. gegen UEFA. Der mazedonische Klub FK Pobeda hatte im Juli 2004 ein Hin- und ein Rückspiel gegen den armenischen Klub FC Pyunik im Rahmen der Qualifikation zur UEFA Champions League 2004/2005 ausgetragen. In der Folge wurden aufgrund von Gerüchten und Indizien Untersuchungen der Wettvorgänge und -muster mit Bezug auf die betreffenden

51 Vgl. zu diesem Umstand bereits oben 3. und Fn. 26.

52 Vgl. zu diesem oben Fn. 26.

53 CAS 2010/A/2172, Mr Oleg Oriekhov v/UEFA, Schiedsentscheid vom 18.01.2011; vgl. *Causa Sport*, 2011, S. 145 ff.

Spiele vorgenommen; diese offenbarten in höchstem Masse Auffälligkeiten betreffend das Hinspiel. Daraufhin leitete die UEFA Disziplinarverfahren ein und verhängte schliesslich lebenslange Sperren gegen den Präsidenten und den Trainer von FK Pobeda; der Klub selbst wurde für eine Dauer von acht Jahren von allen UEFA-Wettbewerben ausgeschlossen. Die verbandsinternen Instanzen sahen es als erwiesen an, dass die fraglichen Personen an Absprachen über den Ausgang des Hinspiels (das FK Pobeda verloren hatte) beteiligt gewesen waren. Das CAS bestätigte in der Folge die Sanktionen gegen den Klub und dessen Präsidenten; die Sperre gegen den Trainer hob es hingegen auf.[54]

Wiederum einen Schiedsrichter betraf der im Jahr 2010 von den UEFA-Sanktionsorganen entschiedene Fall Novo Panic. Der Offizielle wurde – wie auch bereits Oleg Oriekhov – durch die Auswertung von Telefon- und SMS-Protokollen im Zusammenhang mit den Verfahren gegen Mitglieder der Organisation um den „Wettpaten" Ante Sapina[55] belastet. Als Novo Panic mit entsprechenden Vorhaltungen konfrontiert wurde, verweigerte er jegliche Angaben und zerstörte in der Folge die SIM-Karten seiner Mobiltelefone; Involvierungen in Spiel- bzw. Wettmanipulationen stritt er vollumfänglich ab. Ungeachtet dessen bestand – aufgrund von Aussagen von Ante Sapina – der Verdacht, dass insbesondere das U21-EM-Qualifikationsspiel zwischen der Schweiz und Georgien vom 18. November 2009, das Novo Panic geleitet hat, manipuliert worden war. Bei Novo Panic selbst wurden indessen keine Beweise für eine Spielmanipulation bzw. seine Beteiligung daran gefunden. Ungeachtet dessen wurde der Schiedsrichter wegen Verstosses gegen Art. 5 Abs. 1 und Art. 5 Abs. 2 lit. d der UEFA-Rechtspflegeordnung sowie Ziff. 6 Abs. 3 des Pflichtenhefts für Schiedsrichter, Schiedsrichterassistenten und vierte Offizielle[56] mit einem lebenslangen Verbot jeglicher im Zusammenhang mit dem Fussball stehenden Tätigkeit sanktioniert.

Auch die von der UEFA gegen den kroatischen Schiedsrichterassistenten Tomislav Setka verhängte Sanktion ist auf die Verfahren gegen Mitglieder

54 CAS 2009/A/1920, FK Pobeda, Aleksandar Zabrcanec, Nikolce Zdraveski v/ UEFA, Schiedsentscheid vom 15.04.2010; vgl. *Causa Sport*, 2010, S. 87 ff.

55 Vgl. zu diesem oben Fn. 26.

56 Vgl. zu diesen Bestimmungen bereits die Ausführungen weiter oben zum Fall Oleg Oriekhov.

der Organisation um den „Wettpaten" Ante Sapina[57] zurückzuführen. Wie schon im Fall Novo Panic verwendete die UEFA auch hier Aufzeichnungen, die von der deutschen Polizei angefertigt worden waren; diese wurden der UEFA in der Folge zur Verfügung gestellt. Gemäss den betreffenden Aufzeichnungen hatte Tomislav Setka hauptsächlich einem der Hauptverdächtigen im deutschen Verfahren telefonisch Informationen über andere Schiedsrichter zukommen lassen. Dies genügte der UEFA bereits, um gegen Tomislav Setka Sanktionen zu verhängen; diese fielen im Vergleich mit denjenigen in den Fällen Oleg Oriekhov und Novo Panic eher mild aus. Tomislav Setka wurde mit Entscheidung der UEFA-Kontroll- und Disziplinarkammer vom 18. Februar 2010 wegen Verstössen gegen Art. 5 Abs. 1 und Art. 5 Abs. 2 lit. d der UEFA-Rechtspflegeordnung sowie Ziff. 6 Abs. 3 des Pflichtenhefts für Schiedsrichter[58] für schuldig befunden und mit einer Sperre hinsichtlich der Ausübung seiner Funktionen bis Ende Juni 2011 belegt.

Im vorliegenden Zusammenhang ist auch darauf hinzuweisen, dass die FIFA die Möglichkeit hat, Sanktionen von nationalen Mitgliedsverbänden oder den Konföderationen, deren geografischer Geltungsbereich sich zunächst lediglich auf den räumlichen Zuständigkeitsbereich der betreffenden Organisation beschränkt, auf entsprechenden Antrag weltweite Geltung zuzuerkennen. Grundlage hierfür bilden die Art. 136 ff. des FIFA-Disziplinarreglements; zuständig ist der Vorsitzende der FIFA-Disziplinarkommission. Eine solche weltweite Ausdehnung des Geltungsbereichs wurde durch die FIFA im Zusammenhang mit wettrelevanten Manipulationsfällen etwa bezüglich der Sanktionen im Fall Novo Panic[59] sowie bezüglich Sanktionen, die durch die Konföderationen UEFA[60] und AFC[61] und durch die Verbände

57 Vgl. zu diesem oben Fn. 26.

58 Vgl. zu diesen Bestimmungen bereits die Ausführungen weiter oben zum Fall Oleg Oriekhov.

59 Vgl. zu diesem Fall die Ausführungen weiter oben im vorliegenden Abschnitt.

60 Vgl. dazu http://www.fifa.com/aboutfifa/organisation/news/newsid=2159106/.

61 Vgl. dazu http://www.fifa.com/aboutfifa/organisation/news/newsid=2159106/.

der Ukraine,[62] der Türkei[63] und von El Salvador,[64] Finnland[65] sowie Tunesien[66] verhängt worden sind, vorgenommen.

Ein Fall mit Manipulationsbezug ausserhalb des Fussballsports lag schliesslich dem CAS-Urteil in Sachen Daniel Köllerer zugrunde. Dem Tennisspieler Daniel Köllerer war vorgeworfen worden, in insgesamt fünf Fällen im Zeitraum zwischen dem 24. Oktober 2009 und dem 3. Juli 2010 anderen Tennisspielern angeboten zu haben, sich an Spielmanipulationen zu beteiligen. In zwei dieser Fälle soll er Spielern einen konkreten Geldbetrag dafür angeboten haben, dass diese ein anstehendes Tennis-Match verlieren (sog. „tanking"). Alle diese Fälle blieben jedoch im Versuchsstadium stecken, da sich keiner der betreffenden Tennisspieler an den Manipulationen beteiligen wollte. Ungeachtet dessen wurde Daniel Köllerer von den zuständigen Tennisorganisationen wegen Verstössen gegen Antikorruptionsregeln mit einer lebenslangen Sperre sowie einer Geldstrafe in Höhe von 100 000 US-Dollar belegt. Auf Berufung des Tennisspielers hin hob das CAS in der Folge mit Urteil vom 23. März 2012 die Geldstrafe auf; die Sperre hingegen wurde bestätigt.[67]

6. Fazit

Der Schutz der Integrität des Sports ist für die Glaubwürdigkeit eines jeglichen sportlichen Wettkampfs zentral. Mit Sportmanipulationen im Zusammenhang mit Wetten sehen sich der Sport im Besonderen und die Gesellschaft im Allgemeinen seit einiger Zeit einer neuen Gefahr gegenüber. Manipulationen sportlicher Wettkämpfe im Zusammenhang mit Sportwetten können und müssen deshalb – insbesondere aus der Sicht des Sports – bekämpft werden. Sowohl der Staat als auch die Verbände sind gefordert,

---

62 Vgl. dazu http://www.fifa.com/aboutfifa/organisation/news/newsid=2227829/.

63 Vgl. dazu http://www.fifa.com/aboutfifa/organisation/news/newsid=1581080/.

64 Vgl. dazu http://www.fifa.com/aboutfifa/organisation/news/newsid=2227829/ und http://www.fifa.com/aboutfifa/organisation/news/newsid=2258276/.

65 Vgl. dazu http://www.fifa.com/aboutfifa/organisation/news/newsid=1581080/ und http://www.fifa.com/aboutfifa/organisation/footballgovernance/news/newsid=1623369/.

66 Vgl. dazu http://www.fifa.com/aboutfifa/organisation/news/newsid=2159106/.

67 Vgl. *Causa Sport,* 2012, S. 188 f.

das jeweils ihre beizutragen, um den Sport von dieser modernen Geissel zu befreien – der Staat mit dem Mittel des Strafrechts, die Sportverbände und -organisationen mit den ihnen möglichen präventiven (insbesondere die Überwachung des Wettmarktes) und repressiven (sanktionsrechtlichen) Mitteln. Für die Verbände und Organisationen ist es wenig opportun, Aktivitäten zu entfalten, die sinnvollerweise nur von staatlichen Ermittlungs- und Untersuchungsbehörden, allenfalls unter Einsatz von Zwangsmassnahmen, vorgenommen werden können. So bleibt für Sportverbände und -organisationen insbesondere etwa kein Raum für „wettpolizeiliche" Vorgehensweisen. Die vielbeschworene Zusammenarbeit zwischen Verbänden und staatlichen Behörden muss in einem realistischen Kontext gesehen werden: Die Aufdeckung von Sportmanipulationen im Zusammenhang mit Sportwetten hat ihre Ursache meistens in der polizeilichen Ermittlungstätigkeit, und auch hier ist sie meist ein Produkt des Zufalls. Dennoch sind auch die Sportverbände und -organisationen gefordert, mit allen ihnen zur Verfügung stehenden Mitteln das Notwendige zum Schutz der Integrität des Sports beizutragen. Der Kampf auf beiden Ebenen ist mit Vehemenz zu führen, denn, um es mit Bertolt Brecht zu sagen: „Wer kämpft, kann verlieren – wer nicht kämpft, hat schon verloren".

Literaturverzeichnis

Bodmer, Hans (1989), *Vereinsstrafe und Verbandsgerichtsbarkeit*, Stuttgart: Paul Haupt.

Endes, Simon; Feldner, Wolfgang (2012), „Sportwetten – zu jeder Zeit aktuell", in: Kainz, Florian; Scherrer, Urs; Werner, Christian: *Sportfinanzierung und Sportwetten*, Zürich u. a.: Schulthess.

Feldner, Wolfgang (2012), „Sportwettenmärkte: Grosses Spielfeld, viele Spielmacher – aber kaum ein Kombinationsspiel", in: Kainz, Florian; Scherrer, Urs; Werner, Christian: *Sportfinanzierung und Sportwetten*, Zürich u. a.: Schulthess.

Fuchs, Christoph (1999), *Rechtsfragen der Vereinsstrafe*, Zürich: Schulthess.

Giebel, Christoph (2011), „Strafrechtlicher Schutz für die Lauterkeit des Sports in Deutschland", *Causa Sport,* 2011, S. 354 ff.

Heilemann, Tina (2014), *Bestechlichkeit und Bestechung im sportlichen Wettbewerb als eigenständiges Strafdelikt – de lege lata, de lege ferenda*, Schriftenreihe Causa Sport, Stuttgart/Zürich/Wien.

Hilpert, Horst (2011), *Die Geschichte des Sportrechts*, Schriftenreihe Causa Sport, Stuttgart/Zürich/Wien.

Infantino, Gianni; Kleiner, Jan (2012), „Der Kampf der Verbände gegen Spielmanipulationen aus der Sicht der UEFA", in: Kainz, Florian; Scherrer, Urs; Werner, Christian: *Sportfinanzierung und Sportwetten*, Zürich u. a.: Schulthess.

Jahn, Matthias (2009), „Wohin steuert der Sportbetrug? – Zum Ertrag der Debatte über das Hoyzer-Urteil des Bundesgerichtshofs", in: Vieweg, Klaus (Hrsg.), *Facetten des Sportrechts*, Berlin: Vieweg.

Kainz, Florian; Scherrer, Urs; Werner, Christian (2012), *Sportfinanzierung und Sportwetten*, Zürich u. a.: Schulthess.

Krieger, Steffen (2003), *Vereinsstrafen im deutschen, englischen, französischen und schweizerischen Recht: insbesondere im Hinblick auf die Sanktionsbefugnisse von Sportverbänden*, Berlin: Duncker & Humblot.

Krüger, Matthias; Hilbert, Sven; Wengenroth, Lenard (2013), „Strafbarkeit von Spielmanipulationen", *Causa Sport*, 2013, S. 188 ff.

Ludwig, Kai (2012), „Internationale Fussballsanktionspraxis im Sportwettenbereich", in: Kainz, Florian; Scherrer, Urs; Werner, Christian: *Sportfinanzierung und Sportwetten*, Zürich u. a.: Schulthess.

Mintas, Laila (2012), „'Match Fixing' – Klare Abseitsposition des deutschen Gesetzgebers", in: Kainz, Florian; Scherrer, Urs; Werner, Christian: *Sportfinanzierung und Sportwetten*, Zürich u. a.: Schulthess.

Müller-Metge, Florian (2010), „Die Problematik des Sportwettenbetrugs im Zuge des jüngsten Skandals", *Causa Sport*, 2010, S. 118 ff.

Nater, Hans (2014), „Verfahrensgarantien in Korruptionsverfahren grosser Sportverbände – unter besonderer Berücksichtigung des FIFA-Ethikreglements", *Schweizerische Juristen-Zeitung*, 2014, S. 225 ff.

Nolte, Martin; Martin, Anja (2015), *Ein Anti-Manipulations-Code für den organisierten Sport*, Schriftenreihe des Instituts für Sportrecht, 2. A., Köln.

Scheffen, Erika (1998), *Sport, Recht und Ethik*, Stuttgart: Richard Boorberg Verlag.

Scherrer, Urs; Brägger, Rafael (2015), „Geldspielmarkt Schweiz: Eine Gesamtkodifikation im Fokus“, *Zeitschrift für Wett- und Glücksspielrecht 2015*, S. 103 ff.

Scherrer, Urs; Brägger, Rafael (2015), „Satzungs- und Gesetzeskonformität von Vereinsstrafverfahren am Beispiel des FIFA-Ethikverfahrens“, *Schweizerische Juristen-Zeitung*, 2015, S. 121 ff.

Scherrer, Urs; Muresan, Remus; Ludwig, Kai (2014), *Sportrecht – Eine Begriffserläuterung*, Zürich: orell füssli.

Scherrer, Urs; Muresan, Remus (2014), *Handbuch zum schweizerischen Lotterie- und Wettrecht*, Zürich/St. Gallen: Dike Verlag.

Schimke, Martin; Eilers, Götz (2009), „Vereins- und Verbandsrecht“, in: Nolte, Martin; Horst, Johannes, *Handbuch Sportrecht*, Schorndorf: Hofmann.

Spöring, Thomas (2012), „Von ‚Asian Handicap‘ bis ‚Zweierkombi‘: Einführung in die Theorie der Sportwetten“, in: Kainz, Florian; Scherrer, Urs; Werner, Christian: *Sportfinanzierung und Sportwetten*, Zürich u. a.: Schulthess.

Villiger, Marco (2012), „Der Kampf der Verbände gegen Spielmanipulationen“, in: Kainz, Florian; Scherrer, Urs; Werner, Christian: *Sportfinanzierung und Sportwetten*, Zürich u. a.: Schulthess.

Werner, Christian; Kainz, Florian (2012), „Sportwetten – mit oder ohne Grenzen?“, in: Kainz, Florian; Scherrer, Urs; Werner, Christian: *Sportfinanzierung und Sportwetten*, Zürich u. a.: Schulthess.

Wojdyla, Jacek (2012), „Folgerungen aus den jüngsten Manipulationsvorfällen in Italien“, in: *Causa Sport*, 2012, S. 203 f.

Württembergischer Fussballverband e. V. (Hrsg., 2004), *Fairness-Gebot, Sportregeln und Rechtsnormen*, Stuttgart.

Zenglein, Detlev (2012), „Möglichkeiten und Grenzen von Überwachungssystemen“, in: Kainz, Florian; Scherrer, Urs; Werner, Christian: *Sportfinanzierung und Sportwetten*, Zürich u. a.: Schulthess.

Zünd, Andreas; Hugi Yar, Thomas (2014), „Rien ne va plus: Das schweizerische Glücksspielrecht im Umbruch“, Jusletter vom 17. November 2014.

Tilman Becker*

Standards für den Online-Spielerschutz

Einleitung

Bisher existiert nur ein legales Online-Angebot bei Lotterien. Hier haben sich bereits Leitlinien/Standards auf der Basis der gesetzlichen Vorgaben etabliert.

Standards für den Spielerschutz bei der Vermittlung von Sportwetten im Internet auf der Basis der Anforderungen des GlüStV 2012 sollen in diesem Beitrag in Grundzügen auf der Basis der gesetzlichen Vorgaben entworfen werden.

-> Kohärenzanforderung an die Standards: Standard für den Online-Vertrieb von Sportwetten muss zumindest dem Standard für den Online-Vertrieb der Soziallotterien (Aktion Mensch, Deutsche Fernsehlotterie) der staatlichen Lotterien bzw. der gewerblichen Spielvermittler (Lotto 24, Lottowelt, Lottobay etc.) entsprechen.

2 von 75

Ziele

Ziele des Staatsvertrages sind gleichrangig

1. das Entstehen von Glücksspielsucht und Wettsucht zu verhindern und die Voraussetzungen für eine wirksame Suchtbekämpfung zu schaffen,
2. durch ein begrenztes, eine geeignete Alternative zum nicht erlaubten Glücksspiel darstellendes Glücksspielangebot den natürlichen Spieltrieb der Bevölkerung in geordnete und überwachte Bahnen zu lenken sowie der Entwicklung und Ausbreitung von unerlaubten Glücksspielen in Schwarzmärkten entgegenzuwirken,
3. den Jugend- und den Spielerschutz zu gewährleisten,
4. sicherzustellen, dass Glücksspiele ordnungsgemäß durchgeführt, die Spieler vor betrügerischen Machenschaften geschützt, die mit Glücksspielen verbundene Folge- und Begleitkriminalität abgewehrt werden und
5. Gefahren für die Integrität des sportlichen Wettbewerbs beim Veranstalten und Vermitteln von Sportwetten vorzubeugen.

3 von 75

* Prof. Dr. Tilman Becker ist Geschäftsführender Leiter der Forschungsstelle Glücksspiel an der Universität Hohenheim.

Differenzierungsgebot

Um diese Ziele zu erreichen, sind differenzierte Maßnahmen für die einzelnen Glücksspielformen vorgesehen, um deren spezifischen Sucht-, Betrugs-, Manipulations- und Kriminalitätsgefährdungspotentialen Rechnung zu tragen (§ 1 GüStV 2012).

4 von 75

Evidenzbasierungsgebot der Standards für Werbung

Die Länder erlassen gemeinsame Richtlinien zur Konkretisierung von Art und Umfang der nach den Absätzen 1 bis 3 erlaubten Werbung (Werberichtlinie). Sie stützen sich auf die vorliegenden wissenschaftlichen Erkenntnisse zur Wirkung von Werbung auf jugendliche sowie problematische und pathologische Spieler. Vor Erlass und wesentlicher Änderung der Werberichtlinie ist den beteiligten Kreisen Gelegenheit zur Stellungnahme zu geben (§ 5 Abs. 4 GlüStV 2012)

5 von 75

Evidenzbasierungsgebot der Standards für Internetangebote

Ein an die besonderen Bedingungen des Internets angepasstes Sozialkonzept ist zu entwickeln und einzusetzen; seine Wirksamkeit ist wissenschaftlich zu evaluieren (§ 4 Abs. 5 Nr. 4 GlüStV 2012).

Inhalt

1. Einleitung
2. Spielerschutzstandards bei dem Glücksspielangebot
3. Standards für das Online-Angebot von Lotterien und praktische Umsetzung
4. Anforderungen an Standards für das Online-Angebot von Sportwetten
5. Ausblick

Spielerschutzstandards

- Unterscheiden sich von Bundesland zu Bundesland (z.B. Sperrdatei, Anforderungen an Umfang und Inhalt der Schulungen, Zeitpunkt der Schulungen, Sperrzeiten etc.)
- Baden-Württemberg: Landesweiter Arbeitskreis Glücksspielsucht hat die Leitlinien/Standards in der Form von **Merkblättern** erarbeitet (7 Treffen seit dem 16. 10. 2012)
  http://www.gesundheitsamt-bw.de/oegd/fachservice/sonstiges/seiten/einrichtungen_suchthilfe.aspx
- Bayern: Praxishandbuch Glücksspiel
  http://www.lsgbayern.de/index.php?id=236&L=0

8 von 75

Spielerschutzstandards

- Empfehlungen der Kommission vom 14. Juli 2014 mit Grundsätzen für den Schutz von Verbrauchern und Nutzern von Online-Glücksspieldienstleistungen und für den Ausschluss Minderjähriger von Online-Glücksspielen
  http://eur-lex.europa.eu/legal-content/DE/TXT/PDF/?uri=CELEX:32014H0478&from=DE
- Standards von Anbietern bzw. Verbänden: World Lottery Association, European Lotteries, European Gaming and Betting Association , ...

9 von 75

Spielerschutzstandards

1. Erarbeitung von Spielerschutzstandards in den Sozialkonzepten
2. Schulung Mitarbeiter
3. Interne oder externe Evaluierung der Schulungen
4. Überprüfung der Umsetzung aller Maßnahmen zum Spielerschutz
5. Akkreditierung durch Dritte (z.B. bei Lotterien und Spielhallen)

10 von 75

Anforderungen an den Inhalt von Sozialkonzepten

Baden-Württembergische Merkblätter gelten für:

- Spielbanken
- Spielhallen
- Staatliche Anbieter und gewerbliche Lotterievermittler
- Gewinnsparen
- Sportwettanbieter

11 von 75

Anforderungen an den Inhalt von Sozialkonzepten

Keine Merkblätter für Gaststätten in Baden-Württemberg: Landesglückspielgesetz klammert Gaststätten im Gegensatz zum GlüStV 2012 aus, obwohl:

- Anforderungen an Werbung (§5), Sozialkonzept (§6) und Information (§7) gelten auch für Gaststätten!
- Geldspielgeräte in Gaststätten und Imbissen besonders attraktiv für Jugendliche
- Oft die erste Glücksspielerfahrung
- Leichte Verfügbarkeit

-> Wie sieht es mit Sozialkonzepten und Schulung der Mitarbeiter in Gaststätten aus?

-> Personen(un)gebundene Spielerkarte als Lösung?

12 von 75

Anforderungen an Inhalte von Sozialkonzepten

1. Bedeutung des Spielerschutzes

- Formulierung und Positionierung, dass Spielerschutz zur Unternehmenspolitik und Unternehmenskultur gehört
- Darlegung, welche Aufgaben und Zuständigkeiten die verantwortlichen Personen innerhalb der Organisationsstruktur haben und wer für den Spielerschutz vor Ort zur Verfügung steht
- Formulierung konkreter unternehmensbezogener Ziele im Hinblick auf den Spielerschutz

13 von 75

Anforderungen an Inhalte von Sozialkonzepten

2. Entstehung des Sozialkonzepts

- Namentliche Benennung der Verfasser nebst ihrer fachlichen Qualifikation sowie der für die Umsetzung des Sozialkonzepts verantwortlichen Personen einschließlich ihrer Aufgaben und Befugnisse.
- Erarbeitung auf dem aktuellen Stand der suchtwissenschaftlichen Forschung

14 von 75

Anforderungen an Inhalte von Sozialkonzepten

3. Benennung der Ziele des Sozialkonzepts

- Früherkennung und Verhinderung problematischen und pathologischen Glücksspiels
- Vermittlung in Hilfsangebote
- Schulung

15 von 75

Anforderungen an Inhalte von Sozialkonzepten

4. Maßnahmen zur Verhinderung problematischen und pathologischen Glücksspiels; ausführliche Darstellung der getroffenen Maßnahmen

Alle Spielformen:

- Aufklärungspflichten nach § 7 GlüStV 2012
- Information über Altersgrenzen
- Ausschluss des beschäftigten Personals vom angebotenen Glücksspiel
- Unabhängigkeit der Vergütung der leitenden Angestellten vom Umsatz
- Jugend- und Spielerschutz in der Werbung, insbesondere Einhaltung gesetzlicher Vorschriften
- Selbsttests sind offen und gut sichtbar auszulegen (und auf der Homepage der Spielbank zum Download bereitzustellen)

16 von 75

Anforderungen an Inhalte von Sozialkonzepten

Alle Spielformen Fortsetzung:

- Informationen über Suchtrisiken des jeweiligen Angebots (Staatliche Lotterien und gewerbliche Spielvermittler, Sportvermittlungsstellen: insbesondere müssen Hinweise auf Hilfsmöglichkeiten auf Losen, Spielscheinen, Spielquittungen und vergleichbaren Bescheinigungen enthalten sein)
- Ein System der Früherkennung und- intervention muss im Unternehmen vorhanden und umgesetzt sein
- Gewinnsparen; Ausschluss von Gewinnsparern, die über ihren Sparanteil regelmäßig unmittelbar nach der Gutschrift verfügen, wenn eine mehrmalige oder monatliche Auszahlung der Sparanteile erfolgt
- Staatliche Lotterien, gewerbliche Spielvermittler , Sportwettvermittlungsstellen. Spielhallen und Spielbanken: Anträge auf Selbstsperren sind offen und gut sichtbar auszulegen (und auf der Homepage der Spielbank zum Download bereitzustellen)

17 von 75

Spezielle Anforderungen an Spielhallen

- Information über Gewinn- und Verlustwahrscheinlichkeiten und die Zufallsabhängigkeit der Spielergebnisse in allgemeinverständlicher Form und bestmöglich mit konkreten Hinweisen zur Prüfung des eigenen Spielverhaltens

-> Ausschüttungsquote wurde nicht betont

- Zwingender Sperrdateiabgleich zur Sicherstellung des Ausschlusses gesperrter Spieler

-> Problem der Umsetzung

- Gestaltung der Räumlichkeiten (§ 26 Abs. 1 Erster GlüÄndStV, § 44 Abs. 1 und 3 LGlüG)
- Umsetzung des Verbots von technischen Geräten zur Bargeldabhebung nach § 43 Abs. 3 LGlüG

18 von 75

Spezielle Anforderungen an Spielbanken

- Darstellung der besonderen Maßnahmen für Beschäftigte unter 21 Jahren (besondere Beaufsichtigungspflicht), (§ 29 Abs. 1 Satz 3 und 4 LGlüG)
- Einbeziehung des Besucherverzeichnisses (§ 30 Abs.1 LGlüG) zur Erkennung problematischer und pathologischer Spieler
- Darstellung der Maßnahmen zur Erkennung von Personen, bei denen durch eine Teilnahme am Spiel der eigene notwendige Unterhalt oder die Erfüllung von Unterhaltspflichten gefährdet würde (§ 29 Abs. 2 Nr. 1 LGlüG)
- Gestaltung der Räumlichkeiten (§ 29 Abs. 4 LGlüG)

19 von 75

Aufklärungspflichten nach § 7 Glücksspielstaatsvertrag

(1) Die Veranstalter und Vermittler von öffentlichen Glücksspielen haben den Spielern vor der Spielteilnahm die spielrelevanten Informationen zur Verfügung zu stellen, sowie über die Suchtrisiken der von ihnen angebotenen Glücksspiele, das Verbot der Teilnahme Minderjähriger und Möglichkeiten der Beratung und Therapie aufzuklären.

20 von 75

Aufklärungspflichten nach § 7 Glücksspielstaatsvertrag

Als spielrelevante Informationen kommen insbesondere in Betracht:

1. alle Kosten, die mit der Teilnahme veranlasst sind,
2. die Höhe aller Gewinne,
3. wann und wo alle Gewinne veröffentlicht werden,
4. der Prozentsatz der Auszahlungen für Gewinne vom Einsatz (Auszahlungsquote),
5. Informationen zu den Gewinn- und Verlustwahrscheinlichkeiten,
6. der Annahmeschluss der Teilnahme,
7. das Verfahren, nach dem der Gewinner ermittelt wird, insbesondere die Information über den Zufallsmechanismus, der der Generierung der zufallsabhängigen Spielergebnisse zu Grunde liegt,
8. wie die Gewinne zwischen den Gewinnern aufgeteilt werden,

21 von 75

Aufklärungspflichten nach §7 Glücksspielstaatsvertrag

9. die Ausschlussfrist, bis wann Gewinner Anspruch auf ihren Gewinn erheben müssen,
10. der Name des Erlaubnisinhabers sowie seine Kontaktdaten (Anschrift, E-Mail, Telefon),
11. die Handelsregisternummer (soweit vorhanden),
12. wie der Spieler Beschwerden vorbringen kann und
13. das Datum der ausgestellten Erlaubnis.

Spieler und Behörden müssen leichten Zugang zu diesen Informationen haben.

(2) Lose, Spielscheine, Spielquittungen und vergleichbare Bescheinigungen müssen Hinweise auf die von dem jeweiligen Glücksspiel ausgehende Suchtgefahr und Hilfsmöglichkeiten enthalten.

22 von 75

Anforderungen an Inhalte von Sozialkonzepten

5. Vermittlung von betroffenen Spielern in Hilfsangebote

- Information über Ansprechpersonen im Spielbetrieb
- Information über Beratungs- und Therapiemöglichkeiten
- Zusammenarbeit mit örtlichen Hilfseinrichtungen, Sicherstellung des Kontakts der Mitarbeiterinnen und Mitarbeiter des Anbieters zu den örtlichen Beratungsstellen
- Umsetzung der Vermittlung in das Hilfesystem

23 von 75

Anforderungen an Inhalte von Sozialkonzepten

6. Schulung

- Personenkreis: alle Personen, die im Kontakt zu den Spielern tätig sind, sowie deren Vorgesetzte und bestmöglich -je nach Organisationsstruktur- die Unternehmensleitung (Gewinnsparen: alle Personen, die für die Umsetzung des Sozialkonzepts in der jeweiligen Bank verantwortlich sind)
- Durchführung der Schulung von einer in der Suchthilfe in Baden-Württemberg tätigen Einrichtung bestmöglich mit Einbeziehung der örtlichen Beratungsstellen
- Schulungsdauer: richtet sich nach dem Gefährdungspotential des Glücksspielangebots, mind. 8 Stunden (Spielhallen mind. 14 Stunden)
- Häufigkeit: mind. alle drei Jahre erneute Schulung
- Schulungsinhalt: siehe dort

24 von 75

Anforderungen an Inhalte von Sozialkonzepten

7. Maßnahmen zur Erfolgskontrolle

- Überwachung der Einhaltung
- Durchsetzung der Altersgrenzen für Aufenthalt und Teilnahme
- Umgang mit Verstößen gegen das Sozialkonzept, Darstellung der Sanktionierung etwaiger Verstöße im Unternehmen

25 von 75

Anforderungen an Inhalte von Sozialkonzepten

8. Anpassung/Weiterentwicklung

- Erhebung von Daten über die Auswirkungen der angebotenen Glücksspiele auf die Entstehung von Glücksspielsucht
- Bericht über die getroffenen Maßnahmen zur Umsetzung des Sozialkonzepts einschließlich der Zahl der Sperrmaßnahmen und Nachweise über geschultes Personal
- Kontinuierliche Weiterentwicklung der Spielerschutzmaßnahmen und Anpassung an die jeweiligen Erkenntnisse
- Darlegungen, in welchem Rhythmus das Konzept aktualisiert wird

26 von 75

Anforderungen an Schulungsinhalte

Baden-Württemberg:

- Rechtliche Grundlagen
- Glücksspielverhalten
  - Erwartungen
  - Hintergründe
- Suchtwissenschaftliche Grundlagen
- Sozialkonzept des eigenen Unternehmens
- Handlungskompetenzen
- Suchthilfesystem

Umfassende Beschreibung der geforderten Schulungsinhalte auf 19 Seiten

-> Standardisierung hat weitgehend stattgefunden

27 von 75

Schulungsinhalte

1. Rechtliche Grundlagen (Zeitumfang mindestens 90 Minuten)

Ziele:

Die Teilnehmer sollen

den rechtlichen Rahmen der Suchtprävention innerhalb ihres Gewerbes kennenlernen Verständnis für die Bedeutung der Suchtprävention entwickeln können.

vermittelt bekommen, welche Behörden für die Überwachung der gesetzlichen Vorgaben jeweils zuständig sind.

Einhaltung der Suchtprävention und Abwehr und Verminderung der Suchtgefahren sind Erlaubnisvoraussetzungen und bei Nichteinhaltung droht Lizenzentzug.

28 von 75

Schulungsinhalte

Lerninhalte:

- Bedeutung der Suchtprävention
- Jugendschutz
- Spielerschutz
- Verpflichtung zur Schulung
- Zuständigkeiten
- Haftungsfragen
- Sozialkonzept
- Spielverordnung

29 von 75

Schulungsinhalte

2. Glücksspielverhalten: Motive für Glücksspiel (mindestens 90 Minuten)

Ziele:

Die Teilnehmer sollen

- Kenntnis der alltäglichen Motive für Glücksspielen bekommen,
- Verständnis für die unterschiedlichen Motivlagen von unproblematischen und problematischen Konsumenten entwickeln,
- Glücksspielverhalten als eine Form von Konsumverhalten / Freizeitverhalten mit spezifischen Risiken verstehen

30 von 75

Schulungsinhalte

2. Glücksspielverhalten: Motive für Glücksspiel

Lerninhalte:

- Alltägliche Motive für unproblematisches Glücksspiel
- Veränderung der Motivlage durch übermäßiges bis hin zu süchtigem Glücksspiel

31 von 75

Schulungsinhalte

3. Suchtwissenschaftliche Grundlagen (mindestens 45 Minuten)

Ziele:

Die Teilnehmer sollen
- den aktuellen Kenntnisstand vermittelt bekommen
- Verständnis des Krankheitsbildes entwickeln
- Abgrenzung zu einem nicht pathologischen bzw. problematischen Spielverhaltens lernen

32 von 75

Schulungsinhalte

3. Suchtwissenschaftliche Grundlagen

Lerninhalte:

- Glücksspielverhalten: Woran erkenne ich problematisches Glücksspielen
- Entstehungsmodelle: Was geht in einem Spieler vor
- Epidemiologie, Risikogruppen
- Gefährdungspotential
- Negative psychosoziale Folgen und psychiatrische Komorbidität

33 von 75

Schulungsinhalte

4. Sozialkonzept des eigenen Unternehmens (mindestens 45 Minuten)

Ziele:

- Das jeweilige Sozialkonzept der Spielhallenbetreiber wird vorgestellt.
- Die Rolle und die Aufgaben der Servicefachkräfte werden besprochen.

34 von 75

Schulungsinhalte

4. Sozialkonzept des eigenen Unternehmens

Lerninhalte:

- Darstellung des jeweiligen Sozialkonzeptes
- Praktische Umsetzung des Sozialkonzeptes
- Rolle und Aufgaben der Servicefachkräfte

35 von 75

Schulungsinhalte

5. Handlungskompetenzen (mindestens 180 Minuten)

Ziele:

Die Teilnehmer sollen
- Ihre eigene Rolle und die daraus resultierenden Widersprüche reflektieren
- Aus Beobachtung des Verhaltens der Gäste auf eine Suchtgefährdung schließen lernen
- Aus dem Erkennen eines problematischen Spielverhaltens konkrete Interventionen ableiten lernen und einüben
- Umsetzung der vorgeschrieben Jugendschutzes erlernen
- Das Sperrsystem praktisch umsetzen lernen
- Besonderheiten bei Gästen anderer Nationalitäten beachten lernen

36 von 75

Schulungsinhalte

5. Handlungskompetenzen

Lerninhalte:

- Die eigene Rolle
- Beobachtung des Verhaltens
- Problematisches Verhalten erkennen und reagieren
- Umsetzung des Jugendschutzes
- Praktische Umsetzung des Sperrsystems
- Gäste anderer Nationalitäten

37 von 75

Schulungsinhalte

6. Das Suchthilfesystem in Baden-Württemberg (mindestens 60 Minuten)

Ziele:

- Kennenlernen des Suchthilfesystems in Baden-Württemberg
- Qualifizierte Vermittlung ins Hilfesystem
- Unterschiede Beratung - Therapie - Selbsthilfe

38 von 75

Schulungsinhalte

6. Das Suchthilfesystem in Baden-Württemberg

Lerninhalte:

- Suchthilfe in Baden-Württemberg
- Was bedeutet Beratung? Wo bekommt man sie?
- Therapie/Rehabilitation – wie funktioniert sie?
- Selbsthilfegruppen – wer, wann und wo?

39 von 75

Evaluierung der Sozialkonzepte

Schulungen werden nur ganz vereinzelt extern evaluiert

Überprüfung der Wirksamkeit der Schulungen intern (z.B. Testkäufe bei Lottoannahmestellen) oder extern (Testkunden bei Spielhallen)

Überprüfung der Umsetzung der anderen Maßnahmen des Sozialkonzepts nur selten und nur zu vereinzelten Maßnahmen (z.B. Flyer, Suchthinweise etc.)

40 von 75

Online-Glücksspiel im GlüStV 2012

Veranstaltet und vermittelt wird ein Glücksspiel dort, wo dem Spieler die Möglichkeit zur Teilnahme eröffnet wird (§ 3 Abs. 4).

Das Veranstalten und das Vermitteln öffentlicher Glücksspiele im Internet ist verboten. Abweichend hiervon können die Länder zur besseren Erreichung der Ziele des GlüStV den Eigenvertrieb und die Vermittlung von Lotterien sowie die Veranstaltung und Vermittlung von Sportwetten im Internet erlauben (§ 4 Abs. 4 und 5).

41 von 75

Anforderungen an Online-Angebot

Glücksspielstaatsvertrag 2012:

- Der Ausschluss minderjähriger oder gesperrter Spieler wird durch **Identifizierung und Authentifizierung** gewährleistet.
- Der **Höchsteinsatz** je Spieler darf grundsätzlich einen Betrag von **1 000 Euro pro Monat** nicht übersteigen.
- Bei der Registrierung sind die Spieler dazu aufzufordern, ein **individuelles tägliches, wöchentliches oder monatliches Einzahlungs- oder Verlustlimit festzulegen** (Erhöhung des Limits nach sieben Tagen wirksam)
- Beachtung des Kreditverbots ist sichergestellt

42 von 75

Anforderungen an Online-Angebot

Glücksspielstaatsvertrag 2012:

- Ein an besonderen Bedingungen des Internets angepasstes Sozialkonzept ist zu entwickeln und einzusetzen; seine **Wirksamkeit ist wissenschaftlich zu evaluieren**.
- Besondere Suchtanreize durch schnelle Wiederholung sind ausgeschlossen.
- Wetten und Lotterien werden weder über dieselbe Internetdomain angeboten noch wird auf andere Glücksspiele verwiesen oder verlinkt.

43 von 75

Wissenschaftliche Evaluierung von Sozialkonzepten *und deren Umsetzung*

Sozialkonzept und Erlaubnisschreiben der Behörde beschreiben das Sozialkonzept

Umsetzung des Sozialkonzepts in der Praxis?

Wissenschaftliche Evaluierung der Maßnahmen?

44 von 75

Wissenschaftliche Evaluierung von Sozialkonzepten *und deren Umsetzung*

Evidenzbasierung: Überprüfung von theoretischen Hypothesen in der Wirklichkeit

-> Konfrontation der gesetzlichen Vorgaben mit der Wirklichkeit

Erfahrungen aus der Evaluierung des Internetangebots von Aktion Mensch, Deutsche Fernsehlotterie, Lotto 24, Lottowelt, Lottobay

Internetsozialkonzepte der Lotteriegesellschaften: Ergebnisse von Evaluationen von Dr. Jens Kalke

45 von 75

Fragenkatalog

- Namen des Beauftragten für das Sozialkonzept und dessen Funktion im Unternehmen
- Angaben zu dem eingesetzten Personal und die jeweilige Funktion
- Wie erfolgt die Vergütung der leitenden Angestellten (Festgehalt)?
- Informationen darüber mit welchen Inhalten, wie oft, durch welche Einrichtung, wer von dem Personal geschult wird
- ein Organigramm zum Bestellablauf
- spezielle Hinweise darüber, wie das Kreditverbot sichergestellt wird
- ein Organigramm zum Registrierungsprozess

46 von 75

Fragenkatalog

- spezielle Hinweise darüber, wie der Jugendschutz sichergestellt wird (Methoden)
- Angaben zu der Anzahl der Kunden, die mit der Schufa-Abfrage (in einem ersten, zweiten oder dritten Schritt?) oder anderer Verfahren (z.B. E-Postident) erfolgreich identifiziert wurden und die nicht erfolgreich identifiziert werden konnten
- Angaben darüber, was mit Interessenten passiert, die sich nicht identifizieren lassen
- Anzahl der Interessenten, die auf Grund von Minderjährigkeit abgelehnt wurden
- Angaben über das Authentifizierungsverfahren

47 von 75

Fragenkatalog

- Angaben zu der Anzahl der Spieler, die sich ein Einzahlungslimit gesetzt haben und zu der jeweiligen Höhe
- Anzahl der Spieler, die das Einsatzlimit von 1000 EUR erreicht haben und wie oft jeweils dies Limit erreicht wurde
- Welche Zahlungsarten sind möglich?
- Wie und wo auf der Homepage erfolgt die Aufklärung über Gewinn- und Verlustwahrscheinlichkeiten und die Ausschüttungsquote (mit Angabe des Pfades und dem Informationsinhalt)?

48 von 75

Fragenkatalog

- Welche Maßnahmen wurden zur Prävention der Spielsucht etabliert (BZGA Hotline, Eigene Hotline...)?
- Wie oft wurden diese Maßnahmen von Spielern genutzt?
- Wie wird der Ausschluss gesperrter Spieler sichergestellt?
- Wieviel Anträge auf Selbstsperre wurden gestellt?
- Wieviel Spieler wurden von dem Unternehmen für die Spielteilnahme gesperrt und warum?
- Wie wurde mit diesen fremdgesperrten Spielern umgegangen?
- Wie kann ein Spieler einen solchen Antrag stellen?
- Eine eigene Einschätzung über die Maßnahmen im Sozialkonzept und dessen Effektivität

49 von 75

Anforderungen an Internetauftritt

- Strikte Einhaltung des Verlinkungsgebot
- Beschränkung auf erlaubte Angebote
- Hinweis auf zuständige Aufsichtsbehörde auf Startseite und zumindest Verlinkung zu Hinweis auf allen weiteren Seiten (z.B. im Menu am Ende der Seite)
- Hinweis auf Suchtrisiken und Altersbegrenzung auf Startseite und alle weitern Seiten
- Interne Seite mit Information über Suchtrisiken mit Link zu http://www.spielen-mit-verantwortung.de/ mit Selbsttest, Chat-Sprechstunde und Online-Beratungsprogramm
- Adressen von Suchthilfeeinrichtungen

50 von 75

Umsetzung Verlinkungsverbot

Wetten und Lotterien werden weder über dieselbe Internetdomain angeboten noch wird auf andere Glücksspiele verwiesen oder verlinkt (§ 4 Abs. 5 Nr. 5 GlüStV 2012).

-> Angebot unter .de Domain

-> Strikte Trennung von nicht erlaubten Glücksspielangeboten

-> Auftritt in Deutschland unter einem Markennamen, der sich deutlich von dem Markennamen des illegalen Angebots unterscheidet (z.B. Lotto24 und Tip24)

51 von 75

Suchthinweise

„Die Veranstalter und Vermittler von öffentlichen Glücksspielen haben den Spielern vor der Spielteilnahme die spielrelevanten Informationen zur Verfügung zu stellen, sowie über die Suchtrisiken der von ihnen angebotenen Glücksspiele, das Verbot der Teilnahme Minderjähriger und Möglichkeiten der Beratung und Therapie aufzuklären." (§ 7 Abs. 1 GlüStV 2012).

-> Information zu den Risiken sollte den fachlichen Anforderungen entsprechen

Suchthinweise auch im Emailverkehr mit Kunden?

52 von 75

Umsetzung Suchthinweise

-> Standardtext (fachlich geprüft) des Suchthinweises für alle Glücksspielformen

-> Einheitliche Regelungen für Wortlaut und Anbringung (wird auch vom Fachbeirat gefordert):

"Glücksspiel kann süchtig machen"

-> Andere Botschaften wie „Übermäßiges Spiel ist keine Lösung bei persönlichen Problemen" sollten nicht den Standardsuchthinweis ersetzen dürfen, sondern allenfalls ergänzen.

-> Direkte Verlinkung zu BZgA (Datensammlung durch BZgA): Nutzung des Selbsttest, Online-Beratung und –hilfe und weiterführende Informationen und Hinweise

53 von 75

Identifizierung und Authentifizierung

1. Überprüfung Name, Vorname und Geburtsdatum durch Schufa (SCHUFA-IdentitätsCheck Jugendschutz mit Q-Bit)

Kunde ist Schufa nicht bekannt (bzw. Übereinstimmung bei Name, Vorname und Geburtsdatum nicht 100 Prozent, Adresse):

- Post-Ident oder Lotto-Ident Verfahren

Kunde ist bekannt:

- Angabe des Bankkontos, Ein Cent-Überweisung mit Altersverfikationscode, der eingegeben werden muss, um die Registrierung erfolgreich zu beenden

oder

- Angabe der Handytelefonnummer mit Übersendung von Altersverifikationscode per SMS

54 von 75

Identifizierung und Authentifizierung

2. Überprüfung Bonität durch Schufa

-> Denkbarer Standard: Angaben zu dem Bankkonto verpflichtend: Bindung an das Konto

Anteil negativer Schufa-Anfragen unterscheiden sich ganz erheblich:

-> Es besteht Klärungsbedarf bzw. Standardisierung ist gefordert

55 von 75

Umsetzung Einsatzgrenzen

Einsatzbegrenzung auf 1 000 Euro pro Monat im Internet.

Einsatzgrenze gilt zwar nicht für terrestrischen Vertrieb von Soziallotterien, wird dort trotzdem nur in ganz wenigen Einzelfällen überschritten.

Nur in ganz wenigen Einzelfällen wird die Einsatzgrenze beim Online-Angebot der untersuchten gewerblichen Spielvermittler erreicht.

Hinweis an den Spieler bei Annäherung an Limit
-> Standards für ein derartiges Vorgehen sind zu entwickeln

56 von 75

Umsetzung Selbstlimitierung

Bei der Registrierung sind die Spieler dazu aufzufordern, ein individuelles tägliches, wöchentliches oder monatliches Einzahlungs- oder Verlustlimit festzulegen (Erhöhung des Limits nach sieben Tagen wirksam)

Standard:

- Hinweis auf gesetzlichen Einsatzlimit von 1000 Euro vor dem ersten Einsatz
- Limits sind unter Spielerkonto/Persönliche Angaben jederzeit sichtbar und können leicht geändert werden
- Voreinstellung mit dem gesetzlichen Einsatzlimit (Opt-out anstatt Opt-in)

57 von 75

Umsetzung Selbstlimitierung

-> Bedeutung hängt von der Ereignisfrequenz und den möglichen Verlusten ab: Limits haben bei der Teilnahme an Lotterien eine gänzlich andere Bedeutung als bei Spielen mit kontinuierlichen Spielabläufen: dort sind auch Zeitlimits sehr wichtig

58 von 75

Umsetzung Selbstlimitierung

-> Verlustlimit zum Spielerschutz besser geeignet als Einsatzlimit

-> Spielhistorie sollte dem Spieler zur Verfügung stehen: Korrektur von Fehleinschätzungen und anderen kognitiven Irrtümern

-> Analyse der Spielhistorie gut geeignet, um Hinweise auf die mögliche Entwicklung eines riskanten oder pathologischen Spielverhaltens zu erhalten und dementsprechend Frühintervention

59 von 75

Umsetzung Selbstsperre

Extremform der Selbstlimitierung

Wünschenswert wäre

- spielformenübergreifende variable Form der Selbstsperre
- niedrigschwellige Begleitung des Spielers zum Beispiel durch Sperrberater

-> Konzept der Zukunft: Umfassende Sperrdatei oder personengebundene Spielerkarte?

60 von 75

Anforderungen an einen Standard für den Spielerschutz bei Sportwetten

-> Standard für Sportwettgeschäfte darf nicht niedriger sein, als für Lotterieannahmestellen

-> Anforderungen an Schulung des Personals, Information und Aufklärung etc. in Sportwettgeschäften sollte über dem Standard bei Lottoannahmestellen liegen und an den Standard für Spielhallen heranreichen

61 von 75

Grundzüge eines Standards für den Spielerschutz bei Sportwetten

-> Standard für Online-Angebot bei Sportwetten sollte deutlich über dem bei Online-Lotterien liegen, da kontinuierliche Spielabfolgen bei Sportwetten zu einem höheren Suchtgefährdungspotential führen

62 von 75

Terrestrisch versus Online

Bei Online-Angeboten von Sportwetten:

-> Nutzung der Spielhistorie zur Früherkennung und Frühintervention (ersetzt persönlichen Kontakt)

-> Beschwerdemails sind ernst zu nehmen: Schulung des Personals mit Kundenkontakt in der Früherkennung

63 von 75

Anforderungen an Online-Angebot

Glücksspielstaatsvertrag 2012:

- Der Ausschluss minderjähriger oder gesperrter Spieler wird durch **Identifizierung und Authentifizierung** gewährleistet.
- Der **Höchsteinsatz** je Spieler darf grundsätzlich einen Betrag von **1 000 Euro pro Monat** nicht übersteigen.
- Bei der Registrierung sind die Spieler dazu aufzufordern, ein **individuelles tägliches, wöchentliches oder monatliches Einzahlungs- oder Verlustlimit festzulegen** (Erhöhung des Limits nach sieben Tagen wirksam)
- Beachtung des Kreditverbots ist sichergestellt

64 von 75

Anforderungen an Online-Angebot

Glücksspielstaatsvertrag 2012:

- Ein an besonderen Bedingungen des Internets angepasstes Sozialkonzept ist zu entwickeln und einzusetzen; seine **Wirksamkeit ist wissenschaftlich zu evaluieren**.
- ***Besondere Suchtanreize durch schnelle Wiederholung sind ausgeschlossen.***
- ***Wetten und Lotterien werden weder über dieselbe Internetdomain angeboten noch wird auf andere Glücksspiele verwiesen oder verlinkt.***

65 von 75

Identifizierung und Authentifizierung bei Sportwetten

-> Standard: Angaben zu dem Bankkonto verpflichtend: Bindung an das Konto?

Anteil negativer Schufa-Anfragen unterscheiden sich ganz erheblich:

-> Standardisierungsbedarf der Datenerfassung

66 von 75

Höchsteinsatz bei Sportwetten

Der Höchsteinsatz je Spieler darf grundsätzlich einen Betrag von 1 000 Euro pro Monat nicht übersteigen

-> Bei Lotterien sind ganz wenige Spieler zu finden, die manchmal 1000 Euro im Monat einsetzen (entspricht durchschnittlichen Verlust von 500 Euro)

Bei Sportwetten entspricht ein Einsatz von 1000 Euro einem durchschnittlichen Verlust von 100 Euro

Maßstab sollte der Verlust sein und nicht der Einsatz!

-> In der Erlaubnis kann zur Erreichung der Ziele ein abweichender Betrag festgesetzt werden. (§ 4 Abs. 5 Nr. 2 GlüStV 2012).

67 von 75

Einsatzlimits bei Sportwetten

Bei der Registrierung sind die Spieler dazu aufzufordern, ein individuelles tägliches, wöchentliches oder monatliches Einzahlungs- oder Verlustlimit festzulegen (Erhöhung des Limits nach sieben Tagen wirksam)

Standard:

- Hinweis auf gesetzlichen Einsatzlimit von 1000 Euro vor dem ersten Einsatz
- Limits sind unter Spielerkonto/Persönliche Angaben jederzeit sichtbar und können leicht geändert werden
- Voreinstellung mit dem gesetzlichen Einsatzlimit (Opt-out anstatt Opt-in)

68 von 75

Einsatzlimits bei Sportwetten

Verlustlimits und Zeitlimits bei Online-Sportwetten wichtiger, als bei Online-Lotterien

Information über Spielhistorie bei Online-Sportwetten wichtiger, als bei Online-Lotterien

Selbstsperre und Frühintervention des Anbieters bei Online-Sportwetten wichtiger, als bei Online-Lotterien

-> Höherer Standard bei Online-Sportwetten als bei Online-Lotterien

-> Analyse der Spielhistorie gut geeignet, um Hinweise auf die mögliche Entwicklung eines riskanten oder pathologischen Spielverhaltens zu erhalten und dementsprechend Frühintervention (Standards sind hier zu entwickeln)

69 von 75

Einschränkung des zulässigen Sportwettenangebots

Reduzierung des Suchtgefährdungspotentials

- Besondere Suchtanreize durch schnelle Wiederholung sind ausgeschlossen (§ 4 Abs. 5 Nr. 3 GlüStV 2012).
- Mit „schneller Wiederholung" dürfte die Ereignisfrequenz gemeint sein. Das Suchtgefährdungspotential einer Glücksspielform hängt maßgeblich von der Ereignisfrequenz ab

-> Einschränkung der Live-Wetten, z.B. durch Definition der minimal zulässigen Zeitdauer von Wettabgabe bis Wettereignis ?

70 von 75

Einschränkung des zulässigen Sportwettenangebots

Reduzierung des Manipulationsgefährdungspotentials:

-> Keine Wetten auf Amateurligaspiele oder vergleichbare Spielklassen

-> Fußball: keine Wetten auf individuell manipulierbare Ereignisse

-> Tennis etc: höhere Ansprüche an die Höhe der Spielklassen, auf die gewettet werden kann

-> etc.

71 von 75

Anforderungen an den Internetauftritt bei Sportwetten

Verlinkungsverbot: Wetten und Lotterien werden weder über dieselbe Internetdomain angeboten noch wird auf andere Glücksspiele verwiesen oder verlinkt (§ 4 Abs. 5 Nr. 5 GlüStV 2012).

Staatliche Lotterieanbieter und gewerbliche Spielvermittler halten sich hieran.

Sportwettanbieter bieten in der Regel auch illegale Casinospiele und oft auch Poker an.

72 von 75

Verlinkungsverbot bei Online-Sportwetten

Ziel der Kanalisierung der Glückspielnachfrage (Konsumlenkung)

Keine Kanalisierung ohne Separierung

-> Separierung als wichtiges Grundprinzip der Glücksspielpolitik

z.B. Spielbanken (früher sogar mit Residenzverbot), Trennung des stationären Angebots von Automatenspiel und von Sportwetten

-> Separierung als wichtiges Grundprinzip der Suchtprävention

73 von 75

Grundzüge eines Standards für das Verlinkungsverbot

GlüStV 2012: Keine Verlinkung zu illegalen Angeboten nach GlüStV

Standard: Auftritt in Deutschland unter einem Markennamen, der sich deutlich von dem Markennamen des illegalen Angebots unterscheidet (z.B. Lotto24 und Tip24)

74 von 75

Standard für Online-Poker

Siehe Standards für Online-Angebote von Lotterien und von Sportwetten

+ Zuordnung zu jeweiligen Spieltisch erfolgt nach dem Zufallsprinzip um Betrugsgefährdungspotential (Spielerringe) zu verringern

75 von 75

Jörg Ukrow*

Aktuelle Entwicklungen an der Schnittstelle von Medien- und Glücksspielrecht

1. Zur Einführung: Dimensionen der Schnittstellen von Medien- und Glücksspielrecht

Betrachtet man Schnittstellen zwischen Medien- und Glücksspielrecht, so gilt es verschiedene Dimensionen zu unterscheiden: Die organisatorisch-konzeptionelle Vorbildfunktion der Regelungen zur Medienaufsicht für den Bereich der Glücksspielaufsicht soll im vorliegenden Beitrag ebenso erläutert werden wie die werberechtliche und die jugendschutzrechtliche Dimension der Schnittstelle. Neben diesen drei genannten Dimensionen sind indessen zwei weitere Dimensionen von Bedeutung: die ordnungsrechtliche und die EU-integrationskritische Dimension der Schnittstelle.

Eine für die Auslegung der jeweiligen Rechtsmaterie nicht zuletzt in kompetentieller Hinsicht bedeutsame Parallelität zwischen Medien- wie Glücksspielrecht besteht insoweit, als beide Rechtsgebiete ordnungsrechtlich ausgerichtet sind. Für das Medienrecht ist diese ordnungsrechtliche Ausrichtung verfassungsrechtlich vorgegeben: Ausgehend von seiner dritten, die saarländische Rechtslage betreffenden (sog. F.R.AG)-Rundfunkentscheidung aus 1981 betont das BVerfG in ständiger Rechtsprechung, dass bloße Staatsfreiheit des Rundfunks noch nicht bedeutet, dass freie und umfassende Meinungsbildung durch den Rundfunk möglich wird; „dieser Aufgabe lässt sich durch eine lediglich negatorische Gestaltung nicht gerecht werden. Es bedarf dazu vielmehr einer positiven Ordnung, welche sicherstellt, dass die Vielfalt der bestehenden Meinungen im Rundfunk in möglichster Breite und Vollständigkeit Ausdruck findet und dass auf diese Weise umfassende Information geboten wird. Um dies zu erreichen, sind materielle, organisatorische und Verfahrensregelungen erforderlich, die an der Aufgabe der Rundfunkfreiheit orientiert und deshalb geeignet sind zu

* Dr. Jörg Ukrow ist stv. Direktor der Landesmedienanstalt Saarland (LMS) und 2. stv. Vorstandsvorsitzender des Instituts für Europäisches Medienrecht (EMR).

bewirken, was Art. 5 Abs. 1 GG gewährleisten will".[1] In Bezug auf die Regulierung des Glücksspiels hat das BVerfG dessen ordnungsrechtliche Prägung zwar nicht verfassungsrechtlich vorgegeben, indessen wiederholt anerkannt: Kennzeichnend für die prinzipiell ordnungsrechtliche Konzeption von Lotterien, Renn- und Sportwetten sowie das Spiel in Spielbanken ist nach dieser Judikatur, dass „die öffentliche Aufgabe, das illegale Glücksspiel um Geld einzudämmen und dem nicht zu unterdrückenden Spieltrieb des Menschen staatlich überwachte Betätigungsmöglichkeiten zu verschaffen. Die staatliche Kontrolle gewährleistet dem Spieler, dass Gewinn und Verlust nur von seinem Glück und nicht von Manipulationen des Unternehmers oder seiner Beschäftigten abhängen".[2]

In ähnlicher Weise wie der national ordnungsrechtliche Regulierungsansatz ist auch die EU-integrationskritische Dimension beiden hier behandelten Rechtsmaterien in vergleichbarer Weise, wenn auch in unterschiedlicher Intensität, eigen. Während allerdings die EU inzwischen – gestützt auf ihre Binnenmarktkompetenz – unter Ausschluss bestimmter Medien (Presse,[3] Hörfunk[4]) bzw. Regulierungsgegenstände (Organisation und Finanzierung der mitgliedstaatlichen Medienordnung[5]) durch die Richtlinie über audiovisuelle Mediendienste (AVMD-Richtlinie)[6] weite Bereiche mitgliedstaatlicher

---

1 BVerfGE 57, 295 (320); vgl. im Anschluss auch BVerfGE 73, 118 (152); 74, 297 (323); 83, 238 (296); 90, 60 (88); 114, 371 (387 ff.); 119, 181 (214); 121, 30 (50); ECLI:DE:BVerfG:2014:fs20140325.1bvf000111, Tz. 33 ff. Vgl. hierzu z. B. Jungheim, S. (2012), *Medienordnung und Wettbewerbsrecht im Zeitalter der Digitalisierung und Globalisierung*, Tübingen: Mohr Siebeck, S. 92 ff.; Ory, S., „Rechtsprechung des Bundesverfassungsgerichts", in: Wandtke, A.-A. (2011), *Medienrecht*, Berlin: de Gruyter, § 1 Rdnr. 26 ff.

2 BVerfGE 28, 119 (148); vgl. auch BVerfGE 102, 197 (214). Zur ordnungsrechtlichen Ausrichtung der Glücksspielregulierung vgl. z. B. auch Dietlein, J., „Verfassungsrechtliche Aspekte des deutschen Glücksspielrechts", in: Gebhardt, I. et al. (2008), *Glücksspiel in Deutschland*, de Gruyter, § 10 Rdnr. 8 ff.; Voßkuhle, A., „Glücksspiel zwischen Staat und Markt", *VerwArchiv* 87 (1996), 395 (398 ff.)

3 Vgl. den 28. Erwägungsgrund der AVMD-Richtlinie.

4 Vgl. den 23. Erwägungsgrund der AVMD-Richtlinie.

5 Vgl. den 19. Erwägungsgrund der AVMD-Richtlinie.

6 Richtlinie 2010/13/EU des Europäischen Parlaments und des Rates vom 10. März 2010 zur Koordinierung bestimmter Rechts- und Verwaltungsvorschriften der Mitgliedstaaten über die Bereitstellung audiovisueller Mediendienste (Richtlinie über audiovisuelle Mediendienste), ABl. EU 2013 Nr. L 95/1.

Medienregulierung einer EU-weiten Rechtsharmonisierung zugeführt hat, ist der Glücksspiel-Bereich als solcher zumindest bislang nicht Gegenstand von Rechtsharmonisierung der EU. Grund für diese regulatorische Zurückhaltung – ungeachtet der Anerkennung der Dienstleistungsqualität i. S. des AEUV von Glücksspielveranstaltung, -vermittlung und -werbung in der Judikatur des EuGH[7] – dürfte nicht zuletzt die in dieser Rechtsprechung gleichfalls anerkannte Bedeutung nationaler Traditionen und Wertevorstellungen gerade im Bereich des Glückspiels sein: Die Regelung der Glücksspiele gehört danach „zu den Bereichen, in denen beträchtliche sittliche, religiöse und kulturelle Unterschiede zwischen den Mitgliedstaaten bestehen. In Ermangelung einer Harmonisierung des betreffenden Gebiets durch die Gemeinschaft ist es Sache der einzelnen Mitgliedstaaten, in diesen Bereichen im Einklang mit ihrer eigenen Wertordnung zu beurteilen, welche Erfordernisse sich aus dem Schutz der [...] Interessen (der öffentlichen Ordnung, Sicherheit oder Gesundheit bzw. (sonstigen) zwingenden Gründen des Allgemeininteresses wie die Ziele des Verbraucherschutzes, der Betrugsvorbeugung, der Vermeidung von Anreizen für die Bürger zu überhöhten Ausgaben für das Spielen und der Verhütung von Störungen der sozialen Ordnung im Allgemeinen) ergeben“.[8]

Auch in den Bereichen der Glücksspielwerbung und des Jugendschutzes im Bereich des Glücksspiels gibt es (bislang) keine spezifische glücksspielrechtliche Rechtsetzung der EU. Allerdings kann auch für die Glücksspielwerbung die AVMD-Richtlinie bedeutsam sein. Nach deren Art. 9 Abs. 1 sorgen die

---

7 Vgl. z. B. EuGH, C 275/92 (Schindler), Slg. 1994, I-1039, Rdnr. 25 ff.; C-67/98 (Zenatti), Slg. 1999, I-7289, Rdnr. 14 ff.; C 316/07, C 358/07 bis C 360/07, C 409/07 u. C 410/07 (Markus Stoß u. a.), Slg. 2010, I-8069, Rdnr. 56; C-42/07 (Liga Portuguesa), Slg. 2009, I-7633 Rdnr. 45 ff.

8 EuGH, C-42/07 (Liga Portuguesa), Slg. 2009, I-7633 Rdnr. 56 f.; vgl. auch EuGH, 34/79 (Henn und Darby) Slg. 1979, 3795, Rdnr. 15; C 275/92 (Schindler), Slg. 1994, I-1039, Rdnr. 32, 57 ff.; C-268/99 (Jany u. a.), Slg. 2001, I-8615, Rdnr. 56 u. 60; C-338/04, C-359/04 u. C-360/04 (Placanica u. a.), Slg. 2007 I-1891 Rdnr. 47; C 124/97 (Läärä u. a.), Slg. 1999, I-6067, Rdnr. 32 f.; C-67/98 (Zenatti), Slg. 1999, I-7289, Rdnr. 29 ff.; C-243/01 (Gambelli u. a.), Slg. 2003, I-13031, Rdnr. 67; C 316/07, C 358/07 bis C 360/07, C 409/07 u. C 410/07 (Markus Stoß u. a.), Slg. 2010, I-8069, Rdnr. 74 ff.; C-46/08 (Carmen Media), Slg. 2010, I-8175 Rdnr. 55, 64 ff.; C 212/08 (Zeturf Ltd), Slg. 2011, I-5633, Rdnr. 38 ff.; C 186/11 und C 209/11 (Stanleybet u. a.), Slg. 2013, I-33, Rdnr. 44 f.

Mitgliedstaaten der EU u. a. dafür, dass die audiovisuelle kommerzielle Kommunikation,[9] die von den ihrer Rechtshoheit unterworfenen Mediendiensteanbietern[10] bereitgestellt wird, nicht „Verhaltensweisen fördern, die die Gesundheit oder Sicherheit gefährden“ [11] und „nicht zur körperlichen oder seelischen Beeinträchtigung Minderjähriger führen“.[12] Es ist mit Blick auf das Suchtpotential von Glücksspielen, wie es in § 1 Satz 1 Nr. 1 GlüStV angesprochen ist, sowie die in § 1 Satz 1 Nr. 3 GlüStV betonte Erforderlichkeit, den Jugendschutz beim Glückspiel zu gewährleisten, evident, dass auch glücksspielbezogene audiovisuelle kommerzielle Kommunikation von den vorgenannten Regelungen der AVMD-Richtlinie erfasst ist.

2. Organisatorische und verfahrensrechtliche Aspekte

Ausgangspunkt einer Betrachtung der organisatorischen und prozeduralen Dimension der Schnittstelle von Medien- und Glücksspielaufsichtsrecht muss die organisationskonzeptionelle Vorbildfunktion der Organisation der Medienaufsicht für die Organisation der Glücksspielaufsicht nach dem geltenden Glücksspielstaatsvertrag sein. Nach der amtlichen Begründung zu § 9a GlüStV („Ländereinheitliches Verfahren“) wird mit § 9a Abs. 1 bis 3 der Grundsatz verankert, dass für die dort genannten Entscheidungen nur jeweils eine bestimmte Landesbehörde für alle Länder zuständig ist, für die dann nach § 9a Abs. 5 bis 8 das Glücksspielkollegium entscheidet. „Diese Lösung bildet das Modell der Kommission für Jugendmedienschutz nach

---

9 Audiovisuelle kommerzielle Kommunikation sind nach der Begriffsbestimmung in Art. 1 Abs. 1 Buchst. h) der AVMD-Richtlinie „Bilder mit oder ohne Ton, die der unmittelbaren oder mittelbaren Förderung des Absatzes von Waren und Dienstleistungen oder des Erscheinungsbilds natürlicher oder juristischer Personen, die einer wirtschaftlichen Tätigkeit nachgehen, dienen. Diese Bilder sind einer Sendung gegen Entgelt oder eine ähnliche Gegenleistung oder als Eigenwerbung beigefügt oder darin enthalten. Zur audiovisuellen kommerziellen Kommunikation zählen unter anderem Fernsehwerbung, Sponsoring, Teleshopping und Produktplatzierung“.

10 Mediendiensteanbieter i. S. der AVMD-Richtlinie sind zum einen Fernsehveranstalter, zum anderen Anbieter von audiovisuellen Mediendiensten auf Abruf, d. h. nicht-linearer audiovisueller Mediendienste.

11 Art. 9 Abs. 1 Buchst. c) Ziffer iii) der AVMD-Richtlinie.

12 Art. 9 Abs. 1 Buchst. g) Satz 1 der AVMD-Richtlinie.

dem Jugendmedienschutz- Staatsvertrag und der Kommission für Zulassung und Aufsicht nach dem Rundfunkstaatsvertrag nach".[13]

Dieser staatsvertraglichen Teil-Abbildung[14] der Organisationsstruktur der Medienaufsicht in der Struktur der Aufsicht über Glücksspielangebote in Deutschland findet ihre Entsprechung in der Orientierung der Vorbereitung der Arbeit des Glücksspielkollegiums an medienaufsichtlichen Vorbildern: So knüpft § 2 Abs. 5 der Verwaltungsvereinbarung Glücksspielstaatsvertrag (VwVGlüStV) vom 23. Mai 2012 über die Zusammenarbeit der Länder bei der Glücksspielaufsicht nach § 9 Abs. 3, die ländereinheitlichen Verfahren nach § 9a und die Einrichtung des Fachbeirats nach § 10 Abs. 1 Satz 2 Glückspielstaatsvertrag[15] an § 8 Abs. 1 der Geschäfts- und Verfahrensordnung der ZAK (GVO-ZAK)[16] und § 9 Abs. 1 der Geschäfts- und Verfahrensordnung der KJM (GVO KJM)[17] an, wenn dort geregelt wird, dass „zur Vorbereitung der Entscheidungen des Glücksspielkollegiums der oder die Vorsitzende des Glücksspielkollegiums Prüfgruppen einsetzen (kann)" und dass „die Prüfgruppen die Entscheidungen in tatsächlicher und rechtlicher Hinsicht auf(bereiten) und Entscheidungsempfehlungen (geben)." In gleicher Weise orientiert sich auch § 7 Abs. 2 VwVGlüStV, der die Möglichkeit zur Einrichtung länder- und fachübergreifender Arbeitsgruppen in Bereichen länderübergreifender Zusammenarbeit im Glücksspielbereich vorsieht, an medienrechtlichen Vorbildern.[18]

---

13 Z. B. Landtag des Saarlandes, Drs. 15/15, S. 131.

14 Nicht nachgebildet sind – als weitere Organe der Medienaufsicht i.S. von § 35 Abs. 2 RStV – die Gremienvorsitzendenkonferenz (GVK) und die Kommission zur Ermittlung der Konzentration im Medienbereich (KEK).

15 Abrufbar unter https://innen.hessen.de/sites/default/files/media/03_-_verwal tungsvereinbarung_ unterzeichnet_stand_1.7.12.pdf.

16 Abrufbar unter http://www.die-medienanstalten.de/fileadmin/Download/Rechts grundlagen/Satzungen/GVO-ZAK_01.09.2008.pdf.

17 Abrufbar unter http://www.die-medienanstalten.de/fileadmin/Download/Rechts grundlagen/Satzungen/GVO-KJM.pdf.

18 Vgl. § 6 Abs. 2 Satz 3 GVO-ZAK, § 8 GVO-KJM.

Entgegen in jüngerer Zeit gutachtlich vorgetragenen[19], von Verwaltungsgerichten vereinzelt aufgegriffenen Einschätzungen[20] sowie der Rechtsauffassung des Hessischen Verwaltungsgerichtshofs in seinem Beschluss vom 16.10.2015 (vgl. Hessischer Verwaltungsgerichtshof, Beschluss v. 16.10.2015, 8 B 1028/15, abrufbar unter http://www.lareda.hessenrecht.hessen.de/lexsoft/default/hessenrecht_lareda.html#docid:7428152) zur Rechtswidrigkeit des bisherigen Konzessionsverfahrens nach § 10a i.V.m. §§ 4a ff. GlüStV begegnet die Struktur des Glücksspielkollegiums auch im Lichte ihrer medienrechtlichen Vorprägung keinen verfassungsrechtlichen Bedenken im Blick auf das Bundesstaats-, das Rechtsstaats- und das Demokratieprinzip des Grundgesetzes (So auch Bayerischer Verfassungsgerichtshof, Entscheidung vom 25. September 2015, Vf. 9-VII-13 u.a., Rdnr. 139 ff., abrufbar unter http://www.bayern.verfassungsgerichtshof.de/9-VII-13-u.htm): Durch das Glücksspielkollegium werden die Bundesländer namentlich nicht, ohne dass sich dies aus der sicherheits- und ordnungsrechtlichen Rechtsmaterie heraus rechtfertigen ließe, an einer eigenständigen, demokratisch zu verantwortenden Kompetenzwahrnehmung gehindert.[21] Gegen diese These spricht nicht nur die fortdauernde autonome Zuständigkeit von Glücksspielaufsichtsbehörden der Länder jenseits des Zuständigkeitskataloges des Glücksspielkollegiums.[22] Die These verkennt auch die Einschätzungsprärogative

19 Vgl. *Degenhart*, Rechtsfragen des ländereinheitlichen Verfahrens nach dem Entwurf eines Ersten Staatsvertrags zur Änderung des Staatsvertrages zum Glücksspielwesen in Deutschland, 2011 (abrufbar unter http://www.deutscherlottoverband.de/uploads/media/Degenhart_-_Gluecksspielkollegium.pdf); *Kirchhof*, Das Glücksspielkollegium verletzt das Grundgesetz. Zu den verfassungsrechtlichen Grenzen von Länderkooperationen, ZfWG 2015, S. 301 ff.; *Würtenberger*, Rechtsgutachten zur Verfassungswidrigkeit des Glücksspielkollegiums vor dem Hintergrund der verfassungsrechtlichen Grenzen der Dritten Ebene im Bundesstaat, 2014 (abrufbar unter http://www.deutscherlottoverband.de/uploads/media/Rechtsgutachten_zur_Verfassungswidrigkeit_des_Gluecksspielkollegiums_vor_dem_Hintergrund_der_verfassungsrechtlichen_Grenzen_der_Dritten_Ebene_im_Bundesstaat_AKTU.pdf).

20 Vgl. VG Frankfurt/M., Beschluss vom 27.05.2015, 2 L 3002/14.F; VG Wiesbaden, Beschluss vom 08.06.2015, 5 L 1533/14.WI, openJur 2015, 10913 Tz. 99.

21 So aber Würtenberger, a. a. O., S. 56 f., 64 (Tz. 21).

22 Zu den glücksspielrechtlichen Aufsichts- und Vollzugsaufgaben, die nicht beim Glücksspielkollegium ressortieren, zählen u. a. die Prüfung der glücksspielrechtlichen Anforderungen im Erlaubnisverfahren für Spielhallen, die Erteilung

des Landesgesetzgebers[23] bezüglich der Frage, in welchem Umfang eine interföderale Zusammenarbeit im Vollzug von Glücksspielrecht zur Sicherstellung einer effektiven Erreichung der sicherheits- und ordnungspolitischen Zielsetzungen des § 1 GlüStV geboten ist.

Das BVerfG hat in seiner Entscheidung zum Vertrag von Lissabon[24] betont, dass die europäische Vereinigung auf der Grundlage einer Vertragsunion souveräner Staaten nicht so verwirklicht werden dürfe, dass in den Mitgliedstaaten kein ausreichender Raum zur politischen Gestaltung der wirtschaftlichen, kulturellen und sozialen Lebensverhältnisse mehr bleibe. Dies gelte insbesondere für Sachbereiche, die die Lebensumstände der Bürger, vor allem ihren von den Grundrechten geschützten privaten Raum der Eigenverantwortung und der persönlichen und sozialen Sicherheit prägen, sowie für solche politischen Entscheidungen, die in besonderer Weise auf kulturelle, historische und sprachliche Vorverständnisse angewiesen sind, und die sich im parteipolitisch und parlamentarisch organisierten Raum einer politischen Öffentlichkeit diskursiv entfalten. Diese europarechtlich durchaus kritisierte Eingrenzung der Integrationsgewalt mit Blick auf das Demokratieprinzip des Grundgesetzes[25] lässt sich *mutatis mutandis* auch für demokratische Grenzen interföderaler Kooperation, wie sie gutachtlich gegen die Verfassungsmäßigkeit des Glücksspielkollegiums geltend gemacht werden, fruchtbar machen: Eine Grenze der staatsvertraglichen Kompetenz der Landtage zur Förderung interföderaler Kooperation auf Feldern der Gesetzgebungskompetenz der Länder wäre danach erst dann erreicht, wenn diese Kooperation keinen ausreichenden autonomen Gestaltungsspielraum

der Erlaubnisse für (Lotto-)Annahmestellen, Wettvermittlungsstellen und Verkaufsstellen der Konzessionsnehmer (für Sportwetten), die glücksspielrechtliche Überwachung und Überprüfung der Einhaltung des Jugend- und Spielerschutzes der (Lotto-)Annahmestellen, Wettvermittlungsstellen und Verkaufsstellen der Konzessionsnehmer (für Sportwetten), die Untersagung illegaler terrestrischer Glücksspielveranstaltung und -vermittlung sowie die Kontrolle des Internets in Bezug auf illegale Glücksspielveranstaltung.

23 Vgl. hierzu z. B. BVerfG, Beschluss vom 26.03.2007, NVwZ-RR 2008, 1 (Tz. 38 ff.); Bickenbach, C. (2014), *Die Einschätzungsprärogative des Gesetzgebers*, Tübingen: Mohr Siebeck.

24 BVerfGE 123, 267 (357 f.).

25 Vgl. z. B. Ukrow, J., „Deutschland auf dem Weg vom Motor zum Bremser der europäischen Integration?“, *ZEuS* 2009, 717 (724 ff.)

für Entscheidungen der jeweiligen Landesverwaltung mehr beließe. Hiervon kann selbst im engeren Bereich der Glücksspielregulierung, erst recht aber bei einer Gesamtschau der Aktionsmöglichkeiten er Länder jenseits interföderaler Vorgabe keine Rede sein.

Während die Organisation der Glücksspielaufsicht medienrechtlichen Vorbildern nachgebildet ist, zeichnet sich mit Blick auf verfahrensrechtliche Anforderungen an Vollzugsmaßnahmen, in die Glücksspielkollegium einerseits, ZAK oder KJM andererseits eingebunden sind, ein Potential wechselseitiger Einflüsse ab. Auch wenn bislang nur prozedurale Medienregulierung als Vorbild für verfahrensrechtliche Anforderungen an den Vollzug des GlüStV wirkte, so ist dennoch naheliegend, dass sich eine verwaltungsgerichtliche Praxis entwickelt, bei der nicht nur die Judikatur zu rundfunkstaatsvertraglichen Parallelnormen auf die betreffenden Regelungen des GlüStV entsprechend angewandt wird, sondern eine solche Beeinflussung auch *vice versa* erfolgen kann.

Praktisch bedeutsam kann diese prozedurale Prägungskraft z. B. bereits bei Art und Umfang der Begründungs- und Dokumentationspflicht bei der Befassung des Glücksspielkollegiums mit Vorlage einer Aufsichtsbehörde werden. So muss nach der Judikatur des Bayerischen Verwaltungsgerichtshofs zu § 17 JMStV[26] eine Verweisung oder Bezugnahme auf eine Beschlussvorlage oder -empfehlung, um der staatsvertraglichen Begründungspflicht zu genügen, dergestalt erfolgen, dass eine solche Verweisung und der Wille, sich die Begründung der Beschlussvorlage oder -empfehlung zu eigen zu machen, aus der Niederschrift der betreffenden KJM-Sitzung klar und unmissverständlich hervorgehen. Um der Begründungspflicht für die KJM zu genügen, muss nach dieser Judikatur auch ersichtlich sein, welchen Verlauf die Diskussion in der Sitzung genommen hat und auf welche Begründung sich die KJM-Mitglieder geeinigt haben. Eine der Begründungspflicht genügende Bezugnahme auf die Begründung der Beschlussvorlage ist aus Sicht des VGH auch nicht in der unveränderten Übernahme des vorgeschlagenen

26 Diese Regelung bestimmt u. a. ausdrücklich, dass die KJM ihre Beschlüsse, die gegenüber den anderen Organen der zuständigen Landesmedienanstalt bindend und deren Entscheidungen zu Grunde zu legen sind (§ 17 Abs. 1 Sätze 5 und 6 JMStV), zu begründen hat (§ 17 Abs. 1 Satz 3 JMStV). In der Begründung sind die wesentlichen tatsächlichen und rechtlichen Gründe mitzuteilen (§ 17 Abs. 1 Satz 4 JMStV). Parallelregelunge für die ZAK finden sich in § 35 Abs. 9 RStV.

Entscheidungstenors gegeben. Ob sich die KJM-Mitglieder hierdurch auch der Begründung in vollem Umfang anschließen wollten oder ob sich bei ihrer Diskussion Modifikationen ergeben haben, muss vielmehr in einem solchen Fall ergänzend der Niederschrift zu entnehmen sein. Bloße Kettenverweisungen auf Niederschriften vorangegangener Abschnitte des KJM-Verfahrens genügen aus Sicht des VGH nicht dem Gebot der Klarheit der von der KJM selbst abzugebenden Begründung.[27] Es ist offenkundig, dass diese strengen Anforderungen an die Begründungspflicht der KJM in Verfahren des Glücksspielkollegiums mit Blick auf die textidentische Regelung zur Begründungspflicht in § 9a Abs. 8 Satz 2 bis 4 GlüStV Vorbildfunktion in glücksspielrechtlichen Verfahren entfalten könnten.

Überschießenden Anforderungen an die Begründungspflicht für das Glücksspielkollegium kann allerdings die Entscheidung des OVG Koblenz[28] zu § 35 Abs. 9 Sätze 3 und 4 RStV entgegengehalten werden: Danach kann die Begründungspflicht durchaus auch durch eine eine Bezugnahme erfüllt werden. Denn diese rundfunkstaatsvertragliche Pflicht ist der nach § 39 Verwaltungsverfahrensgesetz für Verwaltungsakte geltenden allgemeinen Regelung nachempfunden. In Bezug auf diese ist allgemein anerkannt, dass Bezugnahmen auf Unterlagen, auf vorangegangene Verwaltungsakte sowie auf Schreiben der Behörde oder Gutachten, die an den Adressaten ergangen oder diesem zumindest ohne weitere Umstände zugänglich sind, zulässig sind.[29] Eine Bezugnahme auf das „Votum und die Begründung der Prüfgruppe" ist aus Sicht des OVG Koblenz hinreichend bestimmt. Es komme maßgeblich darauf an, dass für die zuständige Landesmedienanstalt erkennbar sei, mit welchen Erwägungen die ZAK ihren Beschluss begründet wissen wollte.

3. Werberechtliche Aspekte

Glücksspielrechtlicher Ausgangspunkt der werberechtlichen Dimension der Schnittstelle von Medien- und Glücksspielrecht ist § 5 GlüStV. Dieser sieht in Absatz 3 Satz 1 u. a. ein grundsätzliches Verbot der Werbung[30] für

---

27 Vgl. BayVGH, AfP 45 (2014), 371 (373 f.); Urteil vom 19.09.2013, 7 BV 13.196, openJur 2013, 44504 Tz. 46 ff.

28 Vgl. OVG Koblenz, AfP 45 (2014), 378 (379 f.)

29 Vgl. z. B. BVerwG, Beschluss vom 23.01.1987 – 1 B 213/86 -, NVwZ 1987, 504.

30 Während der Begriff der Werbung im GlüStV aus 2008 durch entsprechende Klammerdefinition neben der Werbung nach § 7 RStV auch noch das Sponsoring

öffentliches Glücksspiel im Fernsehen und im Internet. Davon abweichend können die Länder nach Satz 2 der Regelung zur besseren Erreichung der Ziele des § 1 GlüStV Werbung für Lotterien und Sport- und Pferdewetten im Internet und im Fernsehen erlauben. Allerdings ist Werbung für Sportwetten im Fernsehen unmittelbar vor oder während der Live-Übertragung von Sportereignissen auf dieses Sportereignis nach § 5 Abs. 3 Satz 3 GlüStV generell unzulässig.[31]

Für sämtliche Werbemaßnahmen, auch solche in Medien, gilt im Übrigen unbeschadet § 5 Abs. 3 GlüSt, dass

- Art und Umfang der Werbung für öffentliches Glücksspiel an den Zielen des § 1 auszurichten ist (§ 5 Abs. 1 GlüStV);[32]
- Werbung für öffentliches Glücksspiel sich nicht an Minderjährige oder vergleichbar gefährdete Zielgruppen richten darf (§ 5 Abs. 2 Satz 1 GlüStV);[33]
- irreführende Werbung für öffentliches Glücksspiel, insbesondere solche, die unzutreffende Aussagen über die Gewinnchancen oder Art und Höhe der Gewinne enthält, verboten ist (§ 5 Abs. 2 Satz 2 GlüStV);[34]

---

nach § 8 RStV umfasste, bezieht sich die aktuelle Klammerdefinition nur noch auf die Werbung i. S. von § 7 RStV.

31 Vgl. hierzu z. B. Hecker, M.; Ruttig, M., in: Dietlein, J.; Hecker, M.; Ruttig, M. (2013), *Glückspielrecht*, 2. Aufl., München: C.H. Beck, § 5 GlüStV Rdnr. 52 ff.; Sirch, Y.; Bolay, S., in: Streinz, R.; Liesching, M.; Hambach, W. (2014), *Glücks- und Gewinnspielrecht in den Medien*, München: C.H. Beck, § 5 GlüStV Rdnr. 52 ff.

32 Vgl. hierzu z. B. Hecker, M.; Ruttig, M., in: Dietlein, J.; Hecker, M.; Ruttig, M. (2013), *Glückspielrecht*, § 5 GlüStV Rdnr. 30 ff.; Sirch, Y.; Bolay, S., in: Streinz, R.; Liesching, M.; Hambach, W. (2014), *Glücks- und Gewinnspielrecht in den Medien*, § 5 GlüStV Rdnr. 21 ff.

33 Vgl. hierzu z. B. Hecker, M.; Ruttig, M., in: Dietlein, J.; Hecker, M.; Ruttig, M. (2013), *Glückspielrecht*, § 5 GlüStV Rdnr. 48 ff.; Sirch, Y.; Bolay, S., in: Streinz, R.; Liesching, M.; Hambach, W. (2014), *Glücks- und Gewinnspielrecht in den Medien*, § 5 GlüStV Rdnr. 48 f.

34 Vgl. hierzu z. B. Hecker, M.; Ruttig, M., in: Dietlein, J.; Hecker, M.; Ruttig, M. (2013), *Glückspielrecht*, § 5 GlüStV Rdnr. 51; Sirch, Y.; Bolay, S., in: Streinz, R.; Liesching, M.; Hambach, W. (2014), *Glücks- und Gewinnspielrecht in den Medien*, § 5 GlüStV Rdnr. 50 f.

- Werbung für unerlaubte Glücksspiele verboten ist (§ 5 Abs. 5 GlüStV).[35]

Nach § 5 Abs. 4 Satz 1 GlüStV erlassen die Länder gemeinsame Richtlinien zur Konkretisierung von Art und Umfang der nach § 5 Abs. 1 bis 3 GlüStV erlaubten Werbung. Auf dieser Grundlage haben die Länder die Werberichtlinie gemäß § 5 Abs. 4 Satz 1 GlüStV vom 7. Dezember 2012[36] erlassen.[37]

Berührungspunkte zum Medienrecht existieren bei diesen glücksspielrechtlichen Vorgaben für Werbung in den Medien

- inhaltlich-konzeptionell bei der Bezugnahme auf eine medienrechtliche Definition in § 5 Abs. 3 Satz 1 GlüStV
- organisatorisch bei
    - der Einbeziehung (auch) der Medienanstalten vor Erlass und wesentlicher Änderung der Werberichtlinie: Denn auch die Medienanstalten zählen – wie die ARD, das ZDF und das Deutschlandradio – zu den nach § 5 Abs. 4 Satz 3 GlüStV „beteiligte(n) Kreise(n)";
    - dem regelmäßigen Austausch zur Glücksspielwerbung zwischen Glücksspielaufsicht und Landesmedienanstalten nach § 14 Abs. 5 der Werberichtlinie.

Nach diesen Vorgaben von GlüStV und Werberichtlinie ist offenkundig, dass das System der werberechtlichen Glücksspielregulierung auf ein Kooperationsverhältnis zwischen Glücksspiel- und Medienaufsicht angelegt ist. Nur ein solches Verhältnis gewährleistet die unions- wie verfassungsrechtlich gebotene Kohärenz der Glückspielregulierung.[38] Dem tragen

---

35 Vgl. hierzu z. B. Hecker, M.; Ruttig, M., in: Dietlein, J.; Hecker, M.; Ruttig, M. (2013), *Glückspielrecht*, § 5 GlüStV Rdnr. 92; Sirch, Y.; Bolay, S., in: Streinz, R.; Liesching, M.; Hambach, W. (2014), *Glücks- und Gewinnspielrecht in den Medien*, § 5 GlüStV Rdnr. 68 ff.

36 Z. B. *Amtsblatt des Saarlandes II* 2013, S. 79.

37 Vgl. hierzu z. B. Sirch, Y.; Bolay, S., in: Streinz, R.; Liesching, M.; Hambach, W. (2014), *Glücks- und Gewinnspielrecht in den Medien*, S. 162 ff.

38 Vgl. hierzu zuletzt z. B. EuGH, Rs. C-156/13, digibet, ECLI:EU:C:2014:1756 Tz. 26 ff. (m.w.N.) sowie z. B. Heseler, F. (2013), *Der Einfluss des Europarechts auf die mitgliedstaatliche Glücksspielregulierung*, Baden-Baden: Nomos, S. 177 ff., 433 ff.; Makswit, J.-A., „Unionsrechtliches Kohärenzgebot und das deutsche Glücksspielrecht – Ein (un)lösbarer Widerspruch?", *ZfWG* 9 (2014), 169 (169 ff.); Streinz, R., „Das Kohärenzgebot in der Rechtsprechung des EuGH als

die Gemeinsamen Leitlinien der obersten Glücksspielaufsichtsbehörden der Länder und der Landesmedienanstalten zur Zusammenarbeit bei der Aufsicht über Glücksspielwerbung im privaten Rundfunk und Telemedien privater Anbieter[39] vom Juli 2014 Rechnung.

Die gemeinsamen Leitlinien dienen dazu, die Zusammenarbeit der obersten Glücksspielaufsichtsbehörden der Länder und der Landesmedienanstalten im Rahmen der Erfüllung ihrer Aufgaben zu erleichtern. Ziel der Leitlinien ist ein möglichst gleichgerichtetes und gleichzeitiges Vorgehen von Glücksspiel- und Medienaufsicht zu gewährleisten.

Werbung für Glückspiel im Fernsehen und Internet dürfen nur die Veranstalter oder Vermittler öffentlicher Glücksspiele in Auftrag geben, die eine Erlaubnis für Werbung im Fernsehen und Internet nach § 5 Abs. 3 GlüStV erhalten haben.

Für die Aufsicht über die Einhaltung der Anforderungen nach § 5 GlüStV i. V. m. der Werberichtlinie gemäß § 5 Abs. 4 Satz 1 GlüStV ist nach den Leitlinien gegenüber den Veranstaltern und Vermittlern von öffentlichem Glücksspiel die Glücksspielaufsicht zuständig. Für die Aufsicht über die Einhaltung der Glücksspielwerbeverbote des § 5 Abs. 3 Satz 1 und Abs. 5 GlüStV sind die Landesmedienanstalten (a) gegenüber privaten Fernsehveranstaltern und (b) im Falle entsprechend landesrechtlich verliehener Zuständigkeit gegenüber privaten Anbietern von Telemedien zuständig.

Rundfunkrechtlicher Anker für die Aufsicht der Landesmedienanstalten über die Einhaltung der Glücksspielwerbeverbote des § 5 GlüStV ist bislang § 41 RStV. Diese mit „Programmgrundsätze" betitelte Regelung sieht in Absatz 1 Satz 3 RStV u. a. vor, dass von privaten Rundfunkveranstaltern „die Vorschriften der allgemeinen Gesetze [...] einzuhalten (sind)".[40] Auch bei dem GlüStV handelt es sich um ein solches allgemeines Gesetz, das sich nicht gegen das Rundfunkgrundrecht des Art. 5 Abs. 1 Satz 2 GG an sich oder gegen die Äußerung einer bestimmten Meinung richtet,

---

Vorgabe für das nationale Glücksspielrecht und seine Folgen für Deutschland", *ZfWG* 8 (2013), 305 (307 ff.)

39 Abrufbar z. B. unter https://www.lmsaar.de/wp-content/uploads/2014/01/140717_Gemeinsame-Leitlinie-zur-Zusammenarbeit-der-Glücksspiel-und-Medienaufsicht.pdf.

40 Eine Parallelregelung für Anbieter von Telemedien findet sich in § 54 Abs. 1 Satz 3 RStV.

sondern dem Schutz eines schlechthin, ohne Rücksicht auf eine bestimmte Meinung, zu schützenden Rechtsguts dient.[41] Um solche Rechtsgüter handelt es sich beim GlüStV mit Blick auf dessen in § 1 verankerte Zielsetzung insbesondere bei

- dem Verhindern des Entstehens und der wirksamen Bekämpfung von Glücksspiel- und Wettsucht
- dem Jugend- und dem Spielerschutz
- der Abwehr mit Glücksspielen verbundener Folge- und Begleitkriminalität und
- der Sicherung der Integrität des sportlichen Wettbewerbs.

Durch ein Urteil des BVerwG vom 17.12.2014[42] zur Zulässigkeit regionalisierter Werbung im bundesweiten Programm privater Rundfunkveranstalter ist hinsichtlich der fortdauernden Rechtmäßigkeit einer solchen Verkoppelung von Rundfunk- mit Glücksspielrecht Verunsicherung ausgelöst worden.[43] Das BVerwG hat in dieser Entscheidung festgestellt, dass „§ 20 Abs. 1 Satz 1 RStV […] Veranstalter von Rundfunk lediglich in Bezug auf die Verbreitung redaktionell gestalteter Programminhalte einer Zulassungspflicht (unterwirft)".[44] Zur Begründung dieser Feststellung führt das BVerwG u. a. aus, dass soweit der Sinn der Zulassung auch darin gesehen werde, dass sie die Verantwortlichkeit des Veranstalters für sämtliche gesendeten Inhalte – einschließlich der Werbeinhalte – klarstelle, beachtlich sei, dass „(d)ie Verantwortlichkeit des Veranstalters für die von ihm verbreiteten Werbeinhalte […] sich bereits aus dem Gesetz (begründet), d. h. aus den werbebezogenen Vorschriften des Rundfunkstaatsvertrages, die an ihn adressiert sind. Zusätzlicher Klarstellung bedarf es nicht".[45] Es ist insoweit allerdings bemerkenswert, dass sich das BVerwG an keiner

41 Vgl. z. B. BVerfGE 7, 198 (209 f.); 97, 125 (146); 111, 147 (155).
42 BVerwG AfP 46 (2015), 187.
43 Vgl. z. B. Ukrow, J., *Auf dem Unionsauge blind? Zur Entscheidung des Bundesverwaltungsgerichts zur Zulässigkeit regionalisierter Werbung im Programm bundesweiter Veranstalter*, http://www.emr-sb.de/tl_files/EMR-SB/content/PDF/Werbung-Beitraege/EMR_Das%20aktuelle%20Stichwort_Regionalisierte%20Werbung_20150323.pdf.
44 BVerwG AfP 46 (2015), 187 (188).
45 BVerwG AfP 46 (2015), 187 (190).

Stelle seiner Entscheidung mit § 41 RStV und der hierauf gestützten werbeaufsichtsrechtlichen Praxis von Landesmedienanstalten auseinandersetzt. Insoweit spricht vieles dafür, dass auch im Lichte dieses Urteils ungeachtet der Betitelung von § 41 RStV mit „Programmgrundsätze" eine Fortführung der Aktivierung dieser Norm auch in Werbefragen nicht versperrt ist. Im Übrigen ist mit dem 18. Rundfunkänderungsstaatsvertrag inzwischen eine klarstellende Ergänzung des § 7 Abs. 2 RStV dahin erfolgt, dass auch Werbung Teil des lizenzierten Programms ist.[46]

Auf unionsrechtlicher Ebene hat die werberechtliche Dimension der Schnittstelle von Medien- und Glücksspielrecht im Übrigen durch die Empfehlung (2014/478/EU) der EU-Kommission vom 14. Juli 2014 mit Grundsätzen für den Schutz von Verbrauchern und Nutzern von Online-Glücksspieldienstleistungen und für den Ausschluss Minderjähriger von Online-Glücksspielen[47] eine neue Facette bekommen.

Die Mitgliedstaaten sollten danach u. a.

- sicherstellen, dass kommerzielle Kommunikation für Online-Glücksspieldienstleistungen Minderjährige nicht dazu veranlasst, Glücksspiele als natürliche Freizeitbeschäftigung anzusehen;[48]
- darauf hinwirken, dass a) in Medien, oder im Rahmen von Programmen, deren Zielgruppe erwartungsgemäß Minderjährige sind, b) auf Websites, die sich an Minderjährige richten, keine kommerzielle Kommunikation ausgestrahlt, angezeigt oder erleichtert wird.[49]

Europarechtlich sind mit dieser Empfehlung eine Reihe von Problemen verbunden:

- Die Verhaltensaufforderungen der Empfehlung (2014/478/EU) der EU-Kommission erscheinen (zumindest auch) im werberechtlichen Bereich kaum hinreichend bestimmt.
- Ungeachtet dessen wie auch der offenen Frage nach dem Kompetenztitel, auf die die Empfehlung gestützt werden kann, fehlt es beim derzeitigen Stand des Unionsrechts voraussichtlich an einer Rechtsschutzmöglichkeit

46 Vgl. z. B. Landtag des Saarlandes, Drs. 15/1529, S. 7, 12.
47 ABl. EU 2014 Nr. L 214/38.
48 Ziffer 11 der Empfehlung.
49 Ziffer 13 der Empfehlung.

gegen die Empfehlung, da solche durch Art. 263 Abs. 1 Satz 1 AEUV vom Anwendungsbereich der Nichtigkeitsklage ausgeschlossen sind.[50]

Es entspricht einer gewissen taktischen Traditionslinie der EU-Kommission, insbesondere in kompetentiell sensiblen Bereichen mit dem Instrument der Empfehlung in einer ersten Etappe zu starten, um dann zu einem Richtlinien- oder Verordnungsvorhaben zum gleichen Regelungsgegenstand überzugehen. Vor diesem Hintergrund könnte die Empfehlung den Einstieg in eine bislang aus den genannten Gründen nicht verfolgte Rechtsharmonisierung der EU im Glücksspielbereich darstellen.[51]

4. Jugendschutzrechtliche Aspekte

Glücksspielrechtlicher Ausgangspunkt der jugendschutzrechtlichen Dimension der Schnittstelle von Medien- und Glücksspielrecht ist § 4 Abs. 5 Nr. 1 GlüStV: Danach können die Länder abweichend von § 4 Abs. 4 GlüStV zur besseren Erreichung der Ziele des § 1 GlüStV den Eigenvertrieb und die Vermittlung von Lotterien sowie die Veranstaltung und Vermittlung von Sportwetten im Internet erlauben, sofern u. a. „der Ausschluss minderjähriger oder gesperrter Spieler durch Identifizierung und Authentifizierung gewährleistet (wird)". In der amtlichen Erläuterung zu § 4 Abs. 5 Nr. 1 GlüStV wird in diesem Zusammenhang auf die „Richtlinien der KJM " Bezug genommen, „ohne dass in der Schutzwirkung gleichwertige Lösungen ausgeschlossen wären".[52]

50 Ungeachtet dessen hat Belgien eine solche Nichtigkeitsklage gegen die Empfehlung erhoben; vgl. Klage, eingereicht am 13. Oktober 2014 — Belgien/Kommission (Rechtssache T-721/14), ABl. EU 2014 Nr. C 431/42.

51 Seitens der EuGH ist im Lichte der bisherigen Judikatur nicht von vornherein mit einem nachhaltigen Widerstand gegen eine etwaige Inanspruchnahme des Kompetenztitels zur Binnenmarkt-Rechtsharmonisierung seitens der Rechtsetzungsorgane der EU zu rechnen. Art. 114 AEUV kann nach dessen Judikatur als Rechtsgrundlage einer unionsrechtlichen Richtlinie herangezogen werden, um der Entstehung neuer Hindernisse für den Handel infolge einer heterogenen Entwicklung der nationalen Rechtsvorschriften vorzubeugen; das Entstehen solcher Hindernisse muss jedoch wahrscheinlich sein und die fragliche Maßnahme ihre Vermeidung bezwecken. Bei der diesbezüglichen Einschätzung steht den Rechtsetzungsorganen der EU eine Prärogative zu.

52 Z. B. Landtag des Saarlandes, Drs. 15/15, S. 121.

Die vom Glücksspielkollegium der Länder beschlossenen Eckpunkte zu den Internetanforderungen nach § 4 Abs. 5 GlüStV[53] sehen ebenfalls eine Orientierung an den Eckwerten und Anforderungen der KJM und an den von ihr positiv bewerteten Konzepten bzw. von so genannten „gleichwertigen Verfahren“ vor.

Vor diesem Hintergrund haben sich sowohl Anbieter von AV-Systemen für den Online-Glücksspielbereich als auch eine Reihe von Glücksspiel-Aufsichtsbehörden an die KJM mit der Bitte gewandt zu prüfen, ob bei der Glücksspiel-Aufsicht zur Genehmigung eingereichte AVS-Konzepte den etablierten AVS-Kriterien der KJM entsprechen bzw. ob die KJM zu solchen Verfahren eine Positivbewertung erteilen könne.

Da die Bewertungszuständigkeit für AVS-Verfahren im Anwendungsbereich des GlüStV bei den Glücksspiel-Aufsichtsbehörden liegt, hat die KJM in Absprache mit dem Vorsitz des Glücksspielkollegiums der Länder folgendes Verfahren verabredet: Eine Einschätzung der KJM zu AVS-Konzepten für den Glücksspiel-Bereich erfolgt im Rahmen der Amtshilfe gegenüber der jeweiligen Glücksspiel-Aufsichtsbehörde und auf deren Veranlassung hin, nicht jedoch als eigenständige Bewertung gegenüber dem Anbieter eines solchen Systems.[54]

5. Ausblick

Mit Blick auf das Mediennutzungsverhalten nicht zuletzt von Jugendlichen steht die Glücksspielregulierung an der Schnittstelle zu Medienrecht und -technik in den kommenden Jahren nicht zuletzt vor mobilen Herausforderungen: Schon im Mai 2014 besaßen rund 41 Millionen Personen in Deutschland ein Smartphone.[55] Laut Ergebnissen der jüngsten JIM-Studie 2014 zeigt sich vor allem bei den Smartphones im Vergleich zum Vorjahr mit einer Präsenz von 94 Prozent in deutschen Haushalten eine deutliche Steigerung um 13 Prozentpunkte. Fast jeder Zwölf- bis 19-Jährige besitzt

---

53 Abrufbar z. B. unter http:// www.mi.niedersachsen.de/download/89271/Eckpunkte_im_Internet.pdf.

54 Vgl. *Jugendschutzbericht für den Medienrat der Bayerischen Landeszentrale für neue Medien (BLM) – zweites Halbjahr 2013*, 2014, S. 9 (abrufbar unter https://www.blm.de/files/pdf1/Jugendschutzbericht_2-2013_1.pdf).

55 Vgl. http://de.statista.com/statistik/daten/studie/198959/umfrage/anzahl-der-smartphonenutzer-in-deutschland-seit-2010/.

ein eigenes Mobiltelefon (97 Prozent) – mit 88 Prozent ist dies bei der Mehrheit ein Smartphone mit Touchscreen und Internetzugang. Neun von zehn Jugendlichen (92 Prozent) können vom eigenen Zimmer aus auf das Internet zugreifen. Etwa drei Viertel besitzen einen eigenen Computer oder Laptop (76 Prozent), der ihnen zur Nutzung allein oder mit Geschwistern zur Verfügung steht.[56]

Die Probleme, die mit dieser Ausdehnung technischer Verfügbarkeit von stationären wie mobilen Internetzugängen auch im Hinblick auf die Glücksspielregulierung verbunden sind, sind vor dem Hintergrund der Rechtsprechung des BVerfG offenkundig: Das BVerfG betont, dass „(d)as Spielen per Internet [...] durch ein hohes Maß an Bequemlichkeit sowie durch eine zeitlich unbeschränkte Verfügbarkeit des Angebots gekennzeichnet. Hinzu kommt ein im Vergleich zur Abgabe des Lottoscheins in der Annahmestelle höherer Abstraktionsgrad, der geeignet ist, das virtuelle Glücksspiel in der Wahrnehmung des Spielers aus seinem Bedeutungszusammenhang herauszulösen und insbesondere die Tatsache des Einsatzes – und möglichen Verlustes von Geld – in den Hintergrund treten zu lassen“. Hinzu komme, „dass nach wie vor erhebliche Bedenken bestehen, ob sich bei einer Teilnahme an Glücksspielen per Internet der im Rahmen der Suchtprävention besonders wichtige Jugendschutz effektiv verwirklichen lässt“.[57] Sämtliche durch diese Judikatur aufgezeigten Problemlagen gewinnen bei mobiler Internet-Nutzungsmöglichkeiten zusätzlich an Gewicht.

Neben der zunehmenden mobilen Nutzungsmöglichkeit des Internets birgt auch eine zweite medientechnische Entwicklung glücksspielrechtliches Gefährdungspotential im Hinblick auf die Kohärenz der Regulierung: die Entwicklung und zunehmende Marktdurchdringung von sog. Connected TV.

Ein hybrides Empfangsgerät verschafft sowohl Zugang zu klassischen Fernsehprogrammen als auch zum Internet. Auf ein- und demselben

56 Vgl. Medienpädagogischer Forschungsverbund Südwest (Hrsg.), *JIM 2014 – Jugend, Information, (Multi-) Media*, 2014, S. 6 f. (abrufbar unter http://www.mpfs.de/fileadmin/JIM-pdf14/JIM-Studie_2014.pdf).

57 Vgl. BVerfGE 115, 276 (315); BVerfG NVwZ 2008, 1338, ECLI:DE:BVerfG:2008:rk20081014.1bvr092808 TZ. 40.

Bildschirm werden dabei Dienste zusammengestellt, die medien- wie auch glücksspielrechtlich unterschiedlichen Regelungen unterworfen sind.[58]

Die Fülle der angebotenen Inhalte lässt die Auffindbarkeit der Inhalte zu einer der zentralen Fragen des hybriden Fernsehens werden. Eine prominente Platzierung von Glücksspielangeboten auf dem Eröffnungsbildschirm würde nicht ohne Weiteres mit den sucht- und schutzbezogenen Zielsetzungen des § 1 GlüStV in Deckung zu bringen sein.

Auch mit Blick auf diese sich abzeichnenden neuen medientechnischen Herausforderungen empfiehlt sich eine regulatorische Verstetigung der Zusammenarbeit zwischen Glücksspiel- und Medienaufsicht. Vorbilder hierfür finden sich bereits jetzt für die Zusammenarbeit von Medien-, Telekommunikations- und Wettbewerbsaufsicht in § 39a Abs. 1 RStV,[59] § 123 Abs. 2 TKG[60] und § 50c Abs. 2 GWB.[61]

58 Vgl. hierzu z. B. Kammerevert, *Die Macht der Gatekeeper bei Connected TV begrenzen*, 2013 (abrufbar unter http://www.medienpolitik.net/2013/04/medienregulierung-die-macht-der-gatekeeper-bei-connected-tv-begrenzen/).

59 „Die Landesmedienanstalten arbeiten im Rahmen der Erfüllung ihrer Aufgaben mit der Regulierungsbehörde für Telekommunikation und mit dem Bundeskartellamt zusammen. Die Landesmedienanstalten haben auf Anfrage der Regulierungsbehörde für Telekommunikation oder des Bundeskartellamtes Erkenntnisse zu übermitteln, die für die Erfüllung von deren Aufgaben erforderlich sind."

60 Die Bundesnetzagentur arbeitet mit den Landesmedienanstalten zusammen. Auf Anfrage übermittelt sie den Landesmedienanstalten Erkenntnisse, die für die Erfüllung von deren Aufgaben erforderlich sind."

61 „Die Kartellbehörden arbeiten im Rahmen der Erfüllung ihrer Aufgaben mit [...] den Landesmedienanstalten zusammen. Die Kartellbehörden können mit den in Satz 1 genannten Behörden auf Anfrage gegenseitig Erkenntnisse austauschen, soweit dies für die Erfüllung ihrer jeweiligen Aufgaben erforderlich ist. Dies gilt nicht 1. für vertrauliche Informationen, insbesondere Betriebs- und Geschäftsgeheimnisse sowie 2. für Informationen, die nach § 50a oder nach Artikel 12 der Verordnung (EG) Nr. 1/2003 erlangt worden sind."

Hans-Ulrich Stühler*

Trading-Down durch Spielhallen

1. Einleitung

Es handelt sich bei *Trading-down* um einen Begriff, der seit knapp 30 Jahren im Städtebaurecht und damit auch in der kommunalen Bauleitplanung verwendet wird, und seit einiger Zeit auch im Baugenehmigungsverfahren, ohne dass er sich in einer Rechtsnorm findet und dort definiert worden ist. Er ist vielmehr ganz überwiegend Bestandteil von Begründungen in Bebauungsplänen für bestimmte Regelungen im Bauplanungsrecht sowie in Ablehnungen von Baugenehmigungen enthalten und deshalb auch in der obergerichtlichen Rechtsprechung zu finden. Es handelt sich um keinen originären Rechtsbegriff.

Nach § 1 Abs. 5 BauNVO kann im Bebauungsplan festgesetzt werden, dass bestimmte Arten von Nutzungen, die nach den §§ 2, 4 bis 9 und 13 allgemein zulässig sind, nicht zulässig sind oder nur ausnahmsweise zugelassen werden können, sofern die allgemeine Zweckbestimmung des Baugebiets gewahrt bleibt.

Nach der Leitentscheidung des BVerwG vom 22.05.1987 können nach § 1 Abs. 5 BauNVO im Bebauungsplan auch einzelne der unter einer Nummer einer Baugebietsvorschrift der Baunutzungsverordnung zusammengefassten Nutzungen ausgeschlossen werden.[1] Für eine solche Festsetzung bedarf es städtebaulicher und nicht moralischer oder gewerberechtlicher Gründe. Denn Festsetzungen des Bebauungsplans als Bodennutzungsregelungen[2] sind nur

---

* Dr. Hans-Ulrich Stühler ist leitender Stadtrechtsdirektor a. D. und Lehrbeauftragter an der Universität Konstanz.

1 – 4 N 4.86 – BVerwGE 77, 308 = *BauR* 1987, 520 = BRS 47 Nr. 54 = *DVBl* 1987, 1001 = *NVwZ* 1987, 1072; 2. Leits.; ebenso Beschluss vom 29.07.1991 – 4 B 80.91 –, *BauR* 1991, 713 = *GewArch*. 1992, 137; Beschluss vom 25.02.1997 – 4 NB 30.96 –, *NVwZ* 1997, 896/898 = BRS 59 Nr. 51; Beschluss vom 11.05.1999 – 4 BN 15.99 –, *BauR* 1999, 1136 = *DVBl* 1999, 1293 = *GewArch*. 1999, 389; zu der Leitentscheidung des BVerwG siehe *Söfker*, in: Ernst, W.; Zinkahn, W.; Bielenberg, W.; Krautzberger, M. (2015), *BauGB/BauNVO*, München: Beck, 87. Lfg., § 7 Rn 26.

2 Vgl. Art 74 Nr. 18 GG.

gerechtfertigt, wenn sie von dem Ziel bestimmt sind, die bauliche und sonstige Nutzung der Grundstücke aus Gründen der städtebaulichen Entwicklung und Ordnung zu leiten und eine sozialgerechte Bodennutzung zu gewährleisten.[3] Weiter heißt es in dem Urteil:

> Die Gemeinde muss in Bezug auf Probleme, die nicht die Ordnung der Bodennutzungen in der Gemeinde, sondern andere Bereiche betreffen, wie den allgemeinen Jugendschutz und die Vorsorge gegen die Förderung oder Ausbeutung der Spielleidenschaft, die Wertung des dafür zuständigen Bundesgesetzgebers hinnehmen, der die Gewerbefreiheit z. B. auch für Spielhallen gewährleistet und den durch sie möglichen Gefahren für die genannten Gemeinwohlbelange durch bestimmte Anforderungen in der Gewerbeordnung (z. B. § 33 i GewO) vorzubeugen sucht. Die Gemeinde darf daher nicht mit Mitteln der Bauleitplanung ihre eigene von der Wertung des Bundesgesetzgeber abweichende „Spielhallenpolitik" betreiben, indem sie diese Einrichtungen unabhängig von Erwägungen der Ordnung der Bodennutzung allgemein für ihr Gemeindegebiet ausschließt (BVerwGE 77, 308/317).

Die Bekämpfung der Spielsucht und die Beachtung des Belangs des Jugendschutzes obliegen also nicht dem Städtebaurecht, sondern dem Gewerberecht bzw. gegenwärtig den Landesglücksspiel- oder Landesspielhallengesetzen.

So kann bspw. auch im Rahmen des öffentlich-rechtlichen Nachbarschutzes bei der Prüfung einer Verletzung des Rücksichtnahmegebots die „Bewahrung" von Mitarbeitern einschließlich Auszubildenden umliegender Betriebe vor Spielsucht nicht als städtebaulich, d. h. bodenrechtlich relevanter Nachteil geltend gemacht werden, auch wenn sich ein Lehrlingsausbildungsheim in der Nähe befindet. Es handle sich vielmehr um ein ordnungsrechtliches Ziel, wie sich auch aus § 42 LGlüG mit seinen Abstandsbestimmungen gerade auch zu Einrichtungen zum Aufenthalt von Jugendlichen ergebe.[4]

In seinem Beschluss vom 26.08.2009[5] hatte der gleiche Senat des VGH Baden-Württemberg bei einem fast identischen Sachverhalt diese Frage noch

3 BVerwG, Urteil vom 22.05.1987, a. a. O.

4 VGH Baden-Württemberg, Beschluss vom 05.11.2013 – 3 S 2035/13 –, *NVwZ*-RR 2014, 260; a. A. VG Karlsruhe, Beschluss vom 28.08.2013 – 4 K 1936/13 – als erstinstanzliches Gericht; kritisch zu der Entscheidung des VGH Baden-Württemberg Fickert, H.C.; Fieseler, H. (2014): *BauNVO*, Köln: Kohlhammer, § 8 RN 16.5 unter Hinweis auf § 2a Nr. 2 des außer Kraft getretenen BauGB-Maßnahmengesetzes, jetzt § 9 Abs. 2b BauGB.

5 – 3 S 1057/09 –, *NVwZ*-RR 2010, 45 = *BauR* 2010, 439 = BRS 74 Nr. 86.

offen gelassen. Dort hieß es: Im Zusammenhang mit der Prüfung des in § 15 Abs. 1 Satz 2 BauNVO enthaltenen drittschützenden Rücksichtnahmegebots wären die Nutzungskonflikte in den Blick zu nehmen, die aus einem Nebeneinander von zentralisierter Ausbildungsstätte und kerngebietstypischer Vergnügungsstätte in Form eines großräumigen Spielstättencenters erwachsen.

Auf § 1 Abs. 5 BauNVO wird häufig zurückgegriffen, um Vergnügungsstätten insgesamt, also nicht einzelne Unterarten von Vergnügungsstätten, wegen ihrer negativen Auswirkungen auf die Umgebung auszuschließen.[6] Als Begründung wird hierzu in den Bebauungsplänen verwiesen auf die Erhaltung der Attraktivität der Innenstadt und ihrer Einkaufsstraßen, die Sicherung der Nutzungsvielfalt und die Förderung des Wohnens in der Innenstadt. Als mittelbare Auswirkung der Ansiedlung von Vergnügungsstätten komme es zu einer mit einer Niveauabsenkung verbundenen Strukturveränderung des Gebiets. Die Verhinderung eines solchen *Trading-down-Effekts* stellt nach der Rechtsprechung des BVerwG einen *allgemeinen städtebaulichen Erfahrungssatz* dar. Danach können sich Vergnügungsstätten negativ auf ihre Umgebung auswirken.[7] Ein Nachweis für diese Behauptung wird vom BVerwG jedoch nicht geführt. Die Instanzgerichte verweisen im Anschluss an das BVerwG regelmäßig auf diesen allgemeinen städtebaulichen Erfahrungssatz und integrieren ihn in ihre Urteilsbegründung. Dieser Erfahrungssatz soll auch im Einzelfall nicht widerlegbar sein. Das Gebiet verliere an Attraktivität für den Einzelhandel und für ein auf ein – im bürgerlichen Verständnis – seriöses Umfeld Wert legendes Gewerbe. Befördert werde dieser Wandel durch die „Sogwirkung“ vorhandener Spielhallen. Je mehr Betriebe sich in einem bestimmten Gebiet ansiedelten, desto mehr Betriebe rückten nach. Dies verstärke wiederum die Abwanderungstendenz vorhandener Handels- und Gewerbebetriebe.[8]

6 BVerwGE 77, 308.

7 Beschluss vom 14.09.2008 – 4 BN 9.08 –, *BauR* 2009, 76 = BRS 73 Nr. 26 = *ZfBR* 2008, 799 zu OVG Hamburg, Urteil vom 12.12.2007 – 2 E 4/04.N –, BRS 73 Nr. 25; vgl. zuvor BVerwG, Beschluss vom 21.12.1992 – 4 B 182.92 –, BRS 55 Nr. 42 und Urteil vom 15.12.1994 – 4 C 13.93 –, *BauR* 1995, 361/364 = *NVwZ* 1995, 698/700 = BRS 56 Nr. 61.

8 Otto, C.W.: „Die Zulassung von Spielhallen: Planungsrecht vs. Spielhallenrecht“, *Deutsches Verwaltungsblatt 2011*, 936–945.

Nach dem Urteil des VGH Baden-Württemberg vom 28.01.2005[9] ist der Ausschluss einzelner Nutzungsarten nur dann städtebaulich gerechtfertigt, wenn er anhand eines schlüssigen Plankonzepts auf seine Eignung, Erforderlichkeit und Angemessenheit überprüft werden kann. Daran fehlt es, wenn für die Differenzierung zwischen ausgeschlossenen und zugelassenen Nutzungsarten keine nachvollziehbaren städtebaulichen Gründe erkennbar sind (hier: Ausschluss des Einzelhandels zur „Aufwertung“ des Gewerbegebiets bei gleichzeitiger Zulassung von Vergnügungsstätten (u. a. Spielhallen), Tankstellen und Kfz-Handel). Diese Überlegungen werden auch für den umgekehrten Fall gelten, also den Ausschluss von Vergnügungsstätten, insbesondere von Spielhallen bei Beibehaltung des Einzelhandels.

Nach § 1 Abs. 9 BauNVO können im Bebauungsplan auch bestimmte Arten der in den Baugebieten allgemein oder ausnahmsweise zulässigen baulichen Anlagen ausgeschlossen werden, wenn besondere städtebauliche Gründe dies rechtfertigen. Nach § 1 Abs. 9 BauNVO können im Gegensatz zu § 1 Abs. 5 BauNVO noch stärker ins Einzelne gehende Differenzierungen und Verfeinerungen planungsrechtlicher Festsetzungen erfolgen. 1 Abs. 9 BauNVO erlaubt der Gemeinde, „bei Anwendung der Absätze 5 bis 8“, d. h. innerhalb einzelner Nutzungsarten oder Ausnahmen und unter Wahrung der allgemeinen Zweckbestimmung des Baugebiets noch weiter zu differenzieren und „nur bestimmte Arten“ von Anlagen, d. h. Unterarten von Nutzungen, zu erfassen, also auch Spielhallen.[10] Nach der Rechtsprechung des BVerwG müssen die städtebaulichen Gründe eine spezielle Qualität haben.[11] Danach genügt es, die sich aus der örtlichen Situation und der spezifischen Aufgabenstellung ergebenden „speziellen“ Gründe plausibel darzulegen.[12] Darüber hinaus müssen diese Gründe die feiner strukturierte Festsetzung auch „rechtfertigen“, was nur dann der Fall ist, wenn sie ein schlüssiges Konzept in dem Sinne erkennen lassen,

---

9 – 8 S 2831/03 –, *ZfBR* 2005, 568 = *BauR* 2005, 1740 = *NVwZ*-RR 2006, 11 = BRS 69 Nr. 34 –.

10 BVerwG, Urteil vom 22.05.1987 – 4 C 77.84 –, BVerwGE 77, 317/318 = BauR 1987, 524 = *DVBl* 1987, 1004 = *DÖV* 1987, 1011 = BRS 47 Nr. 58 = *NVwZ* 1987, 1074.

11 Urteil vom 22.05.1987 – 4 N 4.86 –, BVerwGE 77, 308/312 = *BauR* 1987, 520 = BRS 47 Nr. 54 = *DVBl* 1987, 1001 = *NVwZ* 1987, 1072.

12 BVerwGE 77, 308/312f.

dass die ausgeschlossenen Anlagearten städtebaulich beachtliche Merkmale aufweisen, die sie von den zugelassenen Arten unterscheiden. Es muss sich um objektiv bestimmbare Typen von Anlagen handeln; sie müssen auch von den übrigen Typen von Anlagen ausreichend abgrenzbar sein, die zu der betreffenden Art der Nutzung gehören.[13]

Als städtebaulich erhebliche Gründe für einen Ausschluss von Spielhallen hat das BVerwG u. a. die Sorge um den durch eine Niveauabsenkung bewirkten Attraktivitätsverlust eines durch Einzelhandelsbetriebe geprägten Gebiets[14], das Bestreben nach Sicherung des vielfältigen Angebots an Geschäften[15] sowie die Verhinderung eines *Trading-down-Effekts*[16] anerkannt. In den Rahmen solcher städtebaulicher Gründe fügt sich auch die Befürchtung ein, Spielhallen könnten den bisherigen Charakter eines Stadtteilkerns mit seinem gehobenen und zentralen Versorgungsgebiet negativ beeinflussen.[17]

Für eine Festsetzung nach § 1 Abs. 5 und 9 BauNVO bedarf es daher städtebaulicher Gründe. Dies ist seit Ende der 80iger Jahre das Eingangstor für die topische Argumentationsfigur des *Trading-down-Effekts*.

Nach einer Abfrage bei Juris vom 07.03.2015 wurde der Begriff des *Trading-down-Prinzips* in der verwaltungsgerichtlichen Rechtsprechung (also in allen drei Instanzen) in 254 Fällen allgemein und in 160 Fällen in Zusammenhang mit Spielhallen erwähnt. Für das BVerwG gab es acht Treffer allgemein und sieben Treffer in Zusammenhang mit Spielhallen.[18]

---

13 *Söfker*, in: Ernst, W.; Zinkahn, W.; Bielenberg, W.; Krautzberger, M. (2015), *BauGB Kommentar*, München: Beck, § 1 RN 102.

14 BVerwG, Urteil vom 27.05.1987 – BVerwG 4 C 77.84 – a. a. O.

15 Vgl. BVerwG, Beschluss vom 29.07.1991 – BVerwG 4 B 80.91 –, *DÖV* 1992, 30.

16 Vgl. BVerwG, Beschluss vom 21.12.1992 – BVerwG 4 B 182.92 – Buchholz 406.12 1 BauNVO Nr. 15.

17 BVerwG, Beschluss vom 05.01.1995 – BVerwG 4 B 270.94 –.

18 Beschluss vom 21.12.1992 – 4 B 182/92 –, BRS 55 Nr. 42; Urteil vom 15.12.1994 – 4 C 13/93 –, *DVBl* 1995, 515 = UPR 1995, 228 = *BauR* 1995, 361 = BRS 56 Nr. 61 = *DÖV* 1995, 820 = *NVwZ* 1995, 698; Beschluss vom 05.01.1995 – 4 B 270.04 –; Beschluss vom 04.09.2008 – 4 BN 9/08 –, *ZfBR* 2008, 799 = BauR 2009, 76 = BRS 73 Nr. 26; Beschluss vom 10.01.2013 – 4 B 48/12 –, *BauR* 2014, 934 = BRS 81 Nr. 182 zu BayVGH, Urteil vom 12.07.2012 – 2 B 12.1211 –, *BauR* 2012, 1925 = BRS 79 Nr. 181 = *BayVBl* 2013, 51; Urteil

Für den VGH Baden-Württemberg gab es 16 Treffer allgemein und 15 Treffer in Zusammenhang mit Spielhallen; für das OVG Nordrhein-Westfalen 20 Treffer allgemein und 11 Treffer in Zusammenhang mit Spielhallen und für den BayVGH 24 Treffer allgemein und 13 Treffer im Zusammenhang mit Spielhallen.

2. Die Ausführungen des BVerwG zum Trading-down-Effekt

Hier sind die wichtigsten Überlegungen des BVerwG zum Thema darzulegen: Im Jahr 1992 verwendete das BVerwG den Begriff zum ersten Mal.[19] Deshalb bietet es sich an, das Gericht hier ausführlich zu zitieren:

> Durch die Rechtsprechung des Senats ist geklärt, daß der Ausschluß von Spielhallen aus Kerngebieten über § 1 Abs. 9 BauNVO grundsätzlich möglich ist (Beschluß vom 22. Mai 1987 – BVerwG 4 N 4.86 – BVerwGE 77, 308) und daß mit der erforderlichen Rechtfertigung durch „besondere städtebauliche Gründe" dieser Ausschluß nicht von erschwerten Voraussetzungen abhängt; es ist vielmehr ausreichend, daß es spezielle städtebauliche Gründe gerade für diese Differenzierung der zulässigen Nutzung gibt (Urteil vom 22. Mai 1987 – BVerwG 4 C 77.84 – BVerwGE 77, 317). (RN 3)

> Das Berufungsgericht hat – insbesondere durch Bezugnahme auf seine der Klägerin bekannten Urteile vom 26. Februar 1992 (7 A 699/89 und 7 A 2262/89) – im einzelnen dargelegt, daß es sich bei dem fraglichen Bereich der Stadt F. um ein gut entwickeltes Geschäftszentrum handle. Wegen der Nähe der Stadt K. bestehe jedoch die latente Gefahr des Kaufkraftabflusses, die sich vor allem dann verwirkliche, wenn bestimmte Artikel des Fachhandels in F. nicht mehr zu erhalten seien. Mit jedem Verlust eines Fachgeschäftes, das durch eine Spielhalle verdrängt werde, verliere das Zentrum daher insgesamt an Attraktivität. Diese auf die konkrete Situation abstellende Begründung genügt ersichtlich den Anforderungen an die besonderen städtebaulichen Gründe in § 1 Abs. 9 BauNVO (vgl. zur Sicherung des vielfältigen Angebots an Geschäften und Dienstleistungsunternehmen auch Beschluß vom 29. Juli 1991 – BVerwG 4 B 80.91 – Buchholz 406.12 § 1 BauNVO Nr. 13). (RN 4)

> Der Einwand der Klägerin, daß die Gefahr eines „trading-down-Effekts" für sämtliche Kerngebiete sämtlicher Städte bestehe und deshalb für sich alleine kein

vom 12.09.2013 – 4 C 8/12 –, BVerwGE 147, 379 = *NVwZ* 2014, 69 = *ZfBR* 2014, 57 = *BauR* 2014, 210 = BRS 81 Nr. 187 und Urteil vom 03.06.2014 – 4 CN 6/12 –, *UPR* 2014, 354 = *BauR* 2014, 1339 = *ZfBR* 2014, 685 = *NVwZ* 2014, 1377 = *DVBl* 2014, 1392.

19 Beschluss vom 21.12.1992 – 4 B 182/92 -, BRS 55 Nr. 42.

„besonderer" Grund sein könne, greift nicht durch. Zum einen sind die Kerngebiete in den verschiedenen Städten keineswegs gleich, sondern weisen durch die jeweiligen örtlichen Verhältnisse bedingte besondere Strukturen auf, auf die dann auch die „besonderen städtebaulichen Gründe" zugeschnitten sein müssen. Zum anderen entfällt die „Besonderheit" eines städtebaulichen Grundes in einer bestimmten Gemeinde nicht dadurch, daß er dem Grundsatz nach auch in anderen Gemeinden vorliegen kann. (RN 5)

Auch die Frage, ob die Widersprüchlichkeit und die in sich nicht schlüssige Abwägung zur Frage der Zulassung von Vergnügungsstätten zur Nichtigkeit nur einer einzelnen oder sämtlicher diese Frage in widersprüchlicher Weise regelnden Festsetzungen eines Bebauungsplans führt, sowie die Frage, ob dem Gebot der Konfliktbewältigung Rechnung getragen ist, wenn die Gemeinde zur Verhinderung eines „trading-down-Effekts" Vergnügungsstätten in einem Kerngebiet gänzlich ausschließt, in dem unmittelbar benachbarten Mischgebiet jedoch zuläßt, rechtfertigen schon deshalb nicht die Zulassung der Revision, weil sie einer generellen rechtsgrundsätzlichen Klärung nicht zugänglich, sondern vielmehr je nach den konkreten Umständen des Einzelfalls zu beurteilen sind. (RN 6)

Zu § 34 Abs. 1 BauGB hat das BVerwG in seinem Urteil vom 15.12.1994[20] ausgeführt, dass es einem *allgemeinen städtebaulichen Erfahrungssatz* entspricht, „dass sich Vergnügungsstätten zumindest wenn sie in einem Gebiet gehäuft vorhanden sind, negativ auf ihre Umgebung auswirken, in dem sie den sog. ‚*Trading-down-Effekt*' auslösen" (siehe aber das Urteil des BayVGH vom 06.02.2009 – 2 B 08.2714 – RN 15 bis 17, wonach die Frage des *Trading-down-Effekts* sich erst bei einer Überschreitung des vorgegebenen Rahmens nach § 34 Abs. 1 BauGB stelle, da der Gedanke der strikten Wahrung eines Mindestmaßes an qualitativer und quantitativer Mischung, wie er etwa § 6 BauNVO zu Grunde liege, § 34 Abs. 1 BauGB fremd sei).

In seinem Beschluss vom 04.09.2008[21] zum Ausschluss von Spielhallen in einem Kerngebiet hat das BVerwG darauf hingewiesen, dass die Frage, ab wann ein *Trading-down-Effekt* angenommen werden kann, sich nicht allgemein, etwa durch eine Angabe einer bestimmten Anzahl solcher Vergnügungsstätten, sondern nur mit Blick auf die *Umstände des konkreten Einzelfalls* beantworten lässt. Weiter führt das BVerwG aus:

---

20 – 4 C 13/93 –, *DVBl* 1995, 515 = *UPR* 1995, 228 = *NVwZ* 1995, 698 = *DÖV* 1995, 820 = *BauR* 1995, 361 = BRS 56 Nr. 61.

21 – 4 BN 9/08 –, *BauR* 2009, 76 = BRS 73 Nr. 26, RN 7.

Ob ein solcher *trading-down-Effekt* zu bejahen ist, beurteilt sich nicht nach quantitativen Faktoren. Die Feststellung, dass sich Vergnügungsstätten, zumindest wenn sie in einem Gebiet gehäuft vorhanden sind, negativ auf ihre Umgebung auswirken (Beschluss vom 15. Dezember 1994, a. a. O.), erlaubt nicht den Rückschluss, dass nur eine oder wenige Spielhallen keine solchen Auswirkungen haben können. Ob nur eine oder wenige Spielhallen in einem Kerngebiet gemäß § 1 Abs. 9 BauNVO aus Sorge um eine Niveauabsenkung ausgeschlossen werden dürfen, beurteilt sich nach den konkreten Umständen der städtebaulichen Konfliktlage, die es mit der (Änderungs-)Planung zu bewältigen gilt. Es obliegt der tatrichterlichen Würdigung und ist revisionsgerichtlicher Klärung nicht zugänglich, ob etwa – wie das Normenkontrollgericht im vorliegenden Fall annimmt – die geringe Größe (UA S. 19) und die „soziale Wertigkeit" (UA S. 18) des betroffenen Gebiets, den städtebaulichen Erfahrungssatz vom *trading-down-Effekt* trägt. Der Sache nach wenden sich die Antragsteller im Gewande der Grundsatzrüge(n) nur gegen die Auffassung des Normenkontrollgerichts, wonach im vorliegenden Fall die negativen Auswirkungen von Spielhallen deswegen besonders zum Tragen kommen, weil sie durch die Größe des Gebiets nicht aufgefangen und nivelliert werden (UA S. 19).

In seinem Beschluss vom 10.01.2013 (– 4 B 48/12 –, BauR 2013, 934 = BRS 81 Nr. 182) weist das BVerwG darauf hin, dass es sich beim Begriff des *Trading-down-Effekts* nicht um einen Rechtsbegriff handelt, sondern um einen sozioökonomischen Begriff, der eine Entwicklung kennzeichnet, die auf der Beobachtung wirtschaftlicher Aktivitäten und ihrer Auswirkungen auf gesellschaftliche Prozesse beruht. Ihre Erfassung und Bewertung sei der Ebene der Sachverhaltsermittlung zuzuordnen und obliege den Tatsachengerichten und sei deshalb nicht revisibel. Die von der Klägerin als grundsätzlich klärungsbedürftig angesehene Frage, ob der sog. *Trading-down-Effekt* auf den Qualitätsverlust von Einkaufsstraßen und Einkaufszonen beschränkt sei oder auch eine negative Betroffenheit von reinen Wohngebieten kennzeichne, führe deshalb nicht zur Zulassung der Grundsatzrevision, weil es sich bei ihr nicht um eine Rechtsfrage handele.

Das zuvor ergangene und mit der Nichtzulassungsbeschwerde angegriffene Urteil des BayVGH vom 12.07.2012[22] hatte die Klage eines Wohnungseigentümers im benachbarten Wohngebiet im Gegensatz zum Urteil des VG München vom 27. Oktober 2008[23] abgewiesen. Das Vorliegen eines *Trading-down-Effekts* wurde abgelehnt, da die Definition (der *Trading-*

22 – 2 B 12.1211 –, *BauR* 2012, 1925 = BRS 79 Nr. 189 = *BayVBl* 2013, 51.
23 – M 8 K 08.369 –, *ZMR* 2013, 1011.

down-Effekt liegt nur vor, wenn es auf Grund der Verdrängung des traditionellen Einzelhandels und eines Rückgangs der gewachsenen Angebots- und Nutzungsvielfalt durch Spielhallen zu einem Qualitätsverlust von Einkaufsstraßen und Einkaufszonen kommen) für ein faktisches reines Wohngebiet nicht passen würde. Es gebe dort im Gegensatz zu Kern- und Mischgebieten keine derartigen Einkaufsstraßen und Einkaufszonen, welche einen Qualitätsverlust erleiden könnten.[24] Darüber hinaus wurde eine unzumutbare Beeinträchtigung der Klägerin als Wohnungseigentümerin gem. § 15 Abs. 1 Satz 2 BauNVO abgelehnt, obwohl ein Gutachten des Kriminologen Prof. Dr. Feltes vom Oktober 2010 im Auftrag des Landgerichts München I[25] in einem Verfahren nach dem Wohnungseigentümergesetz zu dem Ergebnis gekommen war, dass der Betrieb einer Spielhalle gegenüber einer Imbissbude vermehrt ein Publikum von Kleinkriminellen anziehe und alle Art von Folge- und Beschaffungskriminalität nach sich ziehe. Das Gutachten traf zusammenfassend die Feststellung, dass man vor dem Hintergrund der vorliegenden Studien davon ausgehen müsse, dass süchtiges Spielverhalten einen bedeutsamen kriminogenen Faktor darstelle und es nachgewiesene Zusammenhänge zwischen Spielsucht und Kriminalität gebe. Als weitere Feststellung führte das Gutachten an, es sei unstrittig, dass es Begleitkriminalität in Verbindung mit Spielhallen gebe und eine Häufung von Spielhallen zu einer Steigerung und Verdichtung von Kriminalität führe.[26] Nach Auffassung des BayVGH war auch angesichts der Feststellungen im Gutachten nicht erkennbar, dass das Bauvorhaben der Beigeladenen für das Wohneigentum der Klägerin zu schlechthin unzumutbaren Beeinträchtigungen führen wird, welche die gebotene Rücksichtnahme im bauplanungsrechtlichen Sinn verletzen würde.

Nach dem Nachschlagewerk Brockhaus Enzyklopädie (Ausgabe 1996) stellt *Trading-up* eine Bezeichnung für alle Maßnahmen des Marketings besonders von Handelsbetrieben zur Verbesserung des Leistungsstandards

---

24 BayVGH, a. a. O., RN 42 und 43.

25 Urteil vom 04.04.2011 – 1 S 16861/09 –.

26 S. auch Stühler, H.-U. in Fickert, H.C.; Fieseler, H. (2014): *BauNVO*, Köln: Kohlhammer, § 4a RN 23.68; kritisch zu dem Gutachten von Feltes Wulf, R., „Spielstätten und urbaner Verfall", Vortrag auf dem Symposium Glücksspiel am 07.03.2013 in der Universität Hohenheim.

dar, um die Kundenbindung zu erhöhen, neue Zielgruppen anzusprechen sowie höhere Preise durchzusetzen und höhere prozentuale Handelsspannen erzielen zu können. Die entgegengesetzte Strategie eines Abbaus des Leistungsniveaus, vor allem im Rahmen von Maßnahmen zur Kostensenkung eingesetzt, ist das *Trading-down*.

3. Ergänzung und Konkretisierung des Trading-down-Effekts durch die zweitinstanzliche Rechtsprechung in der Nachfolge des BVerwG

Die ersten zweitinstanzlichen Entscheidungen der Oberverwaltungsgerichte bzw. der Verwaltungsgerichtshöfe, die argumentativ den *Trading-down-Effekt* unmittelbar oder zumindest mittelbar, d. h. inhaltlich, im Rahmen der Bauleitplanung verwandt haben, stammen vom Ende der 80er- und Anfang der 90er-Jahre (OVG Nordrhein-Westfalen, Urteil vom 01.07.1986[27] zur Versagung der Erlaubnis für Striptease-Darbietungen, wenn die Veranstaltung dieser Darbietungen den Vorschriften eines Bebauungsplans widerspricht; Urteil vom 01.07.1986[28]; Urteil vom 09.01.1989[29] zur Gültigkeit eines Bebauungsplans, wonach Sex-Shops, Sex-Kinos, Peep-Shows, Striptease-Shows und Spielhallen in einem Kerngebiet nur ausnahmsweise zulässig sind; OVG Bremen, Urteil vom 01.12.1987[30]; VGH Baden-Württemberg, NK-Beschluss vom 20.04.1987[31] zum Ausschluss von Spielhallen in einem Gewerbegebiet einer kleinen Landgemeinde; NK-Urteil vom 16.12.1991[32] zu verschiedenen Formen sexuell bestimmter Vergnügungsstätten in Stuttgart mit Hinweis auf die Untersuchung des Deutschen Instituts für Urbanistik über die innerstädtischen Strukturveränderungen durch Vergnügungsstätten aus dem Jahre 1986 (Difu-Bericht) und OVG

---

27 – 4 A 689/85 –, *GewArch* 1987, 158.
28 – 4 A 2727/84 -, *GewArch* 1987, 159.
29 – 10a NE 75/86 -, *DÖV* 1989, 729 = *UPR* 1989, 355 = *NVwZ* 1990, 85 = BRS 49 Nr. 77 = *GewArch* 1987, 159.
30 – 1 BA 38/87 -, BRS 47 Nr. 49.
31 – 5 S 2814/87 –, *ZfBR* 1988, 228 = *VBlBW* 1988, 342.
32 – 8 S 14/89 –, *NVwZ*-RR 1993, 122 = *UPR* 1992, 359.

Lüneburg, Urteil vom 11.09.1986[33]: „Besondere städtebauliche Gründe können den Ausschluss von Spielhallen, Sex-Kinos usw. in einem Kerngebiet rechtfertigen").

Zunächst ging es in der Rechtsprechung der Oberverwaltungsgerichte und Verwaltungsgerichtshöfe in Normenkontrollverfahren um Bebauungspläne, die Vergnügungsstätten gem. § 1 Abs. 5 BauNVO und insbesondere Spielhallen gem. § 1 Abs. 9 BauNVO in Misch- und Kerngebieten ausgeschlossen haben. Später kam der bauleitplanerische Ausschluss dieser Nutzungsarten in Gewerbegebieten hinzu, nachdem die Spielhallenbrache auf die Kerngebiete als Standort wegen der kommunalen Bauleitplanung zunehmend immer weniger zurückgreifen konnte. Dabei wurde übereinstimmend der *Trading-down-Effekt* als städtebaulicher Belang bei der Abwägung nach § 1 Abs. 7 BauGB gewürdigt.

Hinsichtlich der verschiedenen Formen des *Trading-down-Effekts* kann weiterhin auf die zahlreichen gerichtlichen Beispielsfälle[34] verwiesen werden. Es geht hier vor allem um die Erhaltung der Attraktivität der Innenstadt, die Sicherung der Nutzungsvielfalt und die Sorge um den durch eine Niveauabsenkung bewirkten Attraktivitätsverlust und damit verbundenen negativen Strukturveränderungen des Gebiets. Die Rechtsprechung stellt hierzu keine allzu hohen Anforderungen an die planende Gemeinde. Im Regelfall werden solche Festsetzungen in der gerichtlichen Praxis bestätigt. Unwirksamkeitserklärungen des Bebauungsplans gem. § 47 Abs. 5 Satz 2 VwGO sind gegenwärtig selten; siehe aber VGH Baden-Württemberg, Urteil vom 17.05.2013[35].

Nach Auffassung des OVG Nordrhein-Westfalen in seinem Urteil vom 25.03.2014[36] und des BayVGH[37] liegt ein *Trading-down-Effekt* vor, wenn es auf Grund der Verdrängung des traditionellen Einzelhandels und eines

---

33 – 1 OVG C 26/85 –, *ZfBR* 1987, 50/51 = *DÖV* 1987, 212 = *BauR* 1987, 181 = BRS 46 Nr. 55.

34 Stühler, H.-U., „Prostitution und öffentliches Baurecht", *BauR 2010*, 1013 bis 1016, FN 6 bis FN 30.

35 – 8 S 313/11 –, *ZfBR* 2013, 692 = *VBlBW* 2014, 194 = BRS 81 Nr. 28.

36 – 2 A 2679/12 –, *DVBl* 2014, 1544 = *BauR* 2015, 55 = *ZfBR 2015*, 173.

37 Urteile vom 24.03.2011 – 2 B 11.59 –, *UPR* 2011, 316 = *BauR* 2011, 1785 = BRS 78 Nr. 90; vom 15.12.2010 – 2 B 09.2419 –, *BauR* 2011, 1143 = BRS 76 Nr. 73 = *NVwZ*-RR 2011, 514; vom 12.07.2012 – 2 B 12.1211 –, *BauR* 2012, 1925 = BRS

Rückgangs der gewachsenen Angebots- und Nutzungsvielfalt durch Spielhallen zu einem Qualitätsverlust von Einkaufsstraßen und -zonen kommt. Damit verwenden die Gerichte die ursprüngliche Definition des *Trading-down-Effekts*, wie er in der Untersuchung und dem dazu ergangenen Bericht des Deutschen Instituts für Urbanistik[38] erfolgt ist.[39] Die Gerichte zitieren jedoch diesen Bericht – mit Ausnahme des NK-Urteils des VGH Baden-Württemberg vom 16.12.1991, a. a. O. – nicht.

Für das OVG Hamburg in seinem Urteil vom 12.12.2007[40] ist auch die städtebauliche Überlegung, dass ein Gebiet nicht an sozialer Wertigkeit verliert, Bestandteil des *Trading-down-Effekts*. Dabei reicht es auch aus, dass sich der Ausschluss von Spielhallen und ähnlichen Einrichtungen nur auf ein verhältnismäßig kleines Gebiet und nur wenige Grundstücke bezieht. Weiter ist zu lesen: „Ganz im Gegenteil dürften die negativen Auswirkungen von Spielhallen u. ä. hier besonders zum Tragen kommen, da sie durch die Größe des Gebiets nicht aufgefangen und nivelliert werden können" (RN 68). Der BayVGH hat dagegen in seinem Urteil vom 20.12.2012[41] für das eigene betroffene Plangebiet eine soziale Wertigkeit verneint und den städtebaulichen Erfahrungssatz vom *Trading-down-Effekt* hier für nicht anwendbar erklärt, da die vorhandenen Nutzungen von ihrer sozialen Wertigkeit her nur als durchschnittlich zu betrachten seien.

4. Der Ausschluss von Vergnügungsstätten und insbesondere Spielhallen in Gewerbegebieten durch Bebauungsplan gem. § 1 Abs. 5 und Abs. 9 BauNVO

Der *Trading-down-Effekt* ist bei der Bauleitplanung nach § 1 Abs. 5 und Abs. 9 BauNVO nicht nur in Misch- oder Kerngebieten zu berücksichtigen,

---

79 Nr. 189 = *BayVBl* 2013, 51 und vom 20.12.2012 – 2 B 12.1977 –, *BauR* 2013, 570 = BRS 79 Nr. 160 = *ZfWG* 2013, 118.

38 Heinz, W.; Janssen, H.; Mittag, K.; Scharmer, E.; Schneidewind, M. (1986), *Innerstädtische Strukturveränderungen durch Vergnügungsstätten. Städtebauliche Wirkungen und kommunale Planung*. Berlin: Selbstverlag, S. 10.

39 S. dazu Stühler, H.-U., „Alte Probleme im neuen Gewand – das Bauplanungsrecht und die Genehmigung von Mehrfachspielhallen", *BauR 2009*, 54/58, FN 32 bis 34.

40 – 2 E 4/04.N –, BRS 73 Nr. 25.

41 – 2 B 12.1977 –, *BauR* 2013, 570 = *ZfWG* 2013, 118, RN 43.

sondern auch in Gewerbegebieten. Dies ist zeitlich jedoch erst etwas später geschehen. Danach können in einem Gewerbegebiet Vergnügungsstätten (einschließlich Bordelle) wegen der Stärkung des produzierenden oder verarbeitenden Gewerbes ausgeschlossen werden, um diese vor einem finanziell veranlassten Verdrängungswettbewerb zu schützen.

Hierzu hat das OVG Rheinland-Pfalz in seinem Urteil vom 11.5.2005[42] zur Gültigkeit eines Bebauungsplans, der Bordelle und bordellähnliche Nutzungen in einem Gewerbegebiet ausschließt, den folgenden lesenswerten Orientierungssatz aufgestellt:

> Der planungsrechtliche Ausschluss oder die Beschränkung von Bordellbetrieben, sonstigen Einrichtungen des Sex-Gewerbes und auch Vergnügungsstätten kann im Hinblick auf einen von ihnen ausgelösten „sogen. Trading-down-Effekt" zulässig sein. Ein solcher Effekt kann die Entstehung und Erhaltung einer hochwertigen Gebietsstruktur mit vorwiegend produzierendem und verarbeitendem Gewerbe gefährden (s. Hess VGH, Urteil vom 05. Februar 2004, a. a. O.).

Weiter hat das Gericht ausgeführt:

> Er wird unter anderem durch eine Konkurrenzsituation zwischen den auszuschließenden Betrieben mit typischerweise geringem Investitionsbedarf und vergleichsweise hoher Ertragsstärke sowie „normalen" Gewerbebetrieben mit deutlich höherem Investitionsbedarf und geringerer Ertragsstärke ausgelöst. Denn der Wettbewerb um Grundstücke und Immobilien zwischen Konkurrenten mit unterschiedlicher wirtschaftlicher Potenz führt tendenziell zu einer Erhöhung der Grundstücks- und Mietpreise und damit zu einer Verdrängung von Gewerbebranchen mit deutlich schwächerer Finanzkraft.

Eine ähnliche Argumentation findet sich auch im Urteil des Hess. VGH vom 05.02.2004[43] zum vollständigen Ausschluss von Vergnügungsstätten im Gewerbegebiet und im Beschluss des OVG Rheinland-Pfalz vom 09.06.2008[44] zum vollständigen Ausschluss von Bordellen und bordellartigen Betrieben im Industrie- und Gewerbegebiet.

---

42 – 8 C 10053/05 – BRS 69 Nr. 35; ähnlich OVG Rheinland-Pfalz, Beschluss vom 17.11.2008 – 1 B 11139/08 –, *LKRZ* 2009, 37.

43 – 4 N 360/03 –, *NVwZ*-RR 2005, 312.

44 – 8 A 1025/08 –.

Den umgekehrten Fall bildet der Beschluss des VGH Baden-Württemberg vom 12.07.2011.[45] Es ging in diesem Rechtsstreit um die Zulässigkeit der Aufstufung von Spielhallen zu einer allgemein zulässigen Nutzungsart im untergeordneten Teil eines Gewerbegebiets bei gleichzeitigem Ausschluss sämtlicher Vergnügungsstätten im übrigen Gebiet. Die Aufstufung von der ausnahmsweisen Zulässigkeit zur allgemeinen Zulässigkeit wurde von der wirtschaftlich „klammen" Gemeinde vorgenommen, um Vergnügungssteuer erheben zu können. Dies wurde vom Gericht im Gegensatz zur ersten Instanz, dem VG Freiburg[46], für eine ländliche badische Gemeinde im Grenzbereich zu Frankreich bejaht. Es handelte sich um einen öffentlich-rechtlichen Nachbarstreit eines Inhabers eines Gewerbebetriebs gegen die Baugenehmigung für ein Spielstätten-Center von 588 qm Spielfläche mit 48 Geldspielgeräten. Der VGH Baden-Württemberg verneinte hier *Trading-down*-Auswirkungen, da es sich um ein „durchschnittliches Gewerbegebiet" handele. Einen umsatzmindernden Seriositätsverlust hat das Gericht durch Hinweis auf die Grenzbereich zu Frankreich (Einschub des Verfassers: dort sind Spielhallen gesetzlich verboten), die veränderte Besucherstruktur von Spielhallen wie auf deren benachbarte Lage zu Einzelhandelsbetrieben mit ähnlichem Einzugsbereich verneint und stattdessen mögliche Synergieeffekte für möglich gehalten. In die Abwägung der Gemeinde sei auch zu Recht der Gedanke der Auffangfunktion von Gewerbegebieten für sonst städtebaulich unerwünschte Vergnügungsstätten eingeflossen (so der VGH Baden-Württemberg, a. a. O.).

5. Zur Herkunft des Begriffs des Trading-down-Effekts in der juristischen Literatur

Es ist hier auf verschiedene Broschüren des Deutschen Instituts für Urbanistik (difu)[47] hinzuweisen, in denen dieser Begriff zum ersten Mal

---

45 – 3 S 698/11 –, *NVwZ*-RR 2012, 11 = *BWGZ* 2012, 225; kritisch dazu Stühler, H.-U. in Fickert, H.C.; Fieseler, H. (2014): *BauNVO*, Köln: Kohlhammer, § 8 RN 16.5.

46 Beschluss vom 17.02.2011 – 1 K 2674/10 –.

47 Heinz, W.; Janssen, H.; Mittag, K.; Scharmer, E.; Schneidewind, M. (1986), *Innerstädtische Strukturveränderungen durch Vergnügungsstätten. Städtebauliche Wirkungen und kommunale Planung*. Berlin: Selbstverlag, S. 10.; *Scharmer*, E. (Hrsg.) (1988), *Spielhallen in der Diskussion – Seminarbeiträge zu einem*

planungsrechtlich verwandt wurde, allerdings ohne hierfür eine Fundstelle zu benennen.

Die schon in den 80er-Jahren des letzten Jahrhunderts von den Städten in Deutschland empfundene Problemlage war damals Anlass für ein einjähriges, fachlich interdisziplinär angelegtes Forschungsprojekt des Deutschen Instituts für Urbanistik. Die Forschungsergebnisse beruhten auf einer forschungsvorbereitenden und -begleitenden Sekundäranalyse zur Beschreibung der Vergnügungsstätten und ihres Umfeldes sowie des Bedingungs- und Wirkungsgefüges der entsprechenden innerstädtischen Strukturveränderungen; einer standardisierten schriftlichen Städteumfrage zur allgemeinen lokalen Gewichtung der Vergnügungsstätten und ihres Umfeldes (die im ersten Halbjahr 1984 durchgeführte Erhebung erbrachte einen repräsentativen Gesamtüberblick durch entsprechende Angaben aus etwa 190 Stadtplanungsämtern im ganzen Bundesgebiet) und deren Auswertung; auf einem problemeingrenzenden Erfahrungsaustausch mit Stadtplanern aus zehn nordrhein-westfälischen Städten; auf vertiefenden Fallstudien in sechs ausgewählten Städten (zweites Halbjahr 1984), und zwar in Dortmund, Göttingen, Karlsruhe, Köln, Reutlingen und Schweinfurt sowie auf einem ergebnisgeneralisierenden Expertenhearing.

In dem Beitrag von Heinz et al.[48] wird der Begriff *Trading-down-Effekt* zunächst abgegrenzt von der Beeinträchtigung des Stadt- und Straßenbildes, der negativen Auswirkungen auf Wohnbereiche und Bausubstanz, wie bspw. Imageverlust von Wohngebieten, Verdrängung der Wohnbevölkerung, des Absinkens oder der Stagnation des Mietenniveaus und der sozialen Entmischung, der Konzentration von Problemgruppen.[49] Der

kommunalen Problem, Berlin und Scharmer, E. (1986), *Rechtliche Steuerungsmöglichkeiten im Vergnügungsstättenbereich. Baurechtliche, gewerberechtliche und ordnungsrechtliche Instrumente*, Berlin: IRB 1986; positiv aufgeführt in BVerwG, Urteil vom 22.05.1987 – 4 N 4/86 -, BVerwGE 77, 308/310.

48 Heinz, W.; Janssen, H.; Mittag, K.; Scharmer, E.; Schneidewind, M. (1986), *Innerstädtische Strukturveränderungen durch Vergnügungsstätten. Städtebauliche Wirkungen und kommunale Planung*. Berlin: Selbstverlag, S. 10; *Scharmer*, E. (Hrsg.) (1988), *Spielhallen in der Diskussion – Seminarbeiträge zu einem kommunalen Problem*, Berlin, S. 10.

49 Ähnlich Adrian, H.: „Spielhallen – Ein Problem für die Städte“, in: *Scharmer*, E. (Hrsg.) (1988), *Spielhallen in der Diskussion – Seminarbeiträge zu einem kommunalen Problem*, Berlin, S. 71 ff.

Begriff wird dann ohne Literaturhinweis wie folgt definiert: „Qualitätsverlust von Einkaufsstraßen/-zonen durch Verdrängung des traditionellen, gehobenen Einzelhandels und Rückgang der gewachsenen Angebots- und Nutzungsvielfalt".[50]

Der Untersuchung nach wurden *Trading-down-Effekte* in der schriftlichen Erhebung wie in vielen Gesprächen in den Fallstudienstädten eine hohe Priorität zugewiesen. „Städtebaulich relevante Verdrängungswirkungen durch Spielhallen aufgrund ihrer hohen Mietzahlungsfähigkeit bzw. -bereitschaft wurden in den Untersuchungsstädten vor allem dort festgestellt, wo eine räumliche Häufung mit weiteren Vergnügungsstätten und/oder Schnellimbissbetrieben und Billigläden bei hohem Passantenaufkommen vorlag"[51]. Festgestellt wurden weiterhin, dass räumliche Konzentrationen von Spielhallen und anderen Vergnügungsstätten vor allem in „zweiten Lagen" drohen und dort einsetzende *Trading-down-* und Destabilisierungsprozesse verstärken. „Dadurch könne die bisherige Geschäftsnutzung einer Straße in den Hintergrund treten oder verlorengehen"[52]. Die bisherige Geschäftsnutzung einer Straße könne in Bewegung geraten und Charakteristika eines „Vergnügungsviertels" annehmen[53]. Nach Adrian[54] sei die Häufung von Spielhallen, Sex-Shops, Pornokinos, Fast-food-Läden gefährlich; andere Läden würden häufig durch Hochtreiben der Mieten vertrieben. Diese damalige Annahme der besonderen Gefährdung der 1b-Lagen wird gegenwärtig bestätigt bspw. durch den Praxisbericht von Hermesmeier vom Rechtsamt der Stadt Pforzheim[55]. Danach befänden sich in der Hauptgeschäftslage keine Vergnügungsstätten; dort herrsche eine stabile Lage und Leerstände seien kaum vorhanden. Dagegen würden sich im nahezu gesamten Randbereich der Hauptgeschäftslage zahlreiche Spielhallen mit

---

50 Ähnlich Adrian, H.: „Spielhallen – Ein Problem für die Städte", S. 71 ff.
51 A. a. O., S. 29.
52 Adrian, H.: „Spielhallen – Ein Problem für die Städte", S. 71 ff.
A. a. O., S. 31.
53 Adrian, H.: „Spielhallen – Ein Problem für die Städte", S. 71 ff.
Adrian, H.: „Spielhallen – Ein Problem für die Städte", S. 72.
54 Adrian, H.: „Spielhallen – Ein Problem für die Städte", S. 71 ff.
55 Hermesmeier, A., *Vergnügungsstättenkonzeption der Stadt Pforzheim*, Fortbildungsveranstaltung des VGH Baden-Württemberg „Geldspielgeräte und Spielhallen", 28.-29.09.2012, Wiesloch.

erheblichen negativen städtebaulichen Auswirkungen (z. B. geschlossene Wirkung durch verklebte Scheiben, aggressive Werbung, Verdrängung von anderen Einzelhandels- und Dienstleistungsangeboten, dadurch Funktionsverluste und Schwächung des Umfeld, einschließlich Entwertung des Stadteingangs) befinden.

Als Resümee wurde in der Untersuchung des Deutschen Instituts für Urbanistik festgehalten:

> Die schriftliche Befragung von Stadtplanern und vertiefte Analysen in den Untersuchungsstädten führten zu dem Ergebnis, dass aus der Sicht der Planer die gravierendsten städtebaulichen Probleme von Spielhallen- und Gaststättenkonzentrationen ausgehen. Im Vordergrund städtebaulicher Negativwirkungen standen *Trading-down-Effekte*, Lärmbelästigung und Beeinträchtigungen des Stadt- und Straßenbildes.[56]

6. Die Verwendung des Trading-down-Effekts in kommunalen Vergnügungsstättenkonzeptionen

Wichtig ist, dass gegenwärtig in den Vergnügungsstättenkonzeptionen der Städte, die seit einigen Jahren entwickelt wurden (siehe bspw. aus den Großstädten Stuttgart „Vergnügungsstättenkonzeption für die Landeshauptstadt Stuttgart" vom 13.01.2012 oder der „Masterplan Vergnügungsstätten Stadt Dortmund" vom Januar 2014), mehrfach auf den *Trading-down-Effekt* Bezug genommen wird.

Nach Möller[57] kann für die Erarbeitung eines städtebaulichen Entwicklungskonzepts zur Vergnügungs-, insbesondere Spielhallensteuerung bei teilräumlichen Planungen eine städtebauliche Rechtfertigung im größeren, z. B das gesamte Gemeindegebiet umfassenden Maßstab sprechen und damit einen wertvollen Beitrag leisten, da dieser Aspekt in der Flächennutzungsplanung regelmäßig keine oder eine nur nachrangige Bedeutung hat.

Im Masterplan der Stadt Dortmund ist zu lesen: In bestimmten Stadtteilen könne die Häufung von Vergnügungsstätten zusätzlich einen

---

56 Heinz, W.; Janssen, H.; Mittag, K.; Scharmer, E.; Schneidewind, M. (1986), *Innerstädtische Strukturveränderungen durch Vergnügungsstätten. Städtebauliche Wirkungen und kommunale Planung*. Berlin: Selbstverlag, S. 97.

57 Möller, A., in: Schrödter, H. (2015). *BauGB*, Baden-Baden: Nomos, § 9 RN 351.

Degentrifizierungsprozess begünstigen. Dies bedeute, dass sich unbeliebte Wohnstandorte/Stadtteile durch eine große Anzahl von Vergnügungsstätten, insbesondere Spielhallen, auszeichnen, die in hohem Maße das Stadtbild negativ beeinflussen[58]. Dabei wird regelmäßig der *Trading-down-Effekt* zugrundegelegt. Als Ziele des Masterplans werden auf S. 82 und 83 benannt:

- Durch ihn sollen keine neuen baurechtlichen Zulässigkeiten für die Ansiedlung von Vergnügungsstätten geschaffen werden.
- Vergnügungsstätten sollen nur an Standorten mit einem stabilen städtebaulichen Umfeld zugelassen werden.
- Vergnügungsstätten sollen nicht in zentralen Versorgungsbereichen angesiedelt werden (vgl. Masterplan Einzelhandel).
- Zum Schutz öffentlicher Investitionen sollen Vergnügungsstätten nicht in Fördergebieten zugelassen werden (vgl. Förderrichtlinie Stadterneuerung 2008).
- Sensible Einrichtungen und Nutzungen sollen vor negativen Auswirkungen von Vergnügungsstätten geschützt werden (vgl. § 9 Abs. 2 b BauGB).
- Gewerbegebiete sollen für das Handwerk, das produzierende und verarbeitende Gewerbe vorgehalten werden (vgl. Masterplan Einzelhandel 2013, Masterplan Wirtschaftsflächen 2008).

Dazu wurde in Dortmund ein städtebaulicher umfangreicher Kriterienkatalog mit verschiedenen Kriterien, städtebaulichen Ausschlussgründen und Bewertungsgrundlagen (S. 88) ausgearbeitet.

Die Vergnügungsstättenkonzeption der Stadt Stuttgart unterscheidet grob zwischen drei Steuerungsrichtungen:

- Einzelfallbewertung im Sinne räumlicher Ausnahmen,
- Ausschluss in Gebieten allgemeiner Zulässigkeit und Definition von Standorten außerhalb der allgemeinen Zulässigkeit, also vor allem in Gewerbegebieten,
- Beschränkung der Vergnügungsstätten, insbesondere Spielhallen und Wettbüros auf die Gebiete mit allgemeiner Zulässigkeit (nur in gewerblich

58 Unter Hinweis auf Fiedler, I., *Die Ökonomie des Glücksspiels – Automaten, Spielsucht und Degentrifizierung*, Gastvortrag an der Universität für angewandte Kunst Wien, 22.11.2011.

geprägten Mischgebieten, in Kerngebieten gemäß BauNVO 1990) mit entsprechender Feinsteuerung (S. 20).

Mit dieser zuletzt genannten Strategie sollen Vergnügungsstätten nur dort zugelassen werden, wo sie ohnehin schon allgemein zulässig sind und in den Gebieten, in denen sie nur ausnahmsweise und/oder mit Beschränkungen zulassungsfähig sind (Gewerbe-, wohngeprägte Misch-, Dorf- und besondere Wohngebiete) explizit auszuschließen (S. 21). Für diese komplexe Aufgabe sei eine synergetische Anwendung verschiedener kommunaler Instrumente notwendig. Das Kerngebiet biete dafür insgesamt die besten Voraussetzungen. Mittels einer Feinsteuerung durch die Bauleitplanung, bspw. über § 1 Abs. 9 BauNVO i. V. m. § 1 Abs. 5 BauNVO, könnten Spielhallenhäufungen zukünftig verhindert werden (S. 21). Darüber hinaus seien die Präsenz von Vergnügungsstätten im öffentlichen Raum und ihre Auswirkungen auf das Umfeld (Außenraum) von Bedeutung. Durch eine entsprechend ausgerichtete Gestaltungs- und Sondernutzungssatzung könnten die branchenüblichen Gestaltungsdefizite behoben oder zumindest deutlich minimiert werden (S.21 f).

7. Der Trading-down-Effekt im baurechtlichen Genehmigungsverfahren

Nachdem er zunächst nur planungsrechtlich gem. § 1 Abs. 5 und Abs. 9 BauNVO in Misch-, Kern- und Gewerbegebieten als städtebauliche Begründungsformel für den Ausschluss von Vergnügungsstätten, insbesondere Spielhallen, verwandt wurde, spielt der Begriff seit wenigen Jahren auch im baurechtlichen Genehmigungsverfahren eine Rolle.[59]

Dabei wird von der Rechtsprechung der *Trading-down-Effekt* bei der Subsumtion entweder in § 15 Abs. 1 Satz 1 BauNVO in Misch-, Kern- und Gewerbegebieten verortet[60] oder er wird allein und unmittelbar bei der

59 S. dazu auch Otto, C.W.: „Die Zulassung von Spielhallen: Planungsrecht vs. Spielhallenrecht“, *Deutsches Verwaltungsblatt 2011*, 1330/1334.

60 S. bspw. VGH Baden-Württemberg, Urteil vom 09.10.2013 – 5 S 29/12 –, *BauR* 2014, 527 = BRS 81 Nr. 59 zu einem Mischgebiet; vgl. zuvor Urteil vom 13.03.2012 – 5 S 1778/11 –, *BauR* 2013, 203 = BRS 79 Nr. 104 zu einem Gewerbegebiet; Beschluss vom 26.08.2009 – 3 S 1057/09 –, *NVwZ*-RR 2010, 45 = *BauR* 2010, 439 = BRS 74 Nr. 86 ebenfalls zu einem Gewerbegebiet.

Ausnahmeermessensentscheidung nach § 8 Abs. 3 Nr. 3 BauNVO i. V. m. § 31 Abs. 1 BauGB als topische Argumentationsfigur berücksichtigt[61].

Dogmatisch sauberer ist die Anbindung an § 15 Abs. 1 Satz 1 BauNVO als einer unmittelbaren Rechtsnorm und nicht allein einer topischen Argumentationsfigur.

Zur Auslegung des § 15 Abs. 1 BauNVO kann auf die einschlägigen Kommentare zur BauNVO sowie den aktuellen Beitrag von Berkemann[62] verwiesen werden. Dabei zeigen sich in der Rechtsprechungspraxis deutlich – abhängig vom jeweiligen zweitinstanzlichen Gericht – durchaus unterschiedliche Facetten, auf die noch einzugehen ist.

Nach § 15 Abs. 1 Satz 1 BauNVO sind die in den §§ 2 bis 14 aufgeführten baulichen und sonstigen Anlagen im Einzelfall unzulässig, wenn sie nach Anzahl, Lage, Umfang oder Zweckbestimmung der Eigenart des Baugebiets widersprechen. Sie sind nach § 15 Abs. 1 Satz 2 BauNVO auch unzulässig, wenn von ihnen Belästigungen oder Störungen ausgehen können, die nach der Eigenart des Baugebiets im Baugebiet selbst oder in dessen Umgebung unzumutbar sind. Der zweite Satz bezieht sich auf das drittschützende baurechtliche Rücksichtnahmegebot. Zur Anzahl von Vergnügungsstätten im Sinne des § 15 Abs. 1 Satz 1 BauNVO kann verwiesen werden auf die umfangreichen Rechtsprechungsnachweise des Verfassers.[63]

Dabei hat die obergerichtliche Rechtsprechung die Regelung zunächst sehr zurückhaltend angewandt und erst seit dem Jahr 2006 die Vorschrift eher kommunalfreundlich ausgelegt.[64]

Nun noch zu den unterschiedlichen Facetten der verwaltungsgerichtlichen Judikatur:

---

61 Zu der Norm siehe Söfker, in: Ernst, W.; Zinkahn, W.; Bielenberg, W.; Krautzberger, M. (2015), *BauGB/BauNVO*, München: Beck, 107, Lfg., § 8 Rn 46 bis 46d.

62 Berkemann, „Der schwierige § 15 BauNVO: Anleitung zu einer strukturierten Prüfung", *jM* 2014, 209.

63 Stühler, H.-U. in Fickert, H.C.; Fieseler, H. (2014): *BauNVO*, Köln: Kohlhammer, § 15 RN 10.

64 S. die Nachweise bei Fickert, H.C.; Fieseler, H. (2014): *BauNVO*, Köln: Kohlhammer.

Nach Auffassung des OVG Nordrhein-Westfalen in seinem Urteil vom 25.03.2014[65] kann, wenn es um die Zulassung einer großen Spielhalle mit einer Mehrfachkonzession in einem Kerngebiet geht, der *Trading-down-Effekt* – als ein Umstand, der einen Widerspruch zur Eigenart des Baugebiets im Sinne des § 15 Abs. 1 Satz 1 BauNVO begründet – nur herangezogen werden, wenn dieser tatsächlich bereits eingetreten ist und durch die Zulassung des Vorhabens verstärkt würde oder wenn die Zulassung des Vorhaben nachweislich einen *Trading-down-Effekt* konkret einleiten würde. Dem ist zuzustimmen.

Der BayVGH hat in seinen Urteilen vom 15.12.2010 – 2 B 09.2419 –, RN 35 und vom 24.03.2011 – 2 B 11.59 –, RN 43 bei jeweils einer Großspielhalle mit Mehrfachkonzessionen in einem Gewerbegebiet die jeweils abschlägige ausnahmsweise Ermessensentscheidung nach § 31 Abs. 1 BauGB i. V. m. § 8 Abs. 3 Nr. 3 BauNVO nur dann bejaht, wenn es sich um extreme Ausnahmefälle handelt, in denen z. B. hochwertige Gewerbebetriebe, etwa aus dem Bereich der Spitzentechnologien, durch einen Spielhallenbetrieb unter anderem wegen der Intensität des Zu- und Abgangsverkehrs gestört werden und deshalb auch das Vorliegen eines *Trading-down-Effekts* verneint.

Dieser Auffassung ist der VGH Baden-Württemberg, Urteil vom 13.03.2012[66], der für ein kleines Gewerbegebiet mit 11.000 qm bei einer Spielhallenerweiterung von 270 qm auf 610 qm wegen der „Sogwirkung" von Vergnügungsstätten einen *Trading-down-Effekt* bejaht hat, entgegengetreten. Der 5. Orientierungssatz des Urteils des VGH Baden-Württemberg lautet:

> Bei einem sehr kleinen Gewerbegebiet (hier: 11000 qm), kann eine Spielhallenerweiterung von 270 qm auf 610 qm aufgrund dieses Umfangs und mit damit einhergehenden Ausstrahlungswirkung das Gewerbegebiet in einer Weise dominieren, die mit dem besonderen Charakter dieses Baugebiets nach § 15 Abs. 1 S. 1 BauNVO nicht mehr vereinbar ist. (Rn.35)

Zu § 8 Abs. 3 Nr. 3 BauNVO und seiner Ausnahmeermessensentscheidung kann unter unmittelbarer Berücksichtigung des *Trading-down-Effekts* der Beschluss des OVG Rheinland-Pfalz vom 25.04.2012[67] genannt werden.

---

65 A. a. O., RN 118.
66 – 5 S 1778/11 –, *BauR* 2013, 203 = BRS 79 Nr. 104.
67 – 8 A 10046/12 –, *ZfBR* 2012, 479 = *LKRZ* 2012, 479.

Danach entfaltet eine Konzentration von acht kerngebietstypischen Spielhallen unter einem Dach in einem Gewerbegebiet eine solche Ausstrahlungswirkung auf das in seiner räumlichen Ausdehnung beschränkte Gewerbegebiet, dass es hierdurch eine Veränderung seiner Prägung erfährt, was mit dem in § 8 Abs. 3 Nr. 3 BauNVO zum Ausdruck kommenden Ausnahmecharakter nicht zu vereinbaren sei. Außerdem sei bei der Ermessensentscheidung bei der Größe Spielhallen die Gefahr einer Gebietsabwertung (*Trading-down*) nicht von der Hand zu weisen.

8. Zusammenfassung

Die Durchsicht der zahlreichen ergangenen gerichtlichen Entscheidungen zeigt kein eindeutiges Bild. Spielhallen-unfreundliche und Spielhallen-freundliche Entscheidungen wechseln sich ab, ohne dass dies dogmatisch jeweils plausibel begründet wird. Es zeigen sich somit die unterschiedlichen hermeneutischen Vorverständnisse der Gerichte.[68] Der *Trading-down-Effekt* wird bei der Abwägung nach § 1 Abs. 7 BauGB von der Rechtsprechung und Literatur als abwägungsbeachtlicher städtebaulicher Belang angesehen. Das BVerwG als Revisionsinstanz hat sich bei der konkreten Anwendung des *Trading-down-Effekts* immer zurückgehalten und jeweils auf die konkreten – nicht revisiblen – Umstände des Einzelfalls bezogen. Nach Auffassung des BVerwG handelt es sich bei ihm um einen sozioökonomischen Begriff und nicht um einen Rechtsbegriff. Der Begriff sollte daher auf die Bauleitplanung beschränkt werden und nicht im baurechtlichen Genehmigungsverfahren eine unmittelbare Anwendung erfahren. Lieber hat in seinem Thesenpapier zu „Kerngebietstypische Spielhalle und Trading-down-Effekt“ bei einer Fortbildungsveranstaltung des VGH Baden-Württemberg[69] zu Recht kritisiert, dass mit einem *Trading-down-Effekt* sehr pauschal argumentiert werde. Vielmehr sollte hier streng nach den Tatbestandsvoraussetzungen des § 15 Abs. 1 Satz 1 BauNVO vorgegangen werden.

---

68 Vgl. hierzu bis heute unübertroffen Esser, J. (1970), *Vorverständnis und Methodenwahl in der Rechtsfindung*, Frankfurt: Athenäum.

69 Fortbildungsveranstaltung des VGH Baden-Württemberg, „Geldspielgeräte und Spielhallen“, 27./28.09.2012, Wiesloch.

Bernd J. Hartmann*

Haftungsfragen der Gewerbeuntersagung im Glücksspielrecht

Das Thema meines Vortrags – *Haftungsfragen der Gewerbeuntersagung im Glücksspielrecht* – führt in gewisser Weise über das Thema dieses Symposiums – *Zwischenevaluierung des Glücksspielstaatsvertrags* – hinaus. Haftungsfragen stellen sich nämlich vor allem bei rechtswidrigem Staatshandeln, also etwa dann, wenn sich die Landesgesetze, die den Glücksspielstaatsvertrag umsetzen, als rechtswidrig erweisen. Die gerichtlich festgestellte Rechtswidrigkeit dieser Landesgesetze wäre nun aber kein Zwischenergebnis, sondern ein endgültiges Urteil: Ein Verfassungsverstoß führt zur Nichtigkeit – regelmäßig sogar rückwirkend –, und ein Unionsrechtsverstoß bewirkt die endgültige Unanwendbarkeit der Norm in unionsrechtlichen Zusammenhängen.

Trotzdem spreche ich heute sehr gern zu Ihnen. Zum einen ist es geradezu ein Kennzeichen der *Forschungsstelle Glücksspiel der Universität Hohenheim*, über Tellerrand und Tagesende hinaus zu denken. Zum anderen ist die Rechtswidrigkeit des Glücksspielstaatsvertrags gerade aus haftungsrechtlicher Sicht in gewisser Weise doch wieder ein Zwischenergebnis, genauer gesagt: eine Voraussetzung unter mehreren, und auch insofern eine Vorfrage, als dass der Grundsatz „dulde und liquidiere" längst nicht mehr gilt: Der Geschädigte muss zunächst versuchen, die Gewerbeuntersagung auf dem Primärrechtsweg zu bekämpfen, d. h. vor den Verwaltungsgerichten anzufechten.

Die Haftungsfragen stellen sich im Anschluss an den Primärrechtsweg. Im Mittelpunkt der kommenden zwanzig Minuten sollen die beiden in unserem Zusammenhang spannendsten dieser Fragen stehen: zum einen die

* Prof. Dr. Bernd J. Hartmann, LL.M. (Virginia), ist Professor für Öffentliches Recht, Wirtschaftsrecht und Verwaltungswissenschaften an der Universität Osnabrück und Mitglied der Wissenschaftlichen Leitung der Forschungsstelle Glücksspiel an der Universität Hohenheim. Der Vortrag wurde um Nachweise ergänzt; die Vortragsform wurde beibehalten.

Frage nach der Haftung des Staats für Unrecht des Gesetzgebers, zum anderen die Frage nach der Haftung der Gemeinde für die Gesetzesanwendung in den sogenannten Beruhensfällen. Nur als Vorspann dazu einige wenige Worte zur Vorfrage der Rechtswidrigkeit des Glücksspielstaatsvertrags.

1.

Ob der Glücksspielstaatsvertrag 2012 mit Verfassungs- und Unionsrecht vereinbar ist, darüber lässt sich trefflich streiten. Die Verfassungsgerichte der Länder haben das umsetzende Landesrecht zuletzt überwiegend unangetastet gelassen.[1] Die Lehre bewertet den Glücksspielstaatsvertrag dagegen deutlich kritischer. Zahlreiche Kollegen bezweifeln oder verneinen die Rechtmäßigkeit einiger oder aller Regelungen des Glücksspielstaatsvertrags.[2] Ich selbst halte den Staatsvertrag ebenfalls für verfassungs- und unionsrechtswidrig. Den Verstoß gegen das Konsistenz- und das Kohärenzgebot habe ich in verschiedenen Veröffentlichungen dargelegt.[3] Diese Veröffentlichungen gründen auf Rechtsgutachten, die ich auf Bitten der Automatenwirtschaft erstattet habe. Der Verband der Deutschen Automatenindustrie hat auch die Untersuchung einiger jener Probleme ermöglicht, die ich heute behandeln möchte.

---

1 Vgl. BayVerfGH, *NVwZ* 2014, 141 ff.; BerlVerfGH, *NVwZ* 2014, 825 ff.; BWStGH, Urt. v. 17.06.2014 – 1 VB 15/13, *BeckRS* 2014, 52775.

2 Vgl. Degenhart, C. (2014), *Spielhallen und Geldspielgeräte in der Kompetenzordnung des Grundgesetzes*, S. 85 ff.; Ennuschat, J.; Sofiotis, I. I., *ZfWG* 2013, 87 (87 ff.); Hufen, F. (2012), *Die Einschränkung des gewerblichen Geld-Gewinnspiels*, S. 22 ff., 50 ff., 73 ff.; Pieroth, B., in: Hartmann, B. J.; Pieroth, B. (2013), *Spielbanken und Spielhallen zwischen Landes-, Bundes- und Unionsrecht*, S. 9 (18 ff., 23 ff., 61 ff.); Schneider, H.-P., *WiVerw* 2014, 165 (171 ff.); ders., *GewArch* 2014, 424 (425 ff.).

3 Hartmann, B. J., in: ders.; Pieroth, B. (2013), *Spielbanken und Spielhallen zwischen Landes-, Banken- und Unionsrecht*, S. 95 (125 ff.); ders., *LKRZ* 2013, 489 (491 ff.).

Ob Bundesverwaltungsgericht, Bundesverfassungsgericht und der Europäische Gerichtshof den Landesverfassungsgerichten oder der Lehre folgen werden, bleibt abzuwarten. Das gilt auch deshalb, weil das Bundesverwaltungsgericht für die unionsrechtlich gebotene Kohärenzprüfung einen neuen Maßstab vorgeschlagen hat, der zwischen den bekannten Maßstäben horizontaler und vertikaler Kohärenz angesiedelt ist.[4]

Für diesen Vortrag genügt ohnehin der folgende Befund: Damit sich Haftungsfragen stellen, ist es geradezu Voraussetzung, dass die Gerichte den Staatsvertrag – irrig – für rechtmäßig halten. Andernfalls hätte die Anfechtung der Gewerbeuntersagung nämlich Erfolg, sodass es an einem Schaden fehlt, der haftungsrechtlich ersetzt werden kann. Unterstellen wir also, meiner Rechtsauffassung entsprechend, für diesen Vortrag, dass der Glücksspielstaatsvertrag und die umsetzenden Landesgesetze gegen Verfassungs- und Unionsrecht verstoßen.

2.

Für diesen Fall stellt sich haftungsrechtlich zunächst die Frage, ob nicht der Gesetzgeber haftet,[5] genauer: ob nicht das Land Schadensersatz dafür schuldet, dass der Landtag den Glücksspielstaatsvertrag per Parlamentsgesetz in Landesrecht umgesetzt hat. Das ist die Frage nach der Haftung für Legislativunrecht. Die Rechtsprechung verneint eine solche Haftung mit zwei zentralen Argumenten:

Zum einen fehle es für einen Amtshaftungsanspruch an der Drittgerichtetheit der verletzten Amtspflicht, weil das Parlament allein im Interesse der Allgemeinheit tätig werde.[6]

Zum andern erreichten die finanziellen Folgen der Legislativhaftung Dimensionen, die den Rahmen eines richterrechtlich geprägten Anspruchs wie der Haftung aus enteignungsgleichem Eingriff sprengten.[7]

---

4 Krit. dazu Hartmann, B. J., *EuZW* 2014, 814 (815 ff.).

5 Zu den unter 2. behandelten Fragen ausführlich Hartmann, B. J.; Jansen, S., *DVBl.* 2015, 752 (755 ff.).

6 BGHZ 56, 40 (46); 87, 321 (335); 102, 350 (367); 134, 30 (32).

7 BGHZ 100, 136 (145).

Die herrschende Lehre ist anderer Ansicht. Ich folge dieser anderen Ansicht – unabhängig von gewerbe- oder glücksspielrechtlichen Aspekten – bereits, seit ich mich, schon vor zehn Jahren, das erste Mal mit dieser Frage befasst habe,[8] und zwar vor allem aus zwei Gründen: Zum einen trifft es zwar zu, dass das Parlament abstrakt-generelle Gesetze im Interesse der Allgemeinheit erlässt. Aber im Interesse der Allgemeinheit handeln auch die anderen Gewalten.[9] Dementsprechend verlangt der Amtshaftungsanspruch gem. § 839 Abs. 1 Satz 1 BGB/Art. 34 Satz 1 GG die Drittgerichtetheit gerade nicht für die Ausübung der Staatsgewalt, sondern folgerichtig und ausdrücklich für die verletzte Amtspflicht.[10] Die Amts-Pflicht, nicht die Amts-Ausübung muss drittgerichtet sein. Das sieht im Allgemeinen auch der BGH so.[11] Weil nun aber die Amtspflicht, keine Grundrechte oder Grundfreiheiten zu verletzen, ohne Zweifel drittgerichtet ist, kann die Amtshaftung für Legislativunrecht insoweit auch nicht am Merkmal der Drittgerichtetheit scheitern.

Bleibt also nur die als Grenze des Richterrechts aufgerufene Haushaltsprärogative des Parlaments. Dabei lasse ich außen vor, dass nach meiner Auffassung schon das geschriebene Recht einen Schadensersatzanspruch gewährt, nämlich den beschriebenen Amtshaftungsanspruch gem. § 839 Abs. 1 BGB/Art. 34 Satz 1 GG, es also insoweit nicht auf die Grenzen des Richterrechts ankommt. Entscheidend ist vielmehr folgendes: Das Argument richtet sich – bei Licht besehen – nicht gegen die Haftung für Legislativunrecht im Besonderen, sondern gegen richterrechtliche Haftungsansprüche überhaupt. Das bleibt in dem ganz wesentlich durch Richterrecht geprägten Staatshaftungsrecht nicht ohne Ironie. Namentlich für den hier in Rede stehenden Anspruch aus enteignungsgleichem Eingriff hat der Bundesgerichtshof selbst bekannt, dass er an dieser Anspruchsgrundlage – ich zitiere wörtlich – „auch *ohne* eine ausdrückliche Bestimmung im *gesetzten*

---

8 Hartmann, B. J., *VerwArch* 98 (2007), 500 ff.; ders. (2013), *Öffentliches Haftungsrecht*, S. 173 f.

9 Hartmann, B. J. (2005), *Volksgesetzgebung und Grundrechte*, S. 59, 65; ders., *AöR* 134 (2009), 1 (2 ff.) m.w.N.

10 Hartmann, B. J.; Tieben, S., *JA* 2014, 401 (404) m.w.N.

11 Vgl. BGHZ 56, 40 (45) sowie außerhalb der Fallgruppe legislativen Unrechts BGHZ 110, 1 (8 f.); 122, 317 (320 f.); 126, 386 (393); 129, 23 (25); 137, 11 (15).

Recht“[12] festhalte. (Das Bundesverfassungsgericht hatte dem BGH zuvor, im Nassauskiesungs-Beschluss, die überkommene Anspruchsgrundlage des gesetzten Rechts, Art. 14 Abs. 3 GG, genommen.) Es gilt also auch aus Sicht des Bundesgerichtshofs allgemein, dass das Argument der Haushaltsprärogative eine Sonderbehandlung von Legislativunrecht nicht zu begründen vermag. Für unseren Fall eines Verstoßes gegen Unionsrecht kommt besonders hinzu, dass der unionsrechtliche Staatshaftungsanspruch seit *Francovich* auch und gerade das Legislativunrecht erfasst.

Mein Ergebnis zur Haftung für Legislativunrecht lautet also: Ersatzansprüche sind grundsätzlich möglich. Das bestreiten auch die Gerichte nicht, sofern es um einen Verstoß gegen Unionsrecht geht. Im Einzelnen gilt daher:

Für den Fall, dass der Glücksspielstaatsvertrag Grundrechte des Grundgesetzes verletzt, haftet das jeweilige Land nach herrschender Lehre grundsätzlich sehr wohl aus Amtshaftung. Nach der Rechtsprechung, wie wir sie bislang vorfinden, gäbe es dagegen keinen solchen Anspruch.

Für den Fall, dass der Glücksspielstaatsvertrag Grundfreiheiten des Unionsrechts verletzt, haften Bund oder Land dafür, sofern die übrigen Voraussetzungen vorliegen, jedenfalls. Das gilt sowohl nach der Rechtsprechung als auch der Lehre.

3.

Für Schäden, die aus einer rechtswidrigen Gewerbeuntersagung folgen, kommt noch ein zweiter Haftungsschuldner in Betracht: die Kommune, die die Gewerbeuntersagung verfügt und vollzieht.[13] Sie könnte unabhängig davon haften müssen, ob das Land für das Unrecht des Parlaments gerade stehen muss. Diese Frage behandele ich nun, im dritten und letzten Teil des Vortrags.

---

12 BGHZ 90, 17 (29) (dort ohne Hervorhebungen).

13 Zu den unter 3. behandelten Fragen ausführlich Hartmann, B. J.; Jansen, S., *DVBl.* 2015, 861 (862 ff.).

Als Anspruchsgrundlagen kommen vor allem die spezialgesetzlichen Regelungen aus den Polizei- und Ordnungsgesetzen der Länder in Betracht, außerdem wieder bundesrechtliche Ansprüche aus enteignungsgleichem Eingriff und aus Amtshaftung sowie die Francovich-Ansprüche aus Unionsrecht.

Die Spezialgesetze der meisten Länder kennen einen verschuldensunabhängigen Anspruch auf Schadensersatz. Ich konzentriere mich im Folgenden auf § 39 Abs. 1 Buchst. b) des nordrhein-westfälischen Ordnungsbehördengesetzes (OBG NRW), weil dessen ungeklärte Rechtsfragen das Bundesverwaltungsgericht im Sportwetten-Urteil vom 20. Juni 2013 bewogen haben, das Präjudizinteresse an einer Fortsetzungsfeststellungsklage anzunehmen.[14]

Einzig relevante Haftungsvoraussetzung ist in unserem Zusammenhang eine „rechtswidrige Maßnahm[e]" der Ordnungsbehörde. So formuliert es das Gesetz. Diese Voraussetzung liegt auf den ersten Blick unproblematisch vor, wenn die Gewerbeuntersagung gerade zur Durchsetzung des – so war ja unser Fall gebildet – rechtswidrigen Glücksspielstaatsvertrags erfolgt und daher ihrerseits rechtswidrig ist.

Einwände gegen dieses Ergebnis ergeben sich allenfalls aus dem Beruhensprivileg, das die Rechtsprechung kennt. Danach erfasst der Anspruch aus enteignungsgleichem Eingriff keine Schäden, die unmittelbar oder mittelbar auf einem verfassungswidrigen formellen Gesetz beruhen.[15] Dieses Beruhensprivileg könnte nun auch für § 39 Abs. 1 Buchst. b) OBG NRW gelten, denn die Rechtsprechung sieht diesen Anspruch als Spezialfall des enteignungsgleichen Eingriffs.[16] Ob die Gerichte tatsächlich so entscheiden würden, ist freilich offen: Das Bundesverwaltungsgericht hat die Frage, ob das Beruhensprivileg greift, als „nicht geklärt" bezeichnet.[17] Die wenigen Autoren, die die Frage in der Literatur behandeln, lehnen das

---

14 BVerwGE 147, 47 (Rn. 16 ff.).

15 BGHZ 100, 136 (145); 102, 350 (359); 134, 30 (33); OLG Bremen, Urteil vom 13.02.2013 – 1 U 6/08, juris, Rn. 104; OLG Köln, Urteil vom 03.05.2012 – 7 U 194/11, juris, Rn. 31; OLG Zweibrücken, Beschluss vom 06.03.2013 – 6 W 21/12, juris, Rn. 6; LG Düsseldorf, Urteil vom 02.05.2012 – 2b O 192/11, juris Rn. 81 f.

16 OLG Hamm, Urt. v. 03.05.2013 – 11 U 88/11, juris, Rn. 102 ff.; OLG Köln, Urteil vom 03.05.2012 – 7 U 194/11, juris, Rn. 31; LG Düsseldorf, Urteil vom 02.05.2012 – 2b O 192/11, juris, Rn. 81.

17 BVerwGE 147, 47 (Rn. 20); siehe aber die zwischenzeitlich ergangenen Urteile des BGH vom 16.04.2015 – III ZR 204/13 und III ZR 333/13.

Beruhensprivileg der Rechtsprechung überwiegend ab.[18] Die herrschende Lehre käme also zu einer Haftung der Kommune.

Versuchen wir uns vor diesem Hintergrund an einer Exegese der wenigen Entscheidungen zu den Beruhensfällen, so zeigt sich, dass in unserer Konstellation kein Beruhensfall vorliegt – mit der Folge, dass die Kommune sehr wohl haften würde. Die Beruhensdogmatik steht nämlich ersichtlich unter dem Eindruck des – damals aus kompetenzrechtlichen Gründen verworfenen – Staatshaftungsgesetzes 1981. Dieses Gesetz bestimmte, dass Legislativunrecht eine Haftung nur begründet, wenn und soweit ein Gesetz dies (eigens) bestimmt, und erklärte die Haftung der vollziehenden Gewalt für davon unberührt, soweit die Pflichtverletzung der Exekutive – ich zitiere wörtlich – „*ausschließlich* auf dem Verhalten des Gesetzgebers *beruh[t]*“[19]. Hier endet das Zitat.

Die – gewissermaßen – „genetische“ Wortlaut-Auslegung legt also nahe, ein Beruhensprivileg nur anzunehmen, wenn die Pflichtverletzung der Kommune „ausschließlich“ auf der Rechtswidrigkeit des Gesetzes beruht. Umgekehrt gewendet: Die Verwaltung haftet auch nach der Beruhensdogmatik sehr wohl für eigene Rechtsfehler.

Dieses Ergebnis lässt sich – gewissermaßen teleologisch – stärken. Welchen Zweck das Beruhensprivileg verfolgt, sagen uns die Gerichte freilich nicht ausdrücklich. Zwei Zwecke kommen in Frage: erstens die Fortsetzung der Rechtsprechung zum Legislativunrecht, genauer: eine Abschirmung der Nichthaftung für Legislativunrecht auch im Verhältnis zur Exekutive. Der zweite Zweck wäre eine Abschichtung nach Verantwortungssphären.

Der erste Zweck, die Abschirmung der Nichthaftung für Legislativunrecht, taugt jedenfalls in unseren Fällen nicht. Wir hatten die Unionsrechtswidrigkeit des Glücksspielstaatsvertrags unterstellt. Für unionsrechtswidriges Legislativunrecht haftet das Land aber – auch nach der Rechtsprechung

---

18 Treffer, C. (1993), *Staatshaftung im Polizeirecht*, S. 68, nennt die Auffassung, welche auch in Beruhensfällen den Schaden gem. § 39 Abs. 1 lit. b OBG NW ersetzt, „h.M.“ (ohne Beleg); im Ergebnis ebenso Heusch, A., in: Schönenbroicher, K.; Heusch, A. (2014), *Ordnungsbehördengesetz Nordrhein-Westfalen*, § 39 Rn. 30; Zweifel dagegen bei Dietlein, J., in: ders.; Burgi, M.; Hellermann, J. (2014), *Öffentliches Recht in Nordrhein-Westfalen*, § 3 Rn. 281.

19 § 5 Abs. 2 Satz 2 des Staatshaftungsgesetzes v. 26.06.1981, BGBl. I S. 553 (dort ohne Hervorhebungen).

des BGH – im Grundsatz sehr wohl (Francovich), so dass es in unserer Konstellation schlicht nichts abzuschirmen gibt.

Bleibt also nur noch die Abschichtung nach Verantwortungssphären. Die Frage lautet: Trägt die Gemeinde eine eigene Verantwortung für die verfügte Gewerbeuntersagung? In diesem Zusammenhang möchte ich festhalten, dass die einschlägigen Befugnisnormen der Kommune auch für Gewerbeuntersagungen im Glücksspielrecht ein Entschließungsermessen einräumen, ob sie überhaupt einschreitet. Das ist der ordnungsrechtliche Regelfall – Stichwort: Opportunitätsprinzip[20]. Noch vor dem Ermessensspielraum auf der Rechtsfolgenseite ist ein Auslegungsspielraum auf der Tatbestandsseite zu nennen: Der Glücksspielstaatsvertrag erlaubt der Behörde gem. § 29 Abs. 4 Satz 4 GlüStV ausdrücklich, zur „Vermeidung unbilliger Härten" bestimmte Befreiungen zu erteilen. Einen Spielraum, den die Behörde in eigener Verantwortung füllen muss, hat die Kommune also gleich doppelt. Eine Untersagung, die sie verfügt, liegt deshalb keinesfalls „ausschließlich" in der Verantwortung des Gesetzgebers, und das Beruhensprivileg der Kommune greift nicht ein.

Daneben kommt auch noch die kommunale Haftung nach den Francovich-Grundsätzen in Betracht. Voraussetzung dafür ist insbesondere, dass sich der Verstoß der Kommune als „hinreichend qualifiziert" erweist. Diese Frage kann hier nicht weiter vertieft werden.

4.

Ich fasse zusammen: Gewerbeuntersagungen müssen zunächst auf dem Primärrechtsweg bekämpft werden. Sollten diese Klagen erfolglos bleiben, stellt sich die Frage nach Ersatzansprüchen. In Frage kommen Haftungsansprüche sowohl gegen das Land, das den Glücksspielstaatsvertrag in Landesrecht umgesetzt hat, als auch gegen die Kommune, die darauf eine Gewerbeuntersagung stützt. Die Klage gegen das Land hätte – vorbehaltlich der übrigen Voraussetzungen, namentlich des qualifizierten Verstoßes – nach der Rechtsprechung nur bei Unionsrechtswidrigkeit des

20 Gusy, C. (2014), *Polizei- und Ordnungsrecht*, Rn. 391 f.; Pieroth, B.; Schlink, B.; Kniesel, M.; Kingreen, T.; Poscher, R. (2014), *Polizei- und Ordnungsrecht*, § 2 Rn. 8, § 10 Rn. 32 f.; Schenke, W.-R. (2013), *Polizei- und Ordnungsrecht*, Rn. 93 f.

Glücksspielstaatsvertrags Erfolg. Die herrschende Lehre lässt auch eine Grundrechtsverletzung genügen.

Die Klage gegen die Kommune dürfte gleichfalls Erfolg haben. Bei Licht besehen liegt nämlich kein Beruhensfall vor: Die Pflichtverletzung der Kommune beruht nicht ausschließlich auf der Pflichtverletzung des Gesetzgebers. Im Gegenteil: Die Kommune haftet dafür, wie sie den ihr und nur ihr eröffneten Spielraum ausfüllt. Falls die Gerichte dieser Auffassung folgen, haften die Kommunen nach den Spezialgesetzen bzw. wegen enteignungsgleichen Eingriffs verschuldensunabhängig auf Ersatz.

Literaturverzeichnis

Degenhart, C. (2014), *Spielhallen und Geldspielgeräte in der Kompetenzordnung des Grundgesetzes*, Baden-Baden.

Dietlein, J.; Burgi, M.; Hellermann, J. (2014), *Öffentliches Recht in Nordrhein-Westfalen*, München.

Ennuschat, J.; Sofiotis, I. I., Altbekanntes und Neues vom EuGH zu Glücksspielmonopolen. In: *ZfWG* 2013, S. 87 ff.

Gusy, C. (2014), *Polizei- und Ordnungsrecht,* 9. Aufl., Tübingen.

Hartmann, B. J. (2005), *Volksgesetzgebung und Grundrechte*, Berlin.

Hartmann, B. J., Amtshaftung für Volksgesetzgebung. In: *VerwArch* 98 (2007), S. 500 ff.

Hartmann, B. J., Eigeninteresse und Gemeinwohl bei Wahlen und Abstimmungen. In: *AöR* 134 (2009), S. 1.

Hartmann, B. J., Spielverbote in Spielbanken und Spielhallen. Einlasskontrolle und Sperrsystem am Maßstab von Kohärenz und Konsistenz. In: *LKRZ* 2013, S. 489 ff.

Hartmann, B. J., Kohärenz im Glücksspielrecht: vertikal – horizontal – intersektoral? In: *EuZW* 2014, S. 814 ff.

Hartmann, B. J. (2013), *Öffentliches Haftungsrecht*, Tübingen.

Hartmann, B. J.; Jansen, S., Haftung des Gesetzgebers im Glücksspielrecht am Beispiel der Regulierung von Sportwetten und Spielhallen unter dem GlüStV 2012. In: *DVBl.* 2015, S. 752 ff.

Hartmann, B. J.; Jansen, S., Haftung der Verwaltung in Beruhensfällen am Beispiel der Regulierung von Sportwetten und Spielhallen unter dem GlüStV 2012. In: *DVBl.* 2015, S. 861 ff.

Hartmann, B. J.; Pieroth B. (2013), *Spielbanken und Spielhallen zwischen Landes-, Bundes- und Unionsrecht*, Baden-Baden.

Hartmann, B. J.; Tieben, S., Amtshaftung. In: *JA* 2014, S. 401 ff.

Hufen, F. (2012), *Die Einschränkung des gewerblichen Geld-Gewinnspiels*, Baden-Baden.

Pieroth, B.; Schlink, B.; Kniesel, M.; Kingreen, T.; Poscher, R. (2014), *Polizei- und Ordnungsrecht*, 8. Aufl., München.

Schenke, W.-R. (2013), *Polizei- und Ordnungsrecht*, 8. Aufl., Heidelberg.

Schneider, H.-P., Staatliches Glücksspielmonopol auf dem Prüfstand. Kohärenz- und Konsistenzdefizite im neuen Spielrecht der Länder", in: *WiVerw* 2014, S. 165 ff.

Schneider, H.-P., Wächter wider Willen. Methodenkritische Bemerkungen über verfassungsrichterliche Zurückhaltung beim Grundrechtsschutz von Spielhallenbetreibern. In: *GewArch* 2014, S. 424 ff.

Schönenbroicher, K.; Heusch, A. (2014), *Ordnungsbehördengesetz Nordrhein-Westfalen,* Siegburg.

Treffer, C. (1993), *Staatshaftung im Polizeirecht*, Berlin.

Verzeichnis der Entscheidungen

BayVerfGH, NVwZ 2014, 141 ff.
BerlVerfGH, NVwZ 2014, 825 ff.
BGHZ 56, 40 ff.
BGHZ 87, 321 ff.
BGHZ 90, 17 ff.
BGHZ 100, 136 ff.
BGHZ 102, 350 ff.
BGHZ 110, 1 ff.
BGHZ 122, 317 ff.
BGHZ 126, 386 ff.
BGHZ 129, 23 ff.
BGHZ 134, 30 ff.
BGHZ 137, 11 ff.
BGH, Urteile vom 16.04.2015 – III ZR 204/13 und III ZR 333/13.
BVerwGE 147, 47 ff.

BWStGH, Urteil vom 17.06.2014 – 1 VB 15/13, BeckRS 2014, 52775.
LG Düsseldorf, Urteil vom 02.05.2012 – 2b O 192/11, juris.
OLG Bremen, Urteil vom 13.02.2013 – 1 U 6/08, juris.
OLG Hamm, Urteil vom 03.05.2013 – 11 U 88/11, juris.
OLG Köln, Urteil vom 03.05.2012 – 7 U 194/11, juris.
OLG Zweibrücken, Beschluss vom 06.03.2013 – 6 W 21/12, juris.

Vorschriften

§ 839 BGB [Haftung bei Amtspflichtverletzung]

(1) [1]Verletzt ein Beamter vorsätzlich oder fahrlässig die ihm einem Dritten gegenüber obliegende Amtspflicht, so hat er dem Dritten den daraus entstehenden Schaden zu ersetzen. [2]Fällt dem Beamten nur Fahrlässigkeit zur Last, so kann er nur dann in Anspruch genommen werden, wenn der Verletzte nicht auf andere Weise Ersatz zu erlangen vermag.
(2) [1]Verletzt ein Beamter bei dem Urteil in einer Rechtssache seine Amtspflicht, so ist er für den daraus entstehenden Schaden nur dann verantwortlich, wenn die Pflichtverletzung in einer Straftat besteht. [2]Auf eine pflichtwidrige Verweigerung oder Verzögerung der Ausübung des Amts findet diese Vorschrift keine Anwendung.
(3) Die Ersatzpflicht tritt nicht ein, wenn der Verletzte vorsätzlich oder fahrlässig unterlassen hat, den Schaden durch Gebrauch eines Rechtsmittels abzuwenden.

Art. 34 GG [Haftung bei Amtspflichtverletzung]

[1]Verletzt jemand in Ausübung eines ihm anvertrauten öffentlichen Amtes die ihm einem Dritten gegenüber obliegende Amtspflicht, so trifft die Verantwortlichkeit grundsätzlich den Staat oder die Körperschaft, in deren Dienst er steht. [2]Bei Vorsatz oder grober Fahrlässigkeit bleibt der Rückgriff vorbehalten. [3]Für den Anspruch auf Schadensersatz und für den Rückgriff darf der ordentliche Rechtsweg nicht ausgeschlossen werden.

§ 39 OGB NRW [Zur Entschädigung verpflichtende Maßnahmen]

(1) Ein Schaden, den jemand durch Maßnahmen der Ordnungsbehörden erleidet, ist zu ersetzen, wenn er
a) infolge einer Inanspruchnahme nach § 19 oder

b) durch rechtswidrige Maßnahmen, gleichgültig, ob die Ordnungsbehörden ein Verschulden trifft oder nicht,
entstanden ist.

(2) Ein Ersatzanspruch besteht nicht,
a) soweit die geschädigte Person auf andere Weise Ersatz erlangt hat oder
b) wenn durch die Maßnahme die Person oder das Vermögen der geschädigten Person geschützt worden ist.

(3) Soweit die Entschädigungspflicht wegen rechtmäßiger Maßnahmen der Ordnungsbehörden in anderen gesetzlichen Vorschriften geregelt ist, finden diese Anwendung.

§ 29 GlüStV [Übergangsregelungen]

(1) bis (3) …
(4) [1]Die Regelungen des Siebten Abschnitts finden ab Inkrafttreten dieses Staatsvertrags Anwendung. [2]Spielhallen, die zum Zeitpunkt des Inkrafttretens dieses Staatsvertrags bestehen und für die bis zum 28. Oktober 2011 eine Erlaubnis nach § 33i Gewerbeordnung erteilt worden ist, deren Geltungsdauer nicht innerhalb von fünf Jahren nach Inkrafttreten dieses Vertrages endet, gelten bis zum Ablauf von fünf Jahren nach Inkrafttreten dieses Vertrags als mit §§ 24 und 25 vereinbar. [3]Spielhallen, für die nach dem 28. Oktober 2011 eine Erlaubnis nach § 33i Gewerbeordnung erteilt worden ist, gelten bis zum Ablauf von einem Jahr nach Inkrafttreten dieses Staatsvertrags als mit §§ 24 und 25 vereinbar. [4]Die für die Erteilung einer Erlaubnis nach § 24 zuständigen Behörden können nach Ablauf des in Satz 2 bestimmten Zeitraums eine Befreiung von der Erfüllung einzelner Anforderungen des § 24 Abs. 2 sowie § 25 für einen angemessenen Zeitraum zulassen, wenn dies zur Vermeidung unbilliger Härten erforderlich ist; hierbei sind der Zeitpunkt der Erteilung der Erlaubnis gemäß § 33i Gewerbeordnung sowie die Ziele des § 1 zu berücksichtigen. [5]Das Nähere regeln die Ausführungsbestimmungen der Länder.

§ 5 StHG v. 26. Juni 1981, BGBl. I S. 553 [außer Kraft]

(1) …

(2) [1]Besteht die Pflichtverletzung in einem rechtswidrigen Verhalten des Gesetzgebers, so tritt eine Haftung nur ein, wenn und soweit ein Gesetz dies bestimmt. [2]Die Haftung für Pflichtverletzungen der vollziehenden oder rechtsprechenden Gewalt, die ausschließlich auf dem Verhalten des Gesetzgebers beruhen, bleibt davon unberührt.

§ 5 SBIG [illegible]

[illegible]

Die [illegible] der [illegible]

Claire Pinson*

ARJEL: a model for a German Gambling Commission?

1. The current French online gambling regulatory framework

In France, online gambling services are regulated by Law No 2010–476 dated 12 May 2010 on the opening up to competition of the online gambling market.

Article 1 of Law No 2010–476 states that gambling is not an ordinary form of trade, nor an ordinary service and that, in accordance with the principle of subsidiarity, it is strictly regulated in order to pursue public order, public safety, health and childhood protection objectives.

Article 3–1 of Law No 2010–476 specifies that the aim of the national gambling policy is to restrict and regulate the provision and use of gambling services and to monitor how they are operated in order to:

- prevent excessive or pathological gambling and protect minors;
- ensure the integrity, reliability and transparency of gambling;
- prevent fraudulent and criminal activities, as well as money laundering and financing terrorism;
- ensure the balanced, fair development of various types of games in order to avoid any economic destabilization of the concerned sectors.

The opening up to competition of the online gambling market has been restricted to 3 sectors (articles 11, 12 and 14 of Law No 2010–476):

online sports betting,
online horse racing betting and
online poker.

* Claire Pinson arbeitet als European and International Affairs Officer bei der Autorité de Regulation des Jeux en ligne (ARJEL) in Paris (Frankreich).

2. ARJEL organization

ARJEL (French Online Gambling Regulatory Authority) is an independent administrative authority financed by the French State budget. Its annual budget amounts less than 10€m among which 6€m are allocated to human resources with a maximum number of agents of 58.

ARJEL Board is composed of 7 members appointed on economic, legal and technical credentials (article 35-II of Law No 2010–476). Three members, including the Chair, are appointed by the Government, two members by the Lower Chamber of Parliament and two members by the Upper Chamber.

ARJEL Board exercises ARJEL powers and responsibilities, with the exception of decisions concerning sanctions (article 35-I of Law No 2010–476).

ARJEL Sanction Committee is composed of six members whose duties are incompatible with those of Board members: two judges from the French Supreme Administrative Court, two judges from the French Supreme Civil Court and two judges from the Government Audit Office. The Sanction Committee pronounces sanctions – scaling from fines to the withdrawal of the license – against licensed operators which breach their legislative and regulatory obligations (articles 41-I, 43-I and 43-II of Law No 2010–476).

3. ARJEL missions

The aim of ARJEL missions is to ensure that licensed online operators comply with the State policy objectives on gambling. Those missions are not outsourced, they are all implemented internally by ARJEL services.

ARJEL Board delivers the licenses on the basis of an in-depth analysis report drafted by ARJEL services on the basis of legal, financial and technical criteria aiming at assessing the applicant capability to fulfil its legal and regulatory obligations. Since 2010, 62 licenses have been delivered and 31 revoked. As of January 2015, there are 31 active licenses for 17 operators.

ARJEL also monitors licensed online gambling operators by controlling their economic activity (reporting, e.g. data on activity on a weekly basis) and their technical activity (security and compliance of the front-end – sensor + vault – is regularly checked – homologation of the software/certification of the gambling architecture).

ARJEL moreover fights against the illegal gambling offer defined as the online gambling offer proposed by a non-licensed website to the public in France, inspiring the hope of a gain even partially due to chance and implying a financial sacrifice.

In this respect, ARJEL ensures the detection of illegal websites (over 4.300 sites under surveillance), the notification to illegal operators and the implementation of actions (civil procedure of blocking access to websites, criminal procedure, and administrative blocking of financial flows). The French regulation does not provide for a black-list of illegal websites nor for the criminalization of the players. Blocking access to websites currently involves the hosting providers extending the delays and increasing the costs related to the procedure because the most relevant stakeholders in such a blocking are the ISPs. Even if blocking access to websites is always possible to circumvent for illegal operators, there is an average rate of 93 % of voluntary compliance after the first notification by ARJEL, 38 % of compliance after the sending of a formal cease and desist letter and finally only 3 % of litigation related to DNS blocking. Administrative payment blocking procedure has never really been implemented but in some countries like for example Belgium, United Kingdom or Norway, where the regulatory authorities have agreements with financial institutions and/or payment service providers, it is seen as an efficient tool.

On the European Union level, the Italian Presidency which ended in December 2014 adopted guidelines aiming at enhancing the cooperation between the Member States enforcement public authorities. Some of those proposals could potentially involve gambling regulatory authorities. The European Commission seems to privilege preventive enforcement measures (reducing contact of citizens with illegal offer, education, information, encouragement to responsible business conduct) over responsive enforcement measures (blocking whether of websites or of payments) because such measures imply intermediaries to take action: a horizontal initiative on notice-and-action procedures is currently being prepared by the Commission services.

4. Reasons for the creation of an independant administrative authority to regulate online gambling

Currently, ARJEL included, in France there are four gambling regulatory authorities and a dedicated police department. The Ministry for Budget regulates the State monopoly on lottery both offline and online, (*Française des Jeux – FDJ*), and the State monopoly on offline horse racing betting (*Pari Mutuel Urbain – PMU*), the Ministry for Agriculture also regulates the State monopoly on offline horse racing betting, the Ministry for Home Affairs controls casinos and the Central Service for Races and Games is a specialized police service, historically created to control races, which competence has later on been extended to casinos (as public action depends on public prosecutors, this service does not hold the monopoly of public action in this field).

The decision to create a specific regulatory body for online gambling is a choice resulting from history and deriving from the French offline gambling regulation framework.

Three types of offline gambling were legal before the opening up to competition of online gambling in 2010. Each of those games was controlled by a specific authority with regards to its inherent risks. According to casinos which are operated by private groups holding public concessions issued by towns (communes) both protection of public order and land-use planning are at stake. The control authority is therefore the Ministry or Home affairs. Betting on horse racing: is a financing tool of the horse breeding sector which grounds the control by the Ministry for Agriculture Offline, this sector is operated by a group of economic interest composed of horse breeders societies and controlled by the State. The national lottery had initially been created as a budget resource namely to help the victims of World War I. A at first directly implemented by the Ministry for Budget the operation of the national lottery has then been devoted to a state-owned company held up to 72 % by the French State in the late 1970's and is since then controlled by the Ministry for Budget.

When opening up the online gambling market to competition, the legislator did not intend to question this organization.

Therefore, the organization of online gambling regulation differs from offline because the legislator chose the solution which is always applied when a sector in which evolve both state controlled entities and private operators are in competition is opened up to competition i.e.: the creation of an independent administrative authority.

The characteristic of such authorities is independence: ARJEL Board members, including the Chair, have a fix mandate of six years which cannot be revoked unless for serious misconduct.

With regards to the current active operators on the French online gambling market, independence of the authority in charge of regulation remains necessary. Moreover, from an independent regulatory control, coming back to a regulatory control exercised by a Ministry would appear difficult. Furthermore, the choice of a specific independent administrative authority presents advantages. Given the government will to proceed with swift opening up to competition in 2010, a specific regulatory authority enabled to concentrate the efforts (the preparatory mission of ARJEL was a mission administration). The political choice to ensure a real-time control over all online gambling and financial data required the settling of a specific technical mechanism: expertise of a dedicated staff were needed. Online gambling is subject to a specific legal framework and some of the issues related to online operators vary a lot from those of offline operators, e.g. e-commerce issues.

5. Does this organization reach its limits?

Today, convergences between online and offline gambling regulation appear necessary. The European Commission initiative in the field of administrative cooperation between EU regulatory authorities is intended to involve both online and offline gambling (scope and contact points). There is a call from the Council of Europe and the sports organizations (namely IOC) for a unique national contact point when it comes to the regulation of sports betting in order to ensure the integrity of sports betting within the fight against the manipulation of sports competitions. Such convergences appear necessary with regards to action in the field of responsible gambling and players protection. One of the main characteristics of problematic players is multiple gambling activity both online and offline. ARJEL action plan on the prevention of problematic gambling and of addiction involves the assessment of players' behavior that will be proposed on a specific website intended to both to online and to offline players.

The scope of the European Commission Recommendation of 14 July 2014 on principles for the protection of consumers and players of online gambling services and for the prevention of minors from gambling online

(2014/478/EU) comprises both online and offline gambling. Such convergences lead to solutions. For example, the UK Gambling Commission which is competent both online and offline in all gambling sectors works on the identification of players both online and offline. In this respect, the issue of a player's unique identification number could be touched upon.

Another question can be raised on the role of the European Commission which initiatives appear to be more and more cross-cutting. Indeed, the European Commission action plan towards a global framework for online gambling published as of October 2012 (COM(2012) 596 final) specifies that:

- the principles and actions resulting there of would, where appropriate, apply both online and offline;
- according to enforcement, "a sound organizational structure and full competences for the national gambling authority" were to be privileged.

Conclusion

The choice of an independent administrative authority for the regulation of online gambling in France is linked to the context of the opening up to competition and was valuable at that time. Limits may arise today.

Dirk Uwer*

Bundesrechtliche Regulierung aller öffentlichen Glücksspiele – Alternativmodell Bundes-Glücksspielgesetz

1. Forum aleatorium

1.1 Die Szenerie

Ronald Reicherts heutige, ebenso faktenreiche wie leidenschaftliche Abrechnung mit dem desolaten *Status quo* des Glücksspielrechts in Deutschland hat bei mir einige biographisch bedingte Assoziationen geweckt: Zum einen an die heroische Figur des „Orlando furioso“ aus dem vor 500 Jahren erschienenen gleichnamigen Ritter-Versepos des *Ludovico Ariosto,* Ferrareser Hofdichter der Herzöge d'Este. *Ariost* war Humanist durch und durch, sein „Rasender Roland“ (oder doch: Ronald?) ist über die Jahrhunderte eines der prägendsten Werke der Weltliteratur geblieben, dessen Spuren sich beispielsweise in *Shakespeares* „Der Widerspenstigen Zähmung“ nachweisen lassen. *Ronald Reichert* zähmt beharrlich und mit langfristigem Erfolg die Widerspenstigen im Glücksspielrecht, und anders als bei *Ariosts* Orlando, der wegen seiner Liebe zur schönen Prinzessin Angelica den Verstand verliert, bis dieser (Orlandos Verstand) dann vom englischen Prinzen Astolfo auf dem Mond in einer Flasche wiedergefunden wird, sind nicht wenige Kenner der Materie überzeugt, dass jene Suche im Falle der Verfechter des Glücksspielstaatsvertrags möglicherweise noch nicht glücklich beendet ist. Wem das in einem bedauerlicherweise traditionell ideologiebelasteten Umfeld ketzerisch dünkt, den will ich angesichts von Reicherts Bestandsaufnahme auf den großen Renaissance-Philosophen, Häretiker und Dichter *Giordano Bruno* verweisen: „Wenn es nicht wahr ist, ist es gut

---

* Dr. iur. Dirk Uwer, LL.M., Mag.rer.publ. ist Rechtsanwalt in Düsseldorf und Partner der Hengeler Mueller Partnerschaft von Rechtsanwälten mbB. – Der Vortragsstil wurde soweit wie möglich beibehalten.

erfunden."[1] Man könnte meinen, ein so blamables Gesetz könne nicht (dauerhaft) wahr sein und müsse als Musterfall schlechter Gesetzgebung gut erfunden sein, doch weit gefehlt. Indes – und damit will ich meinen Assoziationsfaden schon wieder abreißen lassen –: *Bruno* landete auf dem Scheiterhaufen des Campo de' Fiori in Rom, und ein ähnlich düsteres Schicksal droht nun – wieder einmal – dem Glücksspielstaatsvertrag der Länder. Anlass genug für einen fundamentalen Neuanfang.

1.2 Glücksspielstaatsversagen

„Politik beginnt mit dem Betrachten der Wirklichkeit", diesen (ihm jedenfalls häufig zugeschriebenen) Satz *Kurt Schumachers* führen Politiker aller Couleur in ihrem rhetorischen Standardrepertoire. Beherzigt wird er ungleich seltener, und nirgends so wenig wie im Glücksspielrecht, dessen mit Händen greifbares Scheitern wenn nicht in Abrede gestellt, so doch beharrlich ignoriert wird. Der Glücksspielstaatsvertrag 2012 hat gegenüber seinem für verfassungs- und unionsrechtswidrig erklärten Vorgängern[2] keinerlei Verbesserung gebracht – weder für die Marktteilnehmer noch die Spieler, deren Schutz zu dienen der Staatsvertrag vorgibt –, sondern vielmehr die vielfältig literarisch, vor allem aber justiziell monierten Inkohärenzen des deutschen Glücksspielrechts vertieft. Die deprimierende Diagnose lautet: Der Glücksspielstaatsvertrag ist ein Dokument des „Glücksspielstaatsversagens".[3]

Das wurde jüngst noch einmal deutlich, als *Tilman Becker*, Leiter der hiesigen Forschungsstelle Glücksspiel und Organisator dieses Symposiums, mit den Worten zitiert wurde, Online-Wetten auf Lottozahlen seien „schlicht

---

1 Von den heroischen Leidenschaften, Zweiter Teil, Dritter Dialog; im italienischen Original von 1585: „Se non è vero, è molto ben trovato."

2 Siehe BVerfGE 115, 276 ff. – *Sportwetten* und EuGH, Urteil vom 08.09.2010, Rs. C-409/06 (Winner Wetten), Slg. 2010, I-8015 zum Lotteriestaatsvertrag; EuGH, Urteile vom 08.09.2010, Rs. C-409/06 (Winner Wetten), verb. Rs. C-316, 358–360, 409, 410/07 (Markus Stoß et al.) und C-46/08 (Carmen Media), Slg. 2010, I-8069, I-8149 zum Glücksspielstaatsvertrag 2008.

3 Uwer, D., „Die unwahre Gesetzbegründung", in: Franzius, C. / Kloepfer, M. (Hrsg.) (2013), *Beharren. Bewegen. Festschrift für Michael Kloepfer zum 70. Geburtstag*, Berlin: Duncker & Humblot, S. 867 (869).

illegal"[4]. Bei Lichte betrachtet fällt die juristische Bewertung indes keineswegs so eindeutig aus. Mit gleicher Stringenz und Vehemenz ließe sich vertreten, dass das staatliche „Oddset" derzeit das einzige „schlicht illegale" Sportwettenangebot am Markt sei. Denn schließlich hat der Europäische Gerichtshof diesem Monopolangebot des Deutschen Lotto- und Totoblocks bereits die Unionsrechtswidrigkeit attestiert.[5] In gleichem Licht sind die teils harschen Reaktionen auf die Pläne der Deutsche Telekom AG zu sehen, in Kooperation mit einem österreichischen Lizenzinhaber in den Online-Sportwettenmarkt einzusteigen. Derartige „schnöde Tricks" dürfe sich der Bund als Miteigentümer nicht gefallen lassen, tönte reflexhaft der Deutsche Lotto- und Totoblock; der Verweis auf die primärrechtlich garantierte Dienstleistungsfreiheit sei „absurd".[6] Die Deutsche Telekom hingegen zeigt sich nach sorgfältiger Prüfung der Rechtslage von der Zulässigkeit ihres Vorgehens überzeugt. „Rechtmäßigkeit" und „Rechtswidrigkeit" werden unter dem Glücksspielstaatsvertrag zu oszillierenden Begriffen.

Die Monopolkommission hatte in ihrem XIX. Hauptgutachten 2010/2011 die Glücksspielmärkte in den Blick genommen und wissenschaftlich solide herausgearbeitet, dass die Länder an einer „gesellschaftlich effizienten Regulierung" dieser Märkte gescheitert seien.[7] Sie musste sich dann von den Glücksspielreferenten in der von ihnen vorbereiteten Stellungnahme des Bundesrates[8] in herablassendem Ton belehren lassen, dass die notwendig wettbewerbspolitisch verengte Perspektive der Ökonomen „eine umfassende und fundierte Beurteilung der primär ordnungsrechtlichen Glücksspielregulierung nicht" zulasse.

---

4 „Glücksspiel-Forscher: Wetten auf Lottozahlen schlicht illegal", abrufbar unter http://www.lotto-news.de/gluecksspiel-forscher-wetten-auf-lottozahlen-schlicht-illegal-201528823.

5 Vgl. EuGH, Urteil vom 08.09.2010, Rs. C-46/08 (*Carmen Media*), Slg. 2010, I-8149 (Rn. 53 ff.).

6 „Lotto informiert: Deutsche Telekom unterläuft deutsche Regelungen als Sportwettenanbieter: DLTB fordert Einschreiten der Bundesregierung", abrufbar unter http://www.isa-guide.de/isa-gaming/articles/123170.html.

7 Monopolkommission, XIX. Hauptgutachten 2010/2011, Bundestags-Drucksache 17/10365, S. 47.

8 Bundesrat, Beschluss vom 03.05.2013, Bundesrats-Drucksache 234/13.

Auf dieser Linie meinten schon die Verfasser des (ersten) Glücksspielstaatsvertrags von 2008, von einem „Glücksspielmarkt" überhaupt nur in Anführungszeichen reden zu sollen und diesen „Markt" als Alternative zum „Monopol mit staatlich verantwortetem Angebot" mit einer für Gesetzesbegründungen bemerkenswerten und rückblickend in Kenntnis der Marktentwicklung in den folgenden sieben Jahren gehässig anmutenden Begründung rundweg abzulehnen: „Eine Zulassung privater Wettunternehmen in einem derartigen ‚Glücksspielmarkt' würde zu einer enormen Expansion des Angebots führen."[9] Bei „Aufgabe der strikten Regulierung" würden sich die Sportwetten-Umsätze bis 2010 gegenüber den damals „in Annahmestellen getätigten Umsätze" verzehnfachen. Solche offensichtlich nicht evidenzbasierten Aussagen zeigen, dass an die Stelle einer akzeptanzfördernden Normbegründung das pure Ressentiment eben jener Staatsvertragsautoren getreten ist, die für den Übergang vom „pathologisierenden Fiskalstaat" zum „pathologischen Rechtsstaat" Verantwortung trugen.[10]

1.3 Hypokrisie der Länder-Gesetzgebung

Die fiskalische Motivation hinter der hypokritischen „Legal-Behauptung" des § 1 Satz 1 GlüStV, es gehe den Landesgesetzgebern um Suchtprävention, Kanalisierung, Jugend- und Spielerschutz, Kriminalitätsbekämpfung und den Schutz vor Sportmanipulationen als ausschließliche Zielen ihres Regelungsregimes, und zu diesem Zwecke differenzierte Maßnahmen in Abhängigkeit vom jeweiligen Gefahrenpotential postulieren, ist längst dekuvriert. In Wahrheit geht es, wie so häufig, ums Geld, genauer: um die Sicherung der (indes immer weniger) lukrativen Monopolrente.[11]

Nun ist die Einnahmengenerierung kein *per se* unlauteres Motiv zur Gesetzgebung; die leicht schizophren anmutende Gemengelage von Lenkungsbestreben und Fiskalinteresse ist schließlich von Tabak- und Mineralölsteuer

---

9 Abgedruckt bei Uwer, D. (Hrsg.) (2. Auflage 2013): *Glücksspielrecht – Textsammlung*, München: Medien und Recht, S. 87.

10 Vgl. Uwer, D. (Hrsg.) (1. Auflage 2010): *Glücksspielrecht im Umbruch – Textsammlung Deutschland, Österreich, Europäische Union*, München: Medien und Recht, S. 19; Uwer, D., „Permanenz in Inkohärenz", *NovoArgumente* 2015.

11 Außerhalb der offiziellen Gesetzesbegründungen geben das sogar die Verantwortlichen der Länder ganz unverhohlen zu; siehe die Beispiele bei in: Franzius, C. / Kloepfer, M. (Hrsg.) (2013), *Beharren. Bewegen*, S. 867 (875 f.).

(jetzt: Energiesteuer) wohlbekannt. Indessen verfehlen die Länder ironischerweise selbst dieses beharrlich verleugnete Ziel: Der unter keinem Gesichtspunkt wissenschaftlichen Kriterien genügende Evaluationsbericht der Glücksspielaufsichtsbehörden der Länder vom 1. September 2010 thematisierte im Kapitel V.4 in der Form eines „Gastbeitrags" des vielfältig kritisierten und letztlich dysfunktionalen „Fachbeirats" (§ 10 Abs. 1 S. 2 und 3 GlüStV) die sozialen Kosten des Glücksspiels. Dem vorgeschaltet war eine durchaus aussagekräftige, aber – da mit Blick auf die ideologische Akzentuierung des „Berichts" – keiner wissenschaftlichen Bewertung unterzogene Übersicht zu den Marktentwicklungen zwischen 2005 (letztes Geschäftsjahr vor dem Sportwetten-Urteil des BVerfG und den von den Ländern zur Monopolsicherung gezogenen Konsequenzen) und 2009 (letztes volles Geschäftsjahr des Evaluierungszeitraums): Danach sanken die Spieleinsätze im Deutschen Lotto- und Totoblock von 8,065 Mrd. Euro (2005) um 13,18 % auf 7,002 Mrd. Euro (2009). Im gleichen Zeitraum fielen die von den gewerblichen Lotterievermittlern (§ 19 GlüStV) an die Landeslotteriegesellschaften vermittelten Spieleinsätze auf nur noch 38,46 % des Ausgangsniveaus von 2005. Die Klassenlotterien verloren in den fünf Jahren des Betrachtungszeitraums 56,2 % ihrer Spieleinsätze – eine Tendenz, die sich im Übrigen verstetigt hat: Für 2013 konnte die Gemeinsame Klassenlotterie (in der SKL und NKL aufgegangen sind) nur noch Spieleinsätze von 358,8 Mio. Euro vermelden, rund 27 % des Wertes von 2005. Mit anderen Worten: Das unter jedem in § 1 GlüStV genannten Gesichtspunkt ganz und gar ungefährliche Klassenlotteriespiel wurde unter dem Regelungsregime des GlüStV nahezu Dreiviertel seiner Umsätze beraubt. Die Umsätze der staatlichen oder staatlich konzessionierten Spielbanken sanken von 2005 bis 2009 um 35,1 %. Im Ergebnis dieser Entwicklung fiel das Lotteriesteueraufkommen von rund 1,74 Mrd. Euro im Jahr 2005 um 16,73 % auf 1,45 Mrd. Euro 2009, die Abführungen an die Länder aus Erträgen der Landeslotteriegesellschaften und Konzessionsabgaben rutschten um 18,12 % von rund 1,75 Mrd. Euro 2005 auf rund 1,41 Mrd. Euro 2009 ab.[12]

12 Uwer, D., „Der Glücksspielmarkt in Deutschland: Exekutivische Marktignoranz, politischer Stillstand und gerichtliches Scheitern", in: Schmittmann, M. (Hrsg.) (2015), Glücksspielrecht zwischen politischem Stillstand und gerichtlichem Scheitern, München: Medien und Recht, S. 11, 14 f.

Makroökomisch kompensiert werden die durch eine ihre Ziele verfehlenden Regulierung ausgelösten Wohlfahrtsverluste – trotz einer vor dem Sportwetten-Urteil des Bundesverfassungsgerichts vom 28.03.2006 nahezu unbekannten und erst seitdem in bemerkenswerter Hochkonjunktur florierenden „Suchtpräventionsindustrie" – keineswegs. Eine grassierende Spielsucht, deren negative Externalitäten nur mit einem wirtschaftlich erdrosselnden Regelungsregime beizukommen wäre, ist empirisch nicht einmal für einzelne Teilmärkte belegbar, jedenfalls aber für die ökonomisch und fiskalisch besonders negativ betroffenen Teilmärkte (Lotterien, Klassenlotterien) inexistent.[13] Aufgrund massiver Vollzugsdefizite in vielen Bereichen des Glücksspiels bleibt die von den Ländern postulierte Kanalisierung durch die staatlichen Angebote ohnehin aus.[14]

Nach dreifachem Scheitern – Lotteriestaatsvertrag 2004, Glücksspielstaatsvertrag 2008 und Glücksspielstaatsvertrag 2012 – kann die Schlussfolgerung nur sein: Noch einmal von vorne. Aber durch wen? Politisch haben die Länder ihr Recht auf einen vierten Anlauf verwirkt. Der Bund ist gefordert.

2. Kompetenzrechtlicher Rahmen für ein Bundes-Glücksspielgesetz

Angesichts der Insuffizienz des von den Landesgesetzgebern geschaffenen Rechtsrahmens für öffentliches Glücksspiel drängt sich zunächst die Frage nach der Gesetzgebungskompetenz des Bundes auf. Sie fehlt, das mag man mit *Hans-Ulrich Stühler* bedauern,[15] *de consitutione lata* unbestreitbar für das „Recht der Spielhallen", das aus dem Kompetenztitel des Art. 74 Abs. 1 Nr. 11 GG explizit ausgenommen ist.

Im Folgenden wird deshalb eine konsistente Regelung aller öffentlichen Glücksspiele durch den Bund skizziert. Die ausschließliche Länderkompetenz für das Recht der Spielhallen steht ihr nicht entgegen, da diese lediglich sol-

13 Grundlegend Peren, F. W. / Clement, R. (2011), Pathologie-Potenziale von Glücksspielprodukten. Eine komparative Analyse von in Deutschland angebotenen Glücksspielprodukten.

14 S. Möschel, W., *EuZW* 2013, 252 (254 f.).

15 Stühler, H.-U., „Trading Down durch Spielhallen", in diesem Band.

che Regelungsmaterie umfasst, die sich aus der örtlichen Radizierung des Spielhallenwesens, genauer: der konkreten Spiel*hallen*, ergibt.[16]

2.1 Keine „Lotteriehoheit" der Länder, sondern konkurrierende Gesetzgebungskompetenz des Bundes

Auslöser dieser Überlegungen ist eine fast beiläufige Bemerkung auf den letzten Seiten des Sportwetten-Urteils des Bundesverfassungsgerichts vom 28.03.2006, die sich in den Staatskanzleien keiner Beliebtheit erfreut. Dort erklärt der Erste Senat, nachdem er die Unvereinbarkeit des bayerischen Sportwettenmonopols mit Art. 12 Abs. 1 GG festgestellt und eine verfassungskonforme Neuregelung angemahnt hat:

> Eine Neuregelung kommt dabei grundsätzlich sowohl durch den Bundes- wie den Landesgesetzgeber in Betracht. (...) Eine Kompetenz des Bundes *scheitert nicht an dem ordnungsrechtlichen Aspekt* der Regelungsmaterie.[17]

Bund und Länder konkurrieren um die Kompetenz zur Gesetzgebung für das Glücksspielwesen. Die Länder dürfen nur legeferieren, „solange und soweit" sich nicht der Bund der Materie angenommen hat. Kollidierende Landesgesetze sind infolge der Sperrwirkung des Art. 71 Abs. 1 GG nichtig.[18] Darüber hinaus trifft die Landesgesetzgeber ein umfangreiches Tätigkeitsver- und Rücksichtnahmegebot im Hinblick auf die vorrangige Regelung des Bundes.

Die von den Ländern regelmäßig und stereotyp postulierte „Lotteriehoheit" erweist sich vor diesem Hintergrund als Figur von geringer verfassungsrechtlicher Substanz.

2.2 Erforderlichkeit einer Regelung durch den Bund

Die kompetenzrechtliche Kernfrage für ein Bundes-Glücksspielgesetz ergibt sich aus Art. 72 Abs. 2 GG. Danach darf der Bund die Gesetzgebung nur an sich ziehen, wenn und soweit dies zur Herstellung gleichwertiger Lebensver-

16 BWStGH, Urteil vom 17.06.2014, 1 VB 15/13, Rn. 310 ff. (juris); zur Kompetenzabgrenzung näher Weidemann/Krappel, *NVwZ* 2013, 673 (676 ff.); grundlegend und ausführlich jüngst Uhle, A., Normativ-rezeptive Kompetenzzuweisung und Grundgesetz, Baden-Baden: Nomos, 2015.

17 BVerfGE 115, 276 (318 f.) – Sportwetten, Hervorhebung hinzugefügt.

18 Die Vorschrift ist *lex specialis* zur allgemeinen Vorrangklausel des Art. 31 GG.

hältnisse im Bundesgebiet oder zur Wahrung der Rechts- oder Wirtschaftseinheit im gesamtstaatlichen Interesse erforderlich ist. Über die Einhaltung dieser Erforderlichkeitsklausel wacht das Bundesverfassungsgericht;[19] Art. 93 Abs. 1 Nr. 2a GG gibt (insbesondere) den Ländern hierfür ein eigenes Verfahren an die Hand. Im Streitfall muss der Bund die Erforderlichkeit seiner Regelung darlegen. Mit weitem Abstand wichtigster Anwendungsbereich ist die konkurrierende Kompetenz für das Recht der Wirtschaft (Art. 74 Abs. 1 Nr. 11 GG), auf die sich auch ein Bundes-Glücksspielgesetz stützen müsste.

Was macht also eine Regelung durch den Bund „erforderlich" in diesem Sinne? Ausgangspunkt ist der eingangs bereits konstatierte Befund, dass die Länder sich einer angemessenen, insbesondere unions- und verfassungsrechtskonformen Regelung nachdrücklich verweigern. Stattdessen verstricken sie sich in einem „obsessiven Kampf"[20] gegen private Anbieter, einschließlich der Lancierung diskreditierender Kampagnen gegen private Marktteilnehmer und der Mobilisierung aller verfügbaren Mittel, um sich trotz unvermeidlich konvergenter Märkte in Europa gegenüber jeder Konkurrenz zu den eigenen Anbietern abzuschotten. Auch die durch das im Scheitern begriffene Sportwetten-Konzessionsverfahren mittelfristig notwendig werdende weitere Novelle des Glücksspielstaatsvertrag wird vor diesem Hintergrund nicht zu einem sowohl mit höherrangigem Recht vereinbaren als auch marktadäquaten und zugleich ein hohes Schutzniveau garantierenden, modernen Regulierungssystem führen.

Dabei ist nicht zu verkennen, dass die Anforderungen aus Art. 72 Abs. 2 GG an eine Kompetenzwahrnehmung des Bundes keine niedrigen Hürden sind, wie soeben das Urteil des Bundesverfassungsgerichts vom 21.07.2015 zum Betreuungsgeld gezeigt hat.[21] Aber dem Bund wird es gelingen zu zeigen, dass ein Bundes-Glücksspielgesetz zur Wahrung der Rechtseinheit erforderlich ist, weil die mit ihm „erzielbare Einheitlichkeit der rechtlichen Rahmenbedingungen Voraussetzung für die Vermeidung einer Rechtszersplitterung

---

19 Näher zur jüngeren Entscheidungspraxis des BVerfG Herbst, T. (2014), *Gesetzgebungskompetenzen im Bundesstaat*, Tübingen: Mohr Siebeck, S. 326 ff.

20 Treffend Möschel, W., *EuZW 2013*, 252 (254).

21 1 BvF 2/13 , *NJW* 2015, 2399.

mit problematischen Folgen ist, die im Interesse sowohl des Bundes als auch der Länder nicht hingenommen werden kann".[22]

2.2.1 Drohende Rechtszersplitterung durch unionsrechtswidrigen Glücksspielstaatsvertrag

Die bestehenden Kohärenzdefizite und die programmatisch wirkende Kohärenzverweigerung der Länder gefährden aufgrund ihrer unmittelbaren unionsprimärrechtlichen Bedeutung die Rechtseinheit im Bundesgebiet. Denn anders als bei der konkreten Normenkontrolle nach Art. 100 GG besteht kein „Verwerfungsmonopol"[23] für Verstöße nationalen Rechts gegen Unionsrecht.[24] In der Folge kann und muss sich jedes deutsche Gericht als „funktionales Unionsgericht" seine eigene Meinung zur Vereinbarkeit des Glücksspielstaatsvertrags mit dem primären und sekundären Unionsrecht bilden. Das führt zwar nicht schon normtheoretisch zu einer Rechtszersplitterung, da die Regelungen des Glücksspielstaatsvertrags im gesamten Bundesgebiet gegen Unionsrecht verstoßen oder – nach Ansicht der Länder – eben nicht. Rechtstatsächlich allerdings – und nur darauf kommt es für die Spieler und Marktteilnehmer an – droht ein Flickenteppich, auf dem das für anwendbar befundene Regelungsregime von Gerichtssprengel zu Gerichtssprengel variieren kann.

Daran ändert auch Art. 267 Abs. 3 AEUV nichts, demzufolge letztinstanzliche nationale Gerichte eine Pflicht zur Vorlage an den Europäischen Gerichtshof trifft, wenn sie an der „Auslegung der Verträge" zweifeln und die Frage entscheidungserheblich ist. Bekanntlich kann eine Vorlage an den EuGH letztinstanzlich nur dann unterbleiben, wenn die Beantwortung der unionsrechtliche Frage entweder derart offenkundig ist, dass es keiner

22 BVerfG, Urteil vom 21.07.2015, 1 BvF 2/13, Rn. 49 – juris.

23 Dogmatisch präziser: „Nichtanwendungsmonopol", da nach ständiger Rechtsprechung des EuGH unionsrechtswidrige Normen des nationalen Rechts lediglich unanwendbar, aber nicht nichtig sind. Grundlegend EuGH, Urteil vom 05.02.1963, Rs. 26/62 (*van Gend & Loos*), Slg. 1963, 3 und Urteil vom 15.07.1964, Rs. 6/64 (Costa/E.N.E.L.), Slg. 1964, 1253.

24 Die sog. *Foto-Frost*-Doktrin etabliert nur ein Verwerfungsmonopol des EuGH für sekundäres Unionsrecht, das gegen primäres Unionsrecht verstößt; EuGH, Urteil vom 22.10.1987, Rs. 314/85 (Foto Frost), Slg. 1987, 4199 (Rn. 15). Nationales Recht kann der EuGH unmittelbar ohnehin nicht verwerfen.

Vorlage bedarf (sog. *acte clair*) oder wenn zu den aufgeworfenen Rechtsfragen bereits eine gefestigte Rechtsprechung des EuGH existiert (sog. *acte éclairé*).[25] Umgekehrt ist auch ein Instanzgericht nicht gehindert, sondern verpflichtet, einer mitgliedstaatlichen Norm ohne Vorlage die Anwendung zu versagen, wenn die Unvereinbarkeit mit dem Unionsrecht als *acte claire* auf der Hand liegt, also gar keine „Zweifel" an dessen Auslegung bestehen.[26] Davon wird man angesichts der nahezu trotzigen Weigerung der Länder, den wiederholten Wegweisungen aus Luxemburg und Karlsruhe Folge zu leisten, wohl ausgehen dürfen.

Hinzu kommt: Im Vertragsverletzungsverfahren muss der Bund für das Versagen der Länder gegenüber den europäischen Institutionen gleichsam „den Kopf hinhalten". Wenn auch die Stellungnahmen der Bundesregierung sich länderfreundlich-wohlwollend lesen – was nicht verwundert, denn sie werden von den obersten Glücksspielaufsichtsbehörden der Länder formuliert –, ist hinter den politischen Kulissen das Entsetzen über das Dilettieren der Länder schon lange groß. Nicht zufällig klingt beispielsweise die Einschätzung der Bundesregierung zum bereits erwähnten Gutachten der Monopolkommission denn auch ganz anders als die indignierte Stellungnahme des Bundesrats: „Die Bundesregierung geht davon aus, dass sich die Länder sehr detailliert und sorgfältig mit der Stellungnahme der Monopolkommission auseinandersetzen werden."[27]

Aus enttäuschten Hoffnungen muss man Lehren ziehen.

---

25 BVerfG, Beschluss vom 29.05.2012, *NZA* 2013, 165 (166); BVerfG, Beschluss vom 30.08.2010, 1 BvR 1631/08, *NJW* 2011, 288 (289); BVerfG, Beschluss vom 25.02.2010, 1 BvR 230/09, *NJW* 2010, 1268 (1269) unter Verweis auf die ständige Rechtsprechung des EuGH, EuGH, Urteil vom 06.10.1982, Rs. 283/81 *(*CILFIT*)*.

26 S. nochmals grundlegend zu dieser sog. *acte-claire*-Doktrin EuGH, Urteil vom 06.10.1982, Rs. 283/81 (CILFIT), Slg. 1982, 3415 (Rn. 16).

27 Stellungnahme der Bundesregierung zum XIX. Hauptgutachten der Monopolkommission 2010/2011, S. 12, abrufbar unter http://www.bmwi.de/BMWi/Redaktion/PDF/S-T/stellungnahme-bundesregierung-hauptgutachten-monopolkommission-2010–2011,property=pdf,bereich=bmwi2012,sprache=de,rwb=true.pdf.

2.2.2 Uneinheitliche Rechtslage und mangelhafte demokratische Legitimation des Glücksspielkollegiums

Dem Glücksspielkollegium, das zwar – buchstäblich – nicht nach außen auftritt, aber alle wesentlichen Regulierungsentscheidungen trifft und von den jeweils zuständigen Landesbehörden im Außenverhältnis umsetzen lässt (§ 9a Abs. 8 Satz 4 GlüStV),[28] leidet an einem Legitimationsdefizit. Das ist in der von § 9a Abs. 5–8 GlüStV vorgesehenen Konstitution des Glücksspielkollegiums angelegt und führt ebenfalls zur Rechtszersplitterung.

Stimmt ein Ländervertreter einem Beschluss des Kollegiums nicht zu, ist die erforderliche Legitimationskette zum jeweiligen Landes(wahl)volk unterbrochen. Die Maßnahme ist in diesem Land, anders als von Art. 20 Abs. 3 GG gefordert, demokratisch nicht legitimiert.[29] Konsequenterweise gilt dies nicht nur für – vermeintlich – unmittelbar außenwirksame Instrumente wie die Werberichtlinie (§ 5 Abs. 4 GlüStV), sondern auch für solche Umsetzungsmaßnahmen der Landesbehörden, die auf einer nicht hinreichend legitimierten Entscheidung des Glücksspielkollegiums beruhen, denn materielle Entscheidungskompetenz üben die vollziehenden Landesbehörden eben nicht aus.

Ob eine Entscheidung des Glücksspielkollegiums umzusetzen ist, hängt demzufolge davon ab, wie der jeweilige Ländervertreter im konkreten Einzelfall abgestimmt hat. Das wiederum herauszufinden, erfordert detektivische Fähigkeiten, da das Glücksspielkollegium – eine fürwahr singuläre Verhöhnung des Rechts auf eine gute Verwaltung nach Art. 41 Abs. 2 GRCh – nach eigenem Bekunden keine Akten führt. Für die Frage der Rechtseinheit kommt es darauf allerdings letztlich nicht entscheidend an, denn *dass* nicht-einstimmige Beschlüsse zur Rechtszersplitterung führen, steht außer Frage – zumal der Rechtsunterworfene nicht weiß, auf welchem Flicken des Teppichs er sich gerade befindet. Es ist deshalb wenig

---

28 Die von § 9a Abs. 5–8 GlüStV vorgesehene Organleihe findet ihr (sachlich hier unpassendes) Vorbild im Rundfunkstaatsvertrag. Dazu näher in diesem Band Ukrow, J. „Aktuelle Entwicklungen an der Schnittstelle Medien- und Glückspielrecht".

29 VG Wiesbaden, Beschluss vom 11.08.2014, 5 K 63/13.WI, Rn. 16 ff. (juris), bestätigt durch Hessischen VGH, Beschluss vom 16.10.2015, 8 B 1028/15, *ZfWG* 2015, 478 ff.

überraschend, dass die deutsche Staatsrechtslehre, soweit sie sich bislang geäußert hat, nahezu unisono von der Verfassungswidrigkeit des Glücksspielkollegiums ausgeht.[30]

2.2.3 Geringe örtliche Radizierung von Glücksspielangeboten

Auch die Wahrung der Wirtschaftseinheit macht ein Bundesgesetz „erforderlich". Das Glücksspielwesen ist – sieht man einmal von den in die Länderzuständigkeit fallenden Spielhallen ab – nur in äußerst geringem Umfang lokal radiziert. In Zeiten stetig wachsender Internetdominanz entstehen staaten- und erst recht länderübergreifende Märkte, die zumindest eine bundeseinheitliche, idealerweise eine unionsweite Harmonisierung erfordern. Dass wohlfeile Gegenargument, wonach bereits der Glücksspielstaatsvertrag eine bundeseinheitliche Regelung (wenn auch auf Länderebene) schaffe, verfängt nach den soeben geschilderten Gefahren der Rechtszersplitterung nicht.

Zu welchen Skurrilitäten ein uneinheitliches Regelungsregime führt, illustriert eine aktuelle Entscheidung des OVG Münster. In dem Beschluss hatte der Senat sich mit der Frage auseinanderzusetzen, inwieweit technische Verfahren zur Identifikation und Geolokalisation sicherstellen können, dass sich ein in Schleswig-Holstein konzessionierter Anbieter von Online-Glücksspiel auch wirklich nur an dort ansässige Kunden richtet.[31] Die Beantwortung der Frage blieb bezeichnenderweise dem Hauptsacheverfahren vorbehalten.

---

30 Würtenberger, T. (2014), Rechtsgutachten zur Verfassungswidrigkeit des Glücksspielkollegiums vor dem Hintergrund der verfassungsrechtlichen Grenzen der Dritten Ebene im Bundesstaat, Freiburg; Kirchhof, G. (2015), Das Glücksspielkollegium – eine verfassungswidrige Kooperation zwischen den Ländern, Rechtsgutachten, Augsburg; s. auch schon Jarass, H. D., ZfWG 2013, 1 (5); Degenhart, C. (2011), Rechtsfragen des ländereinheitlichen Verfahrens nach dem Entwurf eines Ersten Staatsvertrags zur Änderung des Staatsvertrags zum Glücksspielwesen in Deutschland, Leipzig; erwartungsgemäß a.A. jüngst nur – erneut im Auftrag des Deutschen Lotto- und Totoblocks gutachtend – Dietlein, J., Das Glücksspielkollegium im ländereinheitlichen Verfahren, *ZfWG* Sonderbeilage 04/2015.

31 OVG Münster, Beschluss vom 13.11.2014, 13 B 827/14, *ZfWG* 2015, 52 ff.

Die Überregionalität der Glücksspielmärkte macht schließlich auch der rechtsstaatlich prekäre Kampf der Länderexekutiven um die sog. „Regionalisierung" der Lotterieumsätze deutlich.[32] Auch diese (nur notdürftig ordnungsrechtlich camouflierte) Kartellierung[33] – die im Übrigen mit den Zielen des § 1 GlüStV nichts zu tun hat – behindert die Wirtschaftseinheit im Bundesgebiet und wäre durch die hier vorgeschlagene Regelung durch den Bund hinfällig.

2.2.4 Weitere Aspekte der Erforderlichkeit

Hinzu treten weitere Defizite des derzeitigen Regulierungsregimes, die sich zwar weniger eindeutig den beiden Erforderlichkeitsaspekten der Rechts- und Wirtschaftseinheit zuordnen lassen, die Notwendigkeit eines Bundesgesetzes aber ebenso nachdrücklich unterstreichen.

Da ist zunächst noch einmal auf die Arkan-Institution Glücksspielkollegium zurückzukommen. Wer dieser interföderalen Arbeitsgruppe angehört, wird nicht offiziell bekannt gemacht; seine Entscheidungen begründet das Kollegium entgegen § 9a Abs. 8 Satz 2 GlüStV jedenfalls nicht in einer für den Rechtsunterworfenen erkennbaren, weil regelmäßig nicht aktenkundigen Weise. Damit verfehlt das Glücksspielkollegium nicht nur die Anforderungen des Demokratie-, sondern auch die des Rechtsstaatsprinzips.

Auf die Einsichtsfähigkeit der Länder ist nicht (mehr) zu hoffen; in den Staatskanzleien verschließt man sich konsequent der Realität. Davon legen der kürzlich fertiggestellte Zwischenevaluierungsbericht zu den Auswirkungen des Glücksspielstaatsvertrags sowie eine von den Ländern in Auftrag gegebene Studie zum „Glücksspielmarkt Deutschland 2017" ein beredtes Zeugnis ab. Die Zwischenevaluierung (vgl. § 32 GlüStV) attestiert dem Glücksspielstaatsvertrag trotz aller Kritik Erfolg – was kaum verwundern kann, denn die privaten Marktteilnehmer wurden nicht nach ihrer

32 Eingehende Analyse etwa bei Rossi, M., „Regionalisierung im Glücksspielrecht", in: Schmittmann, M. (Hrsg.) (2014), Die Regionalisierung der gewerblichen Lottovermittlung nach dem Glücksspieländerungsstaatsvertrag, München: Medien und Recht, S. 1 ff. Zur Wettbewerbswidrigkeit der Regionalisierung (anhand des früheren Regionalisierungsstaatsvertrags) siehe BGH, Beschluss vom 14.08.2008, KVR 54/07, WM 2008, 1983 ff.

33 Ausführlich dazu Uwer, D., „Die unwahre Gesetzesbegründung", in: in: Franzius, C. / Kloepfer, M. (Hrsg.) (2013), Beharren. Bewegen, S. 867 ff.

Einschätzung gefragt. Wohl damit sie sich auch nachträglich nicht dazu äußern, sah man vorsichtshalber von einer Veröffentlichung des Berichts ab, was mittlerweile zu parlamentarischem Unmut geführt hat.[34]

Die von der Unternehmensberatung „Goldmedia GmbH Strategy Consulting" erstellte Studie zum Glücksspielmarkt 2017 soll künftige Entwicklungen prognostizieren und somit weitere Regulierungsentscheidungen vorbereiten. Bei diesem an sich durchaus lobenswerten Unterfangen den illegalen Markt von vornherein und vollständig auszublenden, war und ist ein unvertretbarer methodischer Ansatz, wie unterdessen Franz W. Peren[35] aus wirtschaftswissenschaftlicher Perspektive detailliert nachgewiesen hat.

3. Eckpunkte eines Bundes-Glücksspielgesetzes

Der Glücksspielstaatsvertrag erweist sich nach alledem als Musterfall für das Scheitern kooperativer Ländergesetzgebung. Da die Länder sich einem föderativen Regulierungswettbewerb untereinander ebenso verschließen wie einem wettbewerbsbasierten Glücksspielmarkt, muss der Bund die Materie an sich ziehen. Folgende Eckpunkte sollten ein Bundes-Glücksspielgesetz kennzeichnen:

3.1 Ehrliche und realistische Ziele

Die Zwecke, denen das Gesetz zu dienen hätte, greifen – indes mit neuem Anspruch auf Ernsthaftigkeit, Rationalität, regulatorische Selbstbeschränkung und Adäquanz – Formulierungen auf, die sich in § 1 Satz 1 GlüStV finden: Es geht um einen (wirklich) angemessenen und einen (evidenzbasiert) gefahrenadäquaten Ordnungsrahmen; ein hohes Maß an Jugend- und Spielerschutz; effektive Schwarzmarktbekämpfung (im Unterschied zum Status quo durch größtmögliche Anerkennung und Akzeptanz der Marktmechanismen auf dem zukünftigen „Weißmarkt"); Prävention von problematischem und pathologischem Spielverhalten; Schutz vor betrügerischen Machenschaften und Kriminalität. In dieser Perspektive ließe sich selbst

---

34 S. etwa Landtag Nordrhein-Westfalen, Drucksachen 16/8923 vom 08.06.2015 und 16/8924 vom 09.06.2015.

35 *ZfWG* 2015, 113 ff.

der tradierte Kanalisierungsgedanke[36] mit einiger Vorsicht einpassen, auch wenn, wie der Staatsrechtler Friedhelm Hufen völlig zu Recht bemerkt hat, im liberalen Staat des Grundgesetzes prinzipiell „niemand befugt ist, [...] Triebe in irgendwelche Bahnen zu lenken“[37]. Letztlich geht es bei einer richtig verstandenen „Kanalisierung“ darum, den ideologiefrei regulierten Markt so attraktiv auszugestalten, dass ein Ausweichen in unregulierte Märkte für Spielinteressenten zur irrelevanten Alternative wird.

Der entscheidende Unterschied zur jetzigen Situation läge allerdings darin, diese Ziele auch ernst zu nehmen, das heißt insbesondere: ohne pathologisierende Überhöhung zwecks Monopolschutz. Legt man einen konsequent an empirisch belastbaren Erkenntnissen über das Suchtpotential der verschiedenen Spielformen ausgerichteten Maßstab an, wird man sich von Vertrautem verabschieden müssen. Das klassische Lotto beispielsweise birgt keine Suchtgefahren, die das derzeitige Regulierungsniveau auf Veranstaltungs- und Vertriebsebene rechtfertigen könnten. Anstatt eine „Versüchtelung“ der Gesellschaft herbeizureden, sollte das Bedürfnis nach Spiel als Freizeitverhalten angemessen respektiert und nicht von vornherein diskreditiert werden.

Damit wird keinem unkontrollierten *laissez faire* das Wort geredet, sondern einem robusten Regelungsrahmen, der regulatorisch statt parafiskalisch motiviert ist und keinen „*hypocrisy test*“ europäischer Institutionen scheuen muss. Wahrhaft unregulierte Märkte finden sich in komplexen Wirtschaftssystemen ohnehin kaum noch; auch das Glücksspiel muss und sollte nicht dazu werden.

---

36 Vgl. § 1 Nr. 2 GlüStV: „Ziele des Staatsvertrages sind [...] den natürlichen Spieltrieb der Bevölkerung in geordnete und überwachte Bahnen zu lenken [...].“

37 Hufen, W., *Wenn Pathologiegesetzgebung zur pathologischen Gesetzgebung wird*, abrufbar unter http://www.gamesundbusiness.de/fileadmin/user_upload/News/2012_07_1/Hufen_1b.pdf; vgl. *ders.*, „Wenn Vorsorge die Freiheit bedroht“, *DRiZ* 2014, 302 ff., *ders.*, “Unverhältnismäßiger Idealismus”, Novo Argumente 120 (2015), S. 96 ff.

3.2 Wirksame, kohärente und gefährdungsadäquate Regulierung nach dem Beispiel Schleswig-Holsteins

Ein (gewerbe-)ordnungsrechtlich akzentuierter Rahmen hätte eine "Liberalisierung" im Sinne einer rationalisierenden Rückgewinnung grundrechtlicher Freiheitsräume gegenüber dem *status quo* zur Folge. Als Vorbild kann insoweit das moderne Landes-Glücksspielgesetz dienen, mit dem Schleswig-Holstein zumindest vorübergehend den (Sonder-)Weg zur Vernunft beschritten hatte. Das Regelwerk genoss immerhin das Wohlwollen der Europäischen Kommission,[38] sodass erneute Vertragsverletzungsverfahren kaum zu befürchten stünden.

Dem systematischen und übergreifenden Ansatz eines Bundes-Glücksspielgesetzes folgend, lassen sich allgemeine Anforderungen an alle öffentlichen Glücksspiele „vor die Klammer ziehen". Dazu zählen ein vollständiges Teilnahmeverbot für Minderjährige, umfangreiche Aufklärungs- und Informationspflichten für Anbieter und Vermittler, strenge technische Vorkehrungen des Spielerschutzes sowie ein effektives Sperrsystem, insbesondere für Präsenz-Spielbanken und Online-Casinospiele.

Die speziellen Vorgaben für einzelne Spielformen ergeben sich aus dem jeweiligen, empirisch belastbar nachgewiesenen Sucht- und Gefahrenpotenzial: Dass öffentliche Glücksspiele auch von Privaten veranstaltet und vermittelt werden, wird zum Regelfall. Um auf das jeweilige Angebot bezogen Sachkunde, Zuverlässigkeit, (finanzielle) Leistungsfähigkeit und Sicherheitsvorkehrungen überprüfen zu können, sollten bestimmte, empirisch nachgewiesen gefährlichere Angebote grundsätzlich einer gewerberechtlich akzentuierten Genehmigungspflicht unterliegen. Diese Genehmigungspflicht hätte allerdings – wiederum im Einklang mit der gewerberechtlich geprägten Gesamtkonzeption – die Natur eines präventiven Erlaubnisvorbehalts. Auf eine solche „Kontrollerlaubnis" besteht, anders als bei den derzeitigen repressiven Verboten mit Befreiungsmöglichkeit, ein einklagbarer Rechtsanspruch, sofern der Petent die Genehmigungsvoraussetzungen erfüllt.

---

38 Das unter der Referenznummer 2011/63/D notifizierte Gesetz veranlasste keine Beanstandungen der Kommission; ganz anders das „Beitrittsgesetz" Schleswig-Holsteins zum Glücksspielstaatsvertrag (Referenznummern 2012/519/D und 2012/520/D; Stellungnahme der Kommission vom 07.12.2012, C(2012) 9376).

Kontingentierungen sind damit naturgemäß unvereinbar. Die Genehmigung hätte bundesweite Legalisierungswirkung.

In einem nach Sucht- und Gefahrenpotenzial abgestuften System müsste das Totalverbot von Online-Poker und -Casinospielen etwa einer kohärent geregelten (und überwachten) Marktöffnung weichen.[39] Was das bereits heute durch den Bund geregelte gewerbliche Geldspiel anbelangt, wären die Anforderungen der Spielverordnung in das umfassende Bundes-Glücksspielgesetz zu integrieren – allerdings in der Fassung der Fünften Änderungsverordnung[40]. Die derzeit zu einem additiven und in der Summe unverhältnismäßigen Grundrechtseingriff kumulierten Belastungen der Spielhallenbetreiber aus Gewerbe-, (Landes-)Glückspiel- und Baurecht[41] würden auf ein verfassungsrechtlich zulässiges Maß abgebaut.

Insbesondere zur Betrugs- und Schwarzmarktbekämpfung könnte das Ländermonopol für „große" Lotterien (Höchstgewinn über fünf Millionen Euro, Jackpot-Lotterien, Lotterien mit hoher Ereignisfrequenz) mit einigen Modifikationen weiterhin Bestand haben. Alternativ ist ein ausschreibungsbasiertes Konzessionsmodell im Sinne eines „Wettbewerbs um den Markt" vorstellbar. Der Vertriebsmarkt ist hingegen umfassend zu (re-)liberalisieren. Hinsichtlich der Vermittlung von Lotterien kommt nur bei solchen mit hoher Ereignisfrequenz eine Erlaubnispflicht in Betracht, nicht hingegen bei solchen mit niedriger Ereignisfrequenz (wie insbesondere Lotto „6 aus 49").

3.3 Angemessene und rechtssichere Werberegeln

Das Kohärenzgebot erstreckt sich nicht nur auf die Anforderungen an Veranstaltung und (unmittelbaren) Vertrieb, sondern auch auf die Werbung für Glücksspielangebote. Entsprechende Anpassungen sind auch hier erforderlich.

---

39 Zum Verstoß des derzeitigen Totalverbots des § 4 Abs. 4 GlüStV gegen das unionsrechtliche Kohärenzgebot jüngst Koenig, *ZfWG* 2015, 10 (12 ff.).

40 Fünfte Verordnung zur Änderung der Spielverordnung vom 17.12.2005, BGBl. I 2005, 3495.

41 Koch, S., *Aktuelle rechtliche Rahmenbedingungen des gewerblichen Geldspiels – Belastungskumulation im Spielhallenrecht* (Vortrag auf dem 3. Symposium zum Glücksspielrecht 2015), *ZfWG* 2015, 325 ff.

Nach der vorgeblich rundfunkrechtlich inspirierten (vgl. § 46 RStV) Begründung zum Glücksspielstaatsvertrag soll es sich bei den auf § 5 Abs. 4 GlüStV gestützten Werberichtlinien des Glückspielkollegiums um normkonkretisierende – also regelmäßig außenverbindliche – Verwaltungsvorschriften handeln.[42] Dieser Ansatz ist verfehlt. Damit eine im Grundsatz nur verwaltungsintern wirkende Verwaltungsvorschrift auch Bürger und Gerichte bindet, bedarf es einer entsprechenden Willensäußerung des Gesetzgebers („normative Ermächtigungslehre“[43]). Eine solche Ermächtigung zur Normkonkretisierung ist im Lehrbuchfall der immissionsschutzrechtlichen Verwaltungsvorschriften TA Luft und TA Lärm in den Besonderheiten des standardisierungsbedürftigen und -fähigen Umwelt- und Technikrechts sowie – vor allem – im speziellen Erlassverfahren des § 48 Abs. 1 Satz 1 i.V.m. § 51 BImSchG zu sehen. Der gebündelte Sachverstand der „beteiligten Kreise“ aus Wissenschaft, Wirtschaft und Gesellschaft sowie die zusätzliche Legitimation durch den Bundesrat soll nicht ohne Weiteres durch einzelne Verwaltungsgerichte beiseite geschoben werden können; vielmehr hat der Gesetzgeber eine letztverbindliche Konkretisierung durch die derart begleitete Verwaltung beabsichtigt. Im Bereich des Rundfunkrechts lässt sich zudem mit der vom Bundesverfassungsgericht postulierten „positiven Ordnung“ der Rundfunkfreiheit und dem damit verbundenen Gebot der Staatsferne argumentieren.[44]

Nichts dergleichen findet sich im Glücksspielrecht.[45] Der Wille des Gesetzgebers, die Normkonkretisierung der Verwaltung zu überlassen, muss sich aus dem Gesetzestext selbst ergeben, nicht bloß aus der ministeriellen Begründung eines Referentenentwurfs und erst recht nicht aus der

---

42 SaarlLT-Drs. 15/15, S. 129; zur normkonkretisierenden Wirkung der rundfunkrechtlichen Richtlinien nach § 46 RStV Ladeur, K.-H. in: Hahn, W. / Vesting, T. (2012), *Beck'scher Kommentar zum Rundfunkrecht*, München: Beck, § 46 RStV Rn. 6 ff.; generell zum Konstrukt der normkonkretisierenden Verwaltungsvorschriften Hill, *NVwZ* 1989, 401 ff.

43 Grundlegend Schmidt-Aßmann, E., in Maunz/Dürig, GG, 72. EL, München 2014, Art. 19 Abs. 4 Rn. 185 ff.

44 Ladeur, K.-H. in: Hahn, W. / Vesting, T. (2012), *Beck'scher Kommentar zum Rundfunkrecht*, München: Beck, § 46 RStV Rn. 5.

45 Eingehend Fried, I., *MMR* 2013, 483 ff.; ebenfalls an der normkonkretisierenden Außenwirkung zweifelnd VG Wiesbaden, Beschluss vom 11.08.2014, 5 K 63/13. WI, Rn. 8.

Verwaltungsvorschrift selbst (so aber § 17 der Werberichtlinie). Zwar verlangt auch § 5 Abs. 4 Satz 3 GlüStV ausdrücklich eine Anhörung der „beteiligten Kreise", allerdings ohne zu spezifizieren, um wen es sich dabei eigentlich handeln und wie die Anhörung konkret erfolgen soll.

Den äußeren Rahmen, alles „Wesentliche" also, muss zudem der Gesetzgeber ohnehin selbst regeln;[46] immerhin ist von den Werbebeschränkungen neben der Berufs- auch die Meinungsäußerungsfreiheit betroffen.[47] Auch daran fehlt es hier, denn § 5 GlüStV macht dem Glücksspielkollegium allenfalls schemenhafte Vorgaben. Letztlich sollen die Richtlinien des Kollegiums also gar nicht „zur Konkretisierung" (§ 5 Abs. 4 S. 1 GlüStV) dienen, sondern den Rechtsrahmen erlaubter Werbung originär erschaffen. Das ist über das Vehikel der normkonkretisierenden Verwaltungsvorschrift aber nicht möglich.

3.4 Vollzug durch die Länder, koordiniert und unterstützt durch eine selbständige Bundesoberbehörde

Damit ist bereits die Brücke zum Vollzug eines Bundes-Glücksspielgesetzes geschlagen. Der obläge gemäß dem verwaltungskompetenziellen Regelfall der Art. 83, 84 GG den Ländern als eigene Angelegenheit. Für eine Bundesauftrags- oder gar bundeseigene Verwaltung besteht keine verfassungsrechtliche Grundlage oder Veranlassung. Dass die Länder das Bundesgesetz auch tatsächlich und vor allem ohne Bevorzugung der eigenen Lotteriegesellschaften zur Anwendung bringen, wäre durch die Rechtsaufsicht des Bundes (Art. 84 Abs. 3 GG) gewährleistet.

Flankierend bietet sich zudem die Einrichtung einer selbständigen Bundesoberbehörde im Geschäftsbereich des Bundesministeriums für Wirtschaft und Energie an. Das ermöglicht Art. 87 Abs. 3 Satz 1 GG, da der Bund – wie

46 Vgl. Art. 80 Abs. 1 Satz 2 GG. Die dortigen Vorgaben finden zwar unmittelbar nur auf die Verordnungsermächtigung Anwendung, müssen entsprechend aber auch für die Ermächtigung zur Normkonkretisierung gelten, denn in der Sache geht es in beiden Fällen um Regelungsdelegation; vgl. VG Wiesbaden, Beschluss vom 11.08.2014, 5 K 63/13.WI, Rn. 8. Die „Wesentlichkeitstheorie" des Bundesverfassungsgerichts gilt überdies ohnehin unabhängig vom Modus der Delegation.

47 Zum Schutz von Werbeaussagen durch Art. 5 Abs. 1 Satz 1 grundlegend BVerfGE 102, 347 (359 f.) – Benetton.

gesehen – über die (konkurrierende) Gesetzgebungskompetenz verfügt. Eine solche Regulierungsbehörde könnte, angelehnt an die erfolgreichen Vorbilder von Bundesnetzagentur, Bundesanstalt für Finanzdienstleistungsaufsicht und Bundeskartellamt, externen Sachverstand internalisieren und für einen sachkundigen und angemessenen Gesetzesvollzug instrumentalisieren. Im Außenverhältnis fiele die Aufsicht über bundesweite und ausländische Glücksspielangebote in die Zuständigkeit der Bundesoberbehörde, da es sich insoweit um idealerweise zentral zu bewältigende Aufgaben handelt.[48] Komplizierte, dem grenzüberschreitenden Wettbewerb potenziell hinderliche Fragen der horizontalen Zuständigkeitsverteilung zwischen den Ländern wären damit obsolet.

Daneben würde die Bundesoberbehörde mit der internen Vollzugssteuerung und -koordinierung der Landesbehörden betraut. Sie unterläge uneingeschränkt dem Verwaltungsorganisations- und -verfahrensrecht des Bundes. Nicht zuletzt fiele die Behörde in den Anwendungsbereich des Informationsfreiheitsgesetzes des Bundes und wäre so der Kontrolle durch eine kritische Öffentlichkeit ausgesetzt (§ 1 Abs. 1 IFG).

Eben jene Transparenz könnte einen wesentlichen Beitrag dazu leisten, das nachhaltig gestörte Vertrauen der Rechtsunterworfenen in die Objektivität und Unparteilichkeit der Glücksspielverwaltung wiederherzustellen und die Akzeptanz der Entscheidungen von Gesetzgeber und Verwaltung zu stärken.

---

48 Zu diesem ungeschriebenen Erfordernis des Art. 87 Abs. 3 Satz 1 GG siehe BVerfGE 110, 33 (49) – Zollkriminalamt.

Dr. Jens Kalke und Sven Buth**

Internetsozialkonzepte der Lotteriegesellschaften – Ergebnisse erster Evaluationen*

1. Einleitung

Der Glücksspielstaatsvertrag von 2012 verpflichtet die Lotteriegesellschaften, ein an die besonderen Bedingungen des Internets angepasstes Sozialkonzept für das Onlinespielen zu entwickeln und dieses wissenschaftlich evaluieren zu lassen. Ausgewählte Ergebnisse einer solchen Evaluation werden hier erstmalig vorgestellt. Dabei wird eine zusammenfassende, aggregierte Analyse der Daten einer Kundenbefragung bei LOTTO Bayern, LOTTO Hamburg und LOTTO Niedersachsen vorgenommen.

2. Hintergrund und Zielsetzung

Am 1.7.2012 trat der geänderte Glücksspielstaatsvertrag (GlüÄndStV) in Kraft. Die darin aufgeführten Bestimmungen zum Vertrieb und zur Vermittlung von Lotterien und Sportwetten im Internet umfassen auch konkrete Maßnahmen zum Spielerschutz (§ 4 GlüStV). So muss gem. § 4 Abs. 5 Nr. 1 GlüStV gewährleistet sein, dass minderjährige oder gesperrte Spieler[1] durch Identifizierung und Authentifizierung von der Teilnahme ausgeschlossen

---

* Der Beitrag ist im August 2015 in der Zeitschrift für Wett- und Glücksspielrecht (ZfWG) erschienen. Der Nachdruck in diesem Konferenzband erfolgt mit freundlicher Genehmigung des Verlags.

** Dr. Jens Kalke ist stellvertretender Vorsitzender des Instituts für interdisziplinäre Sucht- und Drogenforschung (ISD, Hamburg). Seit über 20 Jahren ist er in verschiedenen Feldern der Suchtforschung tätig. Sven Buth arbeitet seit 2004 als wissenschaftlicher Mitarbeiter am Institut für interdisziplinäre Sucht- und Drogenforschung. Seine Forschungsschwerpunkte sind das pathologische Glücksspiel, Epidemiologie und die Entwicklung und Evaluation von Präventivmaßnahmen.

1 Aus redaktionellen Gründen wird in diesem Bericht die männliche Form benutzt. Damit sind immer auch weibliche Personen eingeschlossen.

bleiben. Der Höchsteinsatz je Spieler darf grundsätzlich einen Betrag von 1.000 € pro Monat nicht übersteigen. Bei Registrierung sind die Spieler dazu aufzufordern, ein individuelles tägliches, wöchentliches oder monatliches Einzahlungs- oder Verlustlimit festzulegen (Selbstlimitierung) (§ 4 Abs. 5 Nr. 2 GlüStV). Insgesamt sind die Anbieter verpflichtet, ein an die besonderen Bedingungen des Internets angepasstes Sozialkonzept zu entwickeln und dieses wissenschaftlich evaluieren zu lassen (§ 4 Abs. 5 Nr. 4 GlüStV). Diese Vorgaben sind in den Internetsozialkonzepten der föderalen Lotteriegesellschaften präzisiert.

Vor diesem rechtlichen Hintergrund haben die Lotteriegesellschaften von Bayern, Hamburg und Niedersachsen eine Studie finanziell gefördert, mit der die Reichweite und Nutzung der Internetsozialkonzepte und – soweit wie möglich – auch deren Wirkungen evaluiert worden sind. Die Verwertungsrechte für diese Untersuchung liegen beim Institut für interdisziplinäre Sucht- und Drogenforschung (ISD, Hamburg). Bei den drei genannten LOTTO-Gesellschaften ist das Onlinespiel seit dem Juli/August 2012 (wieder) möglich.

Ausgewählte Ergebnisse dieser Evaluation werden hier erstmalig vorgestellt. Dabei wird eine zusammenfassende, aggregierte Analyse der Befragungsergebnisse von LOTTO Bayern, LOTTO Hamburg und LOTTO Niedersachsen vorgenommen. Im Auswertungsteil werden zunächst die Ergebnisse zum Spielverhalten, danach diejenigen zur Bekanntheit und Nutzung verschiedener Elemente des Sozialkonzeptes präsentiert.

3. Forschungsfragen, Methodik und Datengrundlage

Um die oben genannten Fragen empirisch beantworten zu können, hat das ISD im Zeitraum Juli bis September 2014 eine freiwillige, anonymisierte Onlinebefragung unter den Internetspielern der drei genannten Lotteriegesellschaften (LOTTO) durchgeführt. Diese hat jeweils vier Wochen lang stattgefunden (Bayern/Hamburg: Juli/August; Niedersachsen: September).

Das Erhebungsprozedere sah wie folgt aus: Alle Kunden, die in einem bestimmten Zeitraum[2] mindestens einmal an einem Onlineglücksspiel der

2 Bayern: 01.04.-30.06.2014, Hamburg: 01.01.-30.06.2014, Niedersachsen: 01.01–15.09.2014.

Lotteriegesellschaften teilgenommen hatten, erhielten von der Lottogesellschaft entweder eine E-Mail (Bayern) oder wurden nach Beendigung der Spieltransaktion gebeten (Hamburg, Niedersachsen), sich an der Befragung zu beteiligen. Diese Informationen beinhalteten zudem einen Link zum eigentlichen Onlinefragebogen. Die Teilnehmer konnten diesen elektronischen Fragebogen direkt im Internet auf einer eigens vom ISD eingerichteten Seite ausfüllen und abschicken. Der Fragebogen enthielt Fragen zu Spielarten, zur Spielhäufigkeit und zu den getätigten Einsätzen. Um Hinweise auf potenziell gefährdete Spieler zu erhalten, ist des Weiteren der Canadian Problem Gambling Severity Index (PGSI) zur Anwendung gekommen, ein Instrument, welches insbesondere für den Einsatz in Bevölkerungsumfragen entwickelt wurde.[3] Zudem sollten die Teilnehmer Angaben zur Bekanntheit, Nutzung und Akzeptanz von verschiedenen Spielerschutzmaßnahmen der drei Anbieter machen. Zum Abschluss des Fragebogens wurden einige soziodemographische Angaben erhoben.

---

3 Der PGSI beinhaltet neun Fragen, welche vornehmlich auf die Folgen problematischen Spielens Bezug nehmen. Die Antwortmöglichkeiten zu diesen Fragen sind: 0=nie; 1=manchmal, 2=meistens, 3=fast immer. Da zu erwarten war, dass die Mehrzahl der Befragten dieser Studie keine glücksspielbedingten Probleme aufweisen, erfolgte die Erfassung der PGSI-Items entsprechend einer Empfehlung von Volberg and Williams (2012) gestuft. Hierzu wurden zunächst allen Studienteilnehmern drei ausgewählte PGSI-Fragen zur Beantwortung vorgegeben. Ist mindestens eine dieser Fragen mit „manchmal", „meistens" oder „fast immer" beantwortet worden, erhielt die betreffende Person auch die restlichen sechs Fragen vorgelegt. Ansonsten war die Beantwortung des PGSI-Fragebogenteils beendet. Eine weitere Besonderheit der Anwendung des PGSI in dieser Studie betrifft die Schwellenwerte für die einzelnen Schweregrade eines Spielproblems. Ferris and Wynne (2001) unterteilten auf Basis des Summenwertes des PGSI die Spieler in vier Gruppen, welche entweder kein (0 Punkte), ein geringes (1–2 Punkte) bzw. ein moderates (3–7) Spielproblemrisiko aufwiesen oder bereits problematisch spielten (8 Punkte oder mehr). Currie et al. (2013) empfehlen jedoch auf Grundlage eigener psychometrischer Prüfungen des Instruments, die beiden mittleren Kategorien wie folgt neu zu definieren: geringes Risiko (1–4 Punkte), moderates Risiko (5–7 Punkte). Dieser Empfehlung ist im Rahmen dieser Untersuchung gefolgt worden.

3.1 Forschungsfragen

Folgende Fragestellungen wurden im Rahmen der Evaluation untersucht:

1. Wer spielt online bei den Lotteriegesellschaften? (soziodemographische Beschreibung der Spieler)
2. Wie werden die Zugangsbestimmungen, Spielregularien und Informationsangebote bewertet und genutzt? (Ermittlung der Nutzung und Akzeptanz der Maßnahmen des Sozialkonzepts)
3. Wie wird gespielt? (Analyse der Spielarten, Spielfrequenz und Spieleinsätze bei LOTTO, anderen Anbietern online und außerhalb des Internets)
4. Hatte die Teilnahme an den Onlineangeboten der Lottogesellschaften Einfluss auf das spätere Spielverhalten der Befragten?
5. Wie hoch ist der Anteil problematischer Spieler unter den Onlinespielern der Lotteriegesellschaften?

3.2 Datengrundlage

Während der vierwöchigen Erhebungsphasen füllten insgesamt 9.244 Personen den Fragebogen (nahezu) vollständig aus. Von ihnen wurden 107 Fragebögen in die Analysen nicht einbezogen, da für sie keine spielbezogenen Daten aus den Lottodatenbanken vorlagen. Die Auswertungen beruhen damit auf den Angaben von N=9.137 Personen.

Um zu überprüfen, ob die an der Befragung teilnehmenden LOTTO-Kunden die Grundgesamtheit der Onlinespieler der Lotteriegesellschaften adäquat repräsentieren, wurde die generierte Stichprobe mit allen Personen verglichen, die im Befragungszeitraum online die Spiele „LOTTO 6aus49", „Eurojackpot", „GlücksSpirale" oder „KENO" bei einer der drei Lottogesellschaften gespielt haben.[4] Die anonymisierten Daten dieser Spieler wurden dem ISD von den Lotteriegesellschaften zur Verfügung gestellt. Diese Gruppe – im Weiteren als „Gesamtgruppe" bezeichnet – umfasst 195.871 Personen. Damit beträgt die Beteiligungsquote an der Befragung etwa 5 %.

Die Gruppe derjenigen, die an der Befragung teilnahmen, wird im Folgenden als „Befragungsgruppe" bezeichnet. Die beiden Gruppen wurden hinsichtlich der Merkmale Geschlecht, Alter, aktuelles Spielverhalten (Spiele

---

4 In Bayern ist zudem das Onlinespielen von TOTO und in Niedersachsen von BINGO möglich.

und Geldeinsatz jeweils bezogen auf den letzten Monat vor der Befragung) sowie selbstgesetzter Spiellimits miteinander verglichen. Die Ergebnisse dieser Gegenüberstellung sind in Tabelle 1 ausgewiesen.

Tabelle 1: Vergleich „Befragungsgruppe“ vs. „Gesamtgruppe“

		Befragungsgruppe (N=9.137)	Gesamtgruppe (N=195.871)
Geschlecht	weiblich	16,1 %	17,8 %
	männlich	83,9 %	82,2 %
Alter	18–29	5,8 %	13,0 %
	30–45	30,1 %	38,3 %
	46–59	39,3 %	33,9 %
	60 und älter	24,8 %	14,8 %
	Ø	50,1 Jahre	45,1 Jahre
Spielformen letzter Monat (Basis: alle Personen mit Spielteilnahme)	LOTTO 6aus49	85,8 %	82,6 %
	Eurojackpot	44,8 %	41,4 %
	GlücksSpirale	6,8 %	5,7 %
	KENO	6,2 %	4,0 %
Geldeinsatz (vier Wochen vor Befr.)	bis 25 €	28,8 %	37,1 %
	25–50 €	27,6 %	27,5 %
	50–100 €	26,0 %	22,8 %
	100–200 €	13,1 %	9,7 %
	200–500 €	3,8 %	2,5 %
	<500 €	0,6 %	0,3 %
	Ø	66,9 €	54,7 €
Monatslimits	1–100 €	12,6 %	13,1 %
	101–500 €	10,5 %	7,4 %
	501–999 €	0,4 %	0,3 %
	1.000 €	76,5 %	79,2 %

Es zeigt sich, dass sich die beiden Gruppen bezüglich der Geschlechterverteilung sehr ähnlich sind (Anteil Männer: 84 % bzw. 82 %). Beim Alter gibt es dagegen eine größere Abweichung: Die Befragungsgruppe ist im

Durchschnitt fünf Jahre älter als die Gesamtgruppe (50,1 zu 45,1 Jahre). Es zeigte sich jedoch – so viel sei an dieser Stelle vorweggenommen – kein systematischer Einfluss des Alters auf das Spielverhalten. Lediglich bei einigen Elementen des Sozialkonzeptes konnte eine Bedeutung des Lebensalters für deren Nutzung festgestellt werden (siehe unten).

Bei anderen Merkmalen sind die Unterschiede dann wiederum nicht sehr groß: Die Selbstlimitierung sieht sehr ähnlich aus; jeweils über 20 % in beiden Gruppen haben sich ein – von den Voreinstellungen abweichendes – monatliches Spiellimit gesetzt. Die Struktur der gespielten Spiele liegt ebenfalls nicht weit auseinander: Deutlich an erster Stelle steht in beiden Gruppen das klassische LOTTO 6aus49, es folgt Eurojackpot. Seltener wird Geld für die GlücksSpirale und KENO ausgegeben. Der durchschnittliche monatliche Geldeinsatz liegt in der Befragungsgruppe jedoch um 12 € höher als in der Gesamtgruppe (67 € zu 55 €); einen Einfluss auf die Ergebnisse hat dieser Unterschied jedoch nicht.

Auf der Grundlage dieser Vergleichszahlen kann davon ausgegangen werden, dass die Befragungsgruppe annähernd repräsentativ für die gesamte Gruppe der Onlinespieler bei den Lotteriegesellschaften ist. Einschränkend ist jedoch hinzuzufügen, dass über das Bildungsniveau, die berufliche Position und dem Migrationshintergrund der Gesamtgruppe keine Informationen vorliegen, so dass hierdurch möglicherweise eine Verzerrung der Ergebnisse bedingt sein könnte.

4. Soziodemographische Beschreibung der Spieler

Neben den oben bereits beschriebenen Merkmalen Alter und Geschlecht sind weitere soziodemografische Charakteristika von den Studienteilnehmern erfragt worden. So geben 7 % an, einen Migrationshintergrund zu haben.

Über 50 % der Befragten erwarben das Abitur oder die Fachhochschulreife, weitere 29 % verfügen über einen Realschul- und 16 % über einen Hauptschulabschluss. Nahezu sieben von zehn der Onlinespieler sind aktuell in Vollzeit tätig; darüber hinaus 7 % in Teilzeit. Bei der Mehrheit der erwerbstätigen Spieler handelt es sich um Angestellte oder Beamte (69 %) (siehe Tabelle 2).

Tabelle 2: Soziodemographische Merkmale der befragten Onlinespieler

Migrationshintergrund	
nein	92,7 %
anderes EU-Land	4,6 %
nicht EU-Land	2,7 %
Schulabschluss	
Hauptschule	16,4 %
Realschule	28,7 %
Fachhochschulreife	17,0 %
Abitur	34,5 %
anderes	3,3 %
Erwerbstätigkeit	
Vollzeit (<34 Std.)	68,9 %
Teilzeit (15–35 Std.)	6,5 %
stundenweise (<15 Std.)	2,4 %
nicht erwerbstätig	22,2 %
Berufliche Position (Voll- und Teilzeit)	
leitender Angestellter/Beamter	20,1 %
Angestellter/Beamter	48,4 %
Selbstständiger/Landwirt	12,9 %
Facharbeiter	15,7 %
anderes	2,9 %
N	9.137

5. Spielverhalten

In diesem Abschnitt werden einige Ergebnisse zum Spielverhalten der Onlinekunden dargestellt. Ein Teil der Fragen bezieht sich darauf, ob sich das eigene Spielverhalten seit Beginn des Onlinespielens bei den Lotteriegesellschaften verändert hat.

Insgesamt betrachtet spielt nur eine Minderheit von 24 % der LOTTO-Onlinekunden andere Glücksspiele online und/oder terrestrisch (siehe Tabelle 3). Dieser Sachverhalt wird auch durch die Angaben zu den monatlichen Ausgaben für Glücksspiele unterstrichen. Im Durchschnitt haben die Befragten im zurückliegenden Monat vor der Befragung 91 € für Glücksspiele ausgegeben, davon immerhin 67 € (siehe oben) für Produkte, die bei den Lotteriegesellschaften online gespielt werden können.

Die Möglichkeit, bei anderen Anbietern Lottoprodukte online zu spielen, wird nur von einer kleinen Gruppe genutzt. Wird das diesbezügliche Spielverhalten (letzte 12 Monate) dieser 5 % der Befragten näher betrachtet, zeigt sich, dass es sich hierbei vor allem um die Produkte LOTTO 6aus49 und Eurojackpot handelt. Auch andere Internet-Glücksspiele als die Lottoprodukte werden nur von wenigen Onlinekunden nachgefragt (7 %). Der Anteil von Personen, die Glücksspiele auch außerhalb des Internets praktizieren, ist dagegen etwas höher: Fast jeder siebte Onlinekunde von LOTTO spielt auch terrestrisch (16 %).

Tabelle 3: Spielverhalten außerhalb des Onlinespielens bei den Lotteriegesellschaften

	%
Lottoprodukte bei anderen Internetanbietern	4,5 %
andere Glücksspiele bei anderen Internetanbietern	7,3 %
Glücksspiele terrestrisch	16,4 %
alle genannten Glücksspiele zusammen	23,7 %
N	9.068

Im nächsten Schritt soll das Spielverhalten seit Beginn des Onlinespielens bei LOTTO (Sommer 2012) betrachtet werden: Die überwiegende Mehrheit der Befragten antwortet auf eine entsprechende Frage, dass sie seit Beginn des Online-Spielens bei LOTTO die gleichen Beträge einsetzt (82 %) (siehe Tabelle 4). 13 % setzen sogar geringere Beträge ein; nur 5 % geben an, aktuell mehr Geld als zu Beginn zu verwenden.

Tabelle 4: Veränderung des Online-Spielverhaltens bei den Lotteriegesellschaften (seit Beginn des Online-Spielens bei Lotteriegesellschaften)

	%
höhere Beträge	5,3 %
gleiche Beträge	81,5 %
geringere Beträge	13,2 %
N	9.101

Auch auf das Spielen bei anderen Internetanbietern hat die Teilnahme an dem Onlineangebot der Lotteriegesellschaften offensichtlich keine Auswirkungen: Nur 2 % der Befragten geben an, seit dem Beginn ihrer Onlinekundschaft bei den Lotteriegesellschaften auch bei anderen Anbietern zu spielen (siehe Tabelle 5). 87 % spielen online ausschließlich bei LOTTO und 11 % haben vorher schon Angebote von anderen Internetanbietern wahrgenommen.

Tabelle 5: Veränderung des Online-Spielverhaltens bei anderen Internetanbietern (seit Beginn des Online-Spielens bei Lotteriegesellschaften)

	%
spiele nur bei den Lotteriegesellschaften	86,9 %
schon vorher bei anderen Anbietern gespielt	10,9 %
spiele seitdem auch bei anderen Anbietern	2,2 %
N	9.073

Hinweise auf problematisches Spielverhalten wurden mit Hilfe des PGSI erhoben (siehe oben). Danach handelt es sich bei nur 0,3 % der Befragten um Problemspieler (siehe Tabelle 6). Darüber hinaus liegt bei 0,5 % ein moderates Problemspielverhalten vor. Die allermeisten haben überhaupt keine Probleme mit Glücksspielen (93 %). Inwiefern die (extrem selten) vorkommenden Spielprobleme im Zusammenhang mit dem Internetangebot der Lotteriegesellschaften stehen, kann auf der Grundlage der Befragungsergebnisse nicht beantwortet werden.

Tabelle 6: Risikogruppen problematischen Spielens (PGSI)

	%
kein Risiko	92,8 %
geringes Risiko	6,4 %
moderates Risiko	0,5 %
Problemspieler	0,3 %
N	8.949

6. Bekanntheit und Nutzung von Spielerschutzmaßnahmen

Einem Großteil der Onlinespieler sind die Maßnahmen der Internetsozialkonzepte von LOTTO bekannt: Jeweils über zwei Drittel wissen, dass es die Möglichkeit zur Selbstlimitierung[5] und Selbstsperre gibt (siehe Tabelle 7). Die Hinweise (Links, Banner), welche auf die Spielerschutzseite verweisen, sind sogar von drei Vierteln der Befragten bemerkt worden. Auch das telefonische Hilfs- und Beratungsangebot der Bundeszentrale für gesundheitliche Aufklärung (BZgA) kommt noch auf einen Bekanntheitsgrad von gut 58 %. Über das Instrument der Fremdsperre ist dagegen nur etwa jeder fünfte Kunde informiert. Hierbei ist aber zu berücksichtigen, dass diese Kenntnis nur dann erforderlich ist, wenn man als Angehöriger Dritte sperren lassen will.

5 Das Ergebnis zur Selbstlimitierung stammt aus den anonymisierten Datenbanken der beteiligten Lotteriegesellschaften. Tabelle 1 zeigt, in welchen finanziellen Bereichen die Limits gesetzt worden sind. Die festgeschriebene Limitierungshöhe des monatlichen Einsatzes ist den meisten Onlinenutzern von LOTTO jedoch nicht bekannt. Nur 11 % nennen den richtigen Wert von 1.000 €. Auch hier ist darauf hinzuweisen, dass bei einem Durchschnittseinsatz von 67 € im Monat die Kenntnis dieser konkreten Obergrenze für die allermeisten Kunden bisher offensichtlich keine besondere Relevanz hat.

Tabelle 7: Bekanntheit von Spielerschutzmaßnahmen der Lotteriegesellschaften

	%
Spielerschutz-Banner/Hinweise	76,2 %
Selbstlimitierung	63,3 %
Telefonische Helpline BZgA	58,2 %
Selbstsperre	68,2 %
Fremdsperre (Angehörige)	22,1 %
N	9.120

Ein Teil der Internetkunden hat die verschiedenen Spielerschutzmaßnahmen – in einem unterschiedlichen Ausmaß – bisher aktiv genutzt. Immerhin fast 30 % haben sich schon einmal Informationen auf der Spielerschutzseite angeschaut (siehe Tabelle 8).[6] 24 % haben von der Möglichkeit der Selbstlimitierung Gebrauch gemacht. Einen Selbsttest auf Spielprobleme haben dagegen nur wenige Personen durchlaufen (4 %); noch viel weniger die telefonische Helpline kontaktiert (0,5 %).

Tabelle 8: Nutzung von Spielerschutzmaßnahmen der Lotteriegesellschaften

	%
Spielerschutzseite	29,2 %
Selbstlimitierung	23,5 %
Selbsttest	4,0 %
Telefonische Helpline	0,5 %
N	9.135

Wird die Nutzung der Spielerschutzmaßnahmen mit sozio-demografischen Merkmalen sowie dem Spielverhalten der Onlinekunden in Beziehung gesetzt, so zeigt sich weder beim Geschlecht, dem Migrationshintergrund

6 Bei denjenigen, die schon einmal die Spielerschutzseite von LOTTO besucht haben, war der dafür am häufigsten genannte Grund „Neugier“ (61 %). Ein Drittel gibt als Motiv an, Informationen zum Spielerschutz zu erhalten (34 %). Andere potentielle Gründe – wie „Hinweise für Hilfeangebote bekommen“ oder „Selbsttest machen“ – spielen eine sehr geringe Rolle.

oder den schulischen/ beruflichen Variablen noch bei der Einsatzhöhe und dem Problemspielverhalten (PSGI) ein Zusammenhang.

Der einzige bemerkenswerte und statistisch signifikante Unterschied ergibt sich, wenn nach Altersgruppen differenziert wird: Es wird deutlich, dass die Nutzung der Selbstlimitierung und des Selbsttests mit zunehmendem Alter signifikant abnimmt (siehe Tabelle 9). Möglicherweise hängt dieser Sachverhalt mit der generell größeren Affinität von jüngeren Personen zu den (interaktiven) Inhalten des Internets zusammen.

Tabelle 9: Nutzung von Spielerschutzmaßnahmen nach Altersklassen

	bis 29 J.	30–45 J.	46–59 J.	60 J. u. älter	Signifikanz-Test (chi2)
Spielerschutzseite	30,2 %	27,8 %	30,2 %	29,1 %	n. s.
Selbstlimitierung	36,7 %	26,5 %	24,5 %	21,5 %	***
Selbsttest	6,1 %	3,9 %	4,5 %	2,8 %	**
Telefonische Helpline	1,0 %	0,5 %	0,6 %	1,1 %	n. s.
N	529	2.752	3.591	2.265	

7. Fazit & Diskussion

Werden die Ergebnisse zum Spielverhalten zusammenfassend betrachtet, so lässt sich festhalten, dass fast alle Internetspieler der Lotteriegesellschaften ein unproblematisches Spielverhalten aufweisen: Die meisten spielen ausschließlich Online bei LOTTO, setzen dafür moderate Summen ein und praktizieren keine weiteren Glücksspiele. Es gibt auch keine Hinweise darauf, dass aufgrund der Wiederaufnahme des Onlinespiels bei den Lotteriegesellschaften Kunden ein unkontrolliertes Spielverhalten entwickelt haben. Beim Spielverhalten bestehen zwischen den drei Lotteriegesellschaften keine größeren Unterschiede. Einschränkend ist jedoch hinzufügen, dass diese Angaben zu einem erheblichen Teil auf Selbstauskünften der Befragten basieren.

Ferner werden wichtige Elemente des Internetsozialkonzeptes – Spielerschutzseite, Selbstlimitierung, Spielersperren – von den Kunden wahrgenommen und teilweise auch genutzt. Dieses geschieht unabhängig von ihrem Spielverhalten. Damit haben diese präventiven Maßnahmen eher eine übergreifende Ausstrahlung; sie können empirisch nicht den verschiedenen

Zielgruppen der Prävention zugeordnet werden, wie beispielsweise potentiellen Risikogruppen oder schon problematisch Spielenden.

Einen Selbsttest auf Spielprobleme oder eine telefonische Helpline haben dagegen nur wenige Personen genutzt. Dieser Sachverhalt muss jedoch in einen Zusammenhang mit dem Spielverhalten der Onlinekunden gestellt werden. Hierbei zeigte sich, wie schon oben erwähnt, dass nur ganz wenige Internetkunden ein problematisches Spielverhalten aufweisen.

Bei der Bekanntheit und Nutzung der Internetsozialkonzepte bestehen einige Unterschiede zwischen den Lotteriegesellschaften. Diese sind aber nicht durchgängig bei dem einen oder bei dem anderen Sozialkonzept vorhanden, so dass keine Aussagen darüber getroffen werden kann, welches das zu bevorzugende Konzept im Sinne von „best practice" wäre. Hier sind weitere Evaluationen und interne Qualitätsvergleiche erforderlich. Die fachliche Diskussion steht hier erst an ihrem Anfang.

Symposium Glücksspiel 2014: Zwischenbilanz zum neuen Glücksspielstaatsvertrag

Donnerstag, 6. März 2014

10:30 Uhr **Eröffnung**

Marion Johannsen, Vorsitzende des Universitätsrats Hohenheim

Dr. Wolfgang G. Crusen, Vorsitzender des Beirats der Forschungsstelle Glücksspiel, Universität Hohenheim

Prof. Dr. Tilman Becker, Geschäftsführender Leiter der Forschungsstelle Glücksspiel, Universität Hohenheim

11:15 Uhr **Vergleich der Entwicklung des Lotteriemarktes in Deutschland mit anderen Ländern**

Ulrich Engelsberg, Strategie und Planung, Westdeutsche Lotterie GmbH & Co. OHG, Münster

Regulierung der Werbung

Ministerialrat Edgar Quasdorff, Ministerium für Inneres und Kommunales des Landes Nordrhein-Westfalen, Leiter Referat 14 (Staatsangehörigkeitsrecht, Personenstandswesen, Glücksspielwesen)

Die Doppelmühle: Überregulierung und illegale Anbieter

DI Friedrich Stickler, Vorstand der Österreichische Lotterien GmbH, Präsident der European Lotteries

Diskussionsleitung: Dr. Gerhard Rombach, Sprecher des Vorstands der Gemeinsamen Klassenlotterie der Länder

13:00 Uhr ** Mittagsbüffet **

14:00 Uhr **Technische Aspekte der Sperrdatei**

Dr. Markus Unverzagt, Hessisches Ministerium des Innern und für Sport

Zur Vergabe von Spielbankkonzessionen
Prof. Dr. Jörg Ennuschat, Lehrstuhl für Verwaltungsrecht, FernUniversität in Hagen
Diskussionsleitung: N.N.

15:10 Uhr ** Kaffeepause **

15:40 Uhr **Die aktuelle Situation auf dem deutschen Sportwettenmarkt**
Christoph Schmidt, Geschäftsführer ODS ODDSET Deutschland Sportwetten GmbH
Was kommt auf den Anbieter zu, wenn er eine Lizenz erhält?
Guido Schlütz, Leiter der Glücksspielaufsicht im Schleswig-Holsteinischen Innenministerium
Diskussionsleitung: Prof. Dr. Ihno Gebhardt, Leiter a. D. der für das Glücksspielwesen zuständigen Stabstelle im brandenburgischen Innenministerium

16:50 Uhr **Spielhallen und Sportwetten in der baurechtlichen Rechtsprechung**
Dr. Klaus Schaeffer, Vorsitzender Richter a. D. am Verwaltungsgerichtshof Mannheim
Spielhalle der Zukunft
Robert Hess, Geschäftsführer SCHMIDT GRUPPE
Diskussionsleitung: Nils Bienge, Glücksspielangelegenheiten, Stadtamt Bremen

18:00 Uhr **Podiumsdiskussion: Zukunft des gewerblichen Automatenspiels Leitung:** Dr. Hans-Ulrich Stühler, Amtsleiter Rechtsamt Reutlingen
Freddy Fischer, Geschäftsführender Gesellschafter MSP Münzspielpartner, Essen
Dr. Helmut Fogt, Dezernent Recht und Verwaltung, Deutscher Städtetag
Robert Hess, Geschäftsführer SCHMIDT GRUPPE
Dr. Klaus Schaeffer, Vorsitzender Richter a. D. am Verwaltungsgerichtshof Mannheim
Jürgen Trümper, Arbeitskreis gegen Spielsucht e. V.
Dr. Hans-Günther Vieweg, Ifo Institut München

19:30 Uhr Empfang in der Mensa der Universität Hohenheim mit anschließendem Abendessen

Freitag, 7. März 2014

09:00 Uhr **Problematisches Glücksspielen und Glücksspielsucht – Einstiege und Verläufe bei Jugendlichen und jungen Erwachsenen**
Dr. Klaus Wölfling, Leiter der Ambulanz für Spielsucht, Klinik und Poliklinik für Psychosomatische Medizin und Psychotherapie, Johannes Gutenberg-Universität Mainz
Selbstheilung bei pathologischen Glücksspielern
Dr. Jens Kalke und Sven Buth, Zentrum für interdisziplinäre Suchtforschung der Universität Hamburg
Gemeinsamkeiten und Unterschiede von pathologischem Computer-/ Internet-Gebrauch und pathologischem Glücksspielverhalten
Holger Feindel, Oberarzt AHG Klinik Münchwies, Zentrum für Psychosomatische Medizin, Psychotherapie und Suchtmedizin
Diskussionsleitung: Günther Zeltner, Leiter Dienste für Prävention, Beratung und Behandlung, Evangelische Gesellschaft Stuttgart e. V.

10:45 Uhr ** Kaffeepause **

11:15 Uhr **Responsible Gaming – die Entwicklung einer Motivationsgruppe für Glücksspieler in Köln**
Dr. Wolfgang Kursawe, Drogenhilfe Köln
Sportmanipulationen und deren Bekämpfung
Dr. Urs Scherrer, ehem. CEO Early Warning System GmbH
Diskussionsleitung: Dr. Christina Brugger

12:25 Uhr ** Mittagsbüffet **

13:25 Uhr **Unionsrechtliche Kohärenzanforderungen im Glücksspielsektor**

	Dr. Dieter Kraus, Leiter des Kabinetts des Präsidenten des Europäischen Gerichtshofs **Zwischenbilanz zum Glücksspielstaatsvertrag** Staatssekretär a. D. Martin Stadelmaier **Diskussionsleitung:** Prof. Siegbert Alber, Generalanwalt am Europäischen Gerichtshof a. D.
14:35 Uhr	**Podiumsdiskussion: Zwischenbilanz zum Glücksspielstaatsvertrag Leitung:** Prof. Dr. Armin Dittmann, Forschungsstelle Glücksspiel Prof. Dr. Tilman Becker, Forschungsstelle Glücksspiel Dr. Dieter Kraus, Leiter des Kabinetts des Präsidenten des Europäischen Gerichtshofs Dr. Ronald Reichert, Fachanwalt für Verwaltungsrecht, Rechtsanwälte Redeker, Sellner, Dahs und Widmaier Staatssekretär a. D. Martin Stadelmaier
16:00 Uhr	**Schlusswort** Prof. Dr. Tilman Becker
16:15 Uhr	** Ausklang mit Kaffee und Kuchen **

Symposium Glücksspiel 2015: Zwischenevaluierung des Glücksspielstaatsvertrags

Donnerstag, 12. März 2015

10:30 Uhr	**Eröffnung** Prof. Dr. Stephan Dabbert, Rektor der Universität Hohenheim Dr. Wolfgang G. Crusen, Vorsitzender des Beirats der Forschungsstelle Glücksspiel, Universität Hohenheim Prof. Dr. Tilman Becker, Geschäftsführender Leiter der Forschungsstelle Glücksspiel, Universität Hohenheim
11:00 Uhr	**Glücksspiel und damit assoziierte Probleme aus epidemiologischer Sicht. Ergebnisse des vierten repräsentativen Surveys der BZgA 2013 und Trendanalysen** Dr. Wolfgang Haß, Bundeszentrale für gesundheitliche Aufklärung (BZgA) **Entwicklung des Online-Glücksspielangebotes 2012–2014** Prof. Dr. Ludwig Kraus, Leiter des IFT Instituts für Therapieforschung München **Standards für den Online-Spielerschutz** Prof. Dr. Tilman Becker, Forschungsstelle Glücksspiel **Diskussionsleitung:** Prof. Siegbert Alber, Generalanwalt am Europäischen Gerichtshof a. D.
13:00 Uhr	** Mittagsbüffet **
14:00 Uhr	**Technische Methoden des Spielerschutzes** Prof. Dr. Julia Hoernle, Professor of Internet Law, Queen Mary University London **Umsatzsteuerliche Änderungen zum 1.1.2015 und deren Auswirkungen** Thomas Knauer, Deloitte & Touche GmbH

	Diskussionsleitung: Prof. Dr. Ulrich Palm, Universität Hohenheim, Fg. Öffentliches Recht, Finanz- und Steuerrecht
15:20 Uhr	** Kaffeepause **
15:50 Uhr	**Aktuelle Entwicklungen an der Schnittstelle Medien- und Glücksspielrecht** Dr. Jörg Ukrow, Landesmedienanstalt Saarland **Innenansichten: Verstöße gegen geltendes Recht in Spielstätten** Jürgen Trümper, Arbeitskreis gegen Spielsucht e.V. **Diskussionsleitung:** Prof. Dr. Armin Dittmann, Universität Hohenheim
17:15 Uhr	**Trading Down durch Spielhallen** Dr. Hans-Ulrich Stühler, Leitender Stadtrechtsdirektor a.D. **Zertifizierung von Spielstätten in Deutschland** Jörg Meurer, Deutscher Automaten-Großhandels-Verband e.V. **Haftungsfragen der Gewerbeuntersagung im Glücksspielrecht** Prof. Dr. Bernd J. Hartmann, LL.M. (Virginia), Professor für Öffentliches Recht, Wirtschaftsrecht und Verwaltungswissenschaften, Universität Osnabrück **Diskussionsleitung:** Prof. Dr. Rüdiger Wulf, Eberhard-Karls-Universität Tübingen, Institut für Kriminologie
19:15 Uhr	Abendessen in der Mensa der Universität Hohenheim

Freitag, 13. März 2015

09:00 Uhr	**Belgian Gaming Commission: A model for a German Gambling Commission?** Peter Naessens, Belgian Gaming Commission **ARJEL: A model for a German Gambling Commission?** Claire Pinson, European and International Affairs Officer, Autorité de Regulation des Jeux en ligne (ARJEL)

Diskussionsleitung: Prof. Dr. Julia Hoernle, Queen Mary University London

10:00 Uhr ** Kaffeepause **

10:30Uhr **Rechtsprechung der Verwaltungsgerichte** Dr. Ronald Reichert, Fachanwalt für Verwaltungsrecht, Rechtsanwälte Redeker, Sellner, Dahs

Wie könnte eine Glücksspielkommission der Länder aussehen?

Prof. Dr. Armin Dittmann, Universität Hohenheim

Bundesrechtliche Regulierung aller öffentlichen Glücksspiele – Alternativmodell Bundes-Glücksspielgesetz

Dr. Dirk Uwer, Hengeler Mueller Partnerschaft von Rechtsanwälten mbB

Diskussionsleitung: Prof. Dr. Tilman Becker, Forschungsstelle Glücksspiel

12:30 Uhr ** Mittagsbüffet **

13:30 Uhr **Freizeit und Glücksspielverhalten Jugendlicher und junger Erwachsener**

Prof. Dr. Heino Stöver, Sozialwissenschaftliche Suchtforschung, Frankfurt University of Applied Sciences

Internetbasierte Prävention „Check Dein Spiel“: Neueste Entwicklungen

Dr. Anne Pauly, Bundeszentrale für gesundheitliche Aufklärung (BZgA)

Diskussionsleitung: Günther Zeltner, Evangelische Gesellschaft Stuttgart e.V.

14:45 Uhr **Evaluierung der Spielerschutzmaßnahmen in staatlichen Spielbanken**

Anke Quack, Kompetenzzentrum Verhaltenssucht und Spielerschutz, Johannes Gutenberg-Universität Mainz

Internetsozialkonzepte der Lotteriegesellschaften: Ergebnisse von Evaluationen

	Dr. Jens Kalke, Institut für interdisziplinäre Sucht- und Drogenforschung (ISD) **Diskussionsleitung:** Konrad Landgraf, Landesstelle Glücksspielsucht in Bayern
16:00 Uhr	**Schlusswort** Prof Dr. Tilman Becker, Forschungsstelle Glücksspiel * Ausklang mit Kaffee und Kuchen **

Schriftenreihe zur Glücksspielforschung

Herausgegeben von Tilman Becker

Band 1 Tilman Becker / Christine Baumann (Hrsg.): Gesellschaft und Glücksspiel: Staatliche Regulierung und Suchtprävention. Beiträge zum Symposium 2005 der Forschungsstelle Glücksspiel. 2006.

Band 2 Tilman Becker / Christine Baumann (Hrsg.): Glücksspiel im Umbruch. Beiträge zum Symposium 2006 der Forschungsstelle Glücksspiel. 2007.

Band 3 Tilman Becker (Hrsg.): Der Staatsvertrag zum Glücksspielwesen und dessen Umsetzung. Beiträge zum Symposium 2007 und 2008 der Forschungsstelle Glücksspiel. 2009.

Band 4 Tilman Becker: Glücksspielsucht in Deutschland. Prävalenz bei verschiedenen Glücksspielformen. 2009.

Band 5 Tilman Becker: Werbung für Produkte mit einem Suchtgefährdungspotential. Tabak-, Alkohol- und Glücksspielwerbung aus rechtlicher, ökonomischer und psychologischer Sicht. 2010.

Band 6 Tilman Becker (Hrsg.): Glücksspiel im Internet. Beiträge zum Symposium 2009 der Forschungsstelle Glücksspiel. 2011.

Band 7 Tilman Becker: Soziale Kosten des Glücksspiels in Deutschland. 2011.

Band 8 Tilman Becker (Hrsg.): Zwischenbilanz zum Glücksspielstaatsvertrag für Lotterien und Sportwetten. Beiträge zum Symposium 2010 der Forschungsstelle Glücksspiel. 2011.

Band 9 Tobias Hayer: Jugendliche und glücksspielbezogene Probleme. Risikobedingungen, Entwicklungsmodelle und Implikationen für präventive Handlungsstrategien. 2012.

Band 10 Tilman Becker (Hrsg.): Neueste Entwicklungen zum Glücksspielstaatsvertrag. Beiträge zum Symposium 2011 der Forschungsstelle Glücksspiel. 2012.

Band 11 Christina Brugger: Abbruch der Zahlungsströme als Mittel zur Bekämpfung unerlaubter Internetglücksspiele. 2013.

Band 12 Tilman Becker (Hrsg.): Der neue Glücksspielstaatsvertrag. Beiträge zum Symposium 2012 der Forschungsstelle Glücksspiel. 2014.

Band 13 Tilman Becker (Hrsg.): Sucht-, Betrugs- und Kriminalitätsgefährdungspotential von Glücksspielen. Beiträge zum Symposium 2013 der Forschungsstelle Glücksspiel. 2015.

Band 14 Christian Weinbuch: Verhinderung von Sportwettmanipulationen und Autonomie des Sports. 2015.

Band 15 Tilman Becker: Verfügbarkeit und Sucht beim Automatenspiel. 2016.

Band 16 Tilman Becker (Hrsg.): Zwischenevaluierung des Glücksspielstaatsvertrags. Beiträge zu den Symposien 2014 und 2015 der Forschungsstelle Glücksspiel. 2016.

www.peterlang.com

Schriftenreihe zur Glücksspielforschung

Herausgegeben von Tilman Becker

Band 1 Tilman Becker / Christine Baumann (Hrsg.): Gesellschaft und Glücksspiel: Staatliche Regulierung und Suchtprävention. Beiträge zum Symposium 2005 der Forschungsstelle Glücksspiel. 2006.

Band 2 Tilman Becker / Christine Baumann (Hrsg.): Glücksspiel im Umbruch. Beiträge zum Symposium 2006 der Forschungsstelle Glücksspiel. 2007.

Band 3 Tilman Becker (Hrsg.): Der Staatsvertrag zum Glücksspielwesen und dessen Umsetzung. Beiträge zum Symposium 2007 und 2008 der Forschungsstelle Glücksspiel. 2009.

Band 4 Tilman Becker: Glücksspielsucht in Deutschland. Prävalenz bei verschiedenen Glücksspielformen. 2009.

Band 5 Tilman Becker: Werbung für Produkte mit einem Suchtgefährdungspotential. Tabak-, Alkohol- und Glücksspielwerbung aus rechtlicher, ökonomischer und psychologischer Sicht. 2010.

Band 6 Tilman Becker (Hrsg.): Glücksspiel im Internet. Beiträge zum Symposium 2009 der Forschungsstelle Glücksspiel. 2011.

Band 7 Tilman Becker: Soziale Kosten des Glücksspiels in Deutschland. 2011.

Band 8 Tilman Becker (Hrsg.): Zwischenbilanz zum Glücksspielstaatsvertrag für Lotterien und Sportwetten. Beiträge zum Symposium 2010 der Forschungsstelle Glücksspiel. 2011.

Band 9 Tobias Hayer: Jugendliche und glücksspielbezogene Probleme. Risikobedingungen, Entwicklungsmodelle und Implikationen für präventive Handlungsstrategien. 2012.

Band 10 Tilman Becker (Hrsg.): Neueste Entwicklungen zum Glücksspielstaatsvertrag. Beiträge zum Symposium 2011 der Forschungsstelle Glücksspiel. 2012.

Band 11 Christina Brugger: Abbruch der Zahlungsströme als Mittel zur Bekämpfung unerlaubter Internetglücksspiele. 2013.

Band 12 Tilman Becker (Hrsg.): Der neue Glücksspielstaatsvertrag. Beiträge zum Symposium 2012 der Forschungsstelle Glücksspiel. 2014.

Band 13 Tilman Becker (Hrsg.): Sucht-, Betrugs- und Kriminalitätsgefährdungspotential von Glücksspielen. Beiträge zum Symposium 2013 der Forschungsstelle Glücksspiel. 2015.

Band 14 Christian Weinbuch: Verhinderung von Sportwettmanipulationen und Autonomie des Sports. 2015.

Band 15 Tilman Becker: Verfügbarkeit und Sucht beim Automatenspiel. 2016.

Band 16 Tilman Becker (Hrsg.): Zwischenevaluierung des Glücksspielstaatsvertrags. Beiträge zu den Symposien 2014 und 2015 der Forschungsstelle Glücksspiel. 2016.

www.peterlang.com